调整优化投资结构研究

张长春/等著

Study on
Adjusting and Optimizing
Investment Structure

经济管理出版社
ECONOMY & MANAGEMENT PUBLISHING HOUSE

图书在版编目（CIP）数据

调整优化投资结构研究/张长春等著．—北京：经济管理出版社，2013.11

ISBN 978-7-5096-2654-2

Ⅰ.①调…　Ⅱ.①张…　Ⅲ.①投资结构-结构最优化-研究-中国-2011～2015
Ⅳ.①F832.48

中国版本图书馆 CIP 数据核字（2013）第 229084 号

组稿编辑：高小霞
责任编辑：张　马　高小霞
责任印制：黄章平
责任校对：付晓洁

出版发行：经济管理出版社
（北京市海淀区北蜂窝 8 号中雅大厦 A 座 11 层　100038）
网　　址：www.E-mp.com.cn
电　　话：（010）51915602
印　　刷：北京紫瑞利印刷有限公司
经　　销：新华书店
开　　本：720mm×1000mm/16
印　　张：17
字　　数：297 千字
版　　次：2013 年 11 月第 1 版　2013 年 11 月第 1 次印刷
书　　号：ISBN 978-7-5096-2654-2
定　　价：58.00 元

前　言

以行业或领域的具体比例关系为目标调整优化投资结构的前提是，能寻找到准确识别最优结构的标准或依据。依此标准来判断现实投资结构优还是不优，离最优有多远，在此基础上有针对性地运用政策工具干预现实结构，使之趋近最优。

但在竞争性领域，投资结构由众多分散的微观投资主体的自主选择行为所塑造，且该结构会随着市场供需关系的变化而变化。总体上讲，瞬息万变的竞争性市场中并不存在一个能为人们准确识别和准确预知、可作为政策操作目标的最优结构。如果竞争性市场中真的存在这一最优结构，通过计划手段实现这一最优结构就是最有效率的。

苏联和我国改革开放前的发展实践也已证明，经济现实中并不存在一个能为人们准确识别和准确预知的最优结构，从而也就不存在准确判别结构优与不优的清晰标准。

人们在最优结构认识上的分歧，与自经济学诞生以来一直困扰学界和管理部门的两个基本理论问题密切相关，第一个是供给与需求的关系，第二个是计划与市场的边界。在供给与需求关系认识上的分歧以及计划与市场边界的原则性，导致人们在有无最优结构上的分歧，也决定了以存在最优结构为前提的结构标准或依据必然是模糊不清。此外，转型体制下复杂的经济现实，也影响着人们对结构形成的微观机理的准确认知。结构标准不清，形成机理不明，面对纷繁复杂的经济现实，结构政策的效果自然就不尽如人意。

在结构管理上，我们面临着两难选择：一方面，将竞争性领域的结构管理完全交给市场并不现实，但另一方面，原则性的模糊不清的标准根本不能准确指导管理部门管理结构的实践。

破解这一两难问题需要另辟蹊径。回归结构形成的微观基础，从政府、国企、民营外资三类投资主体所应具有的投资职能角度，寻找判断投资结构合理与否的依据，并据此管理投资结构。

本书的结论是：①结构政策效果欠佳缘于人们在基本理论认识上的分歧和理论自身的原则性所导致的结构标准模糊不清，以及复杂的经济现实使人们对结构形成的微观机理不甚明了。②调整优化投资结构需要转变结构管理思路，将结构管理的重点从关注各行业或各领域具体的比例关系，转到促进实现政府、国企、民企外资三类投资主体应承担的投资职能上来。

全书共包括十一章，执笔人分别为：第一章、第二章、第四章、第十一章张长春，第二章、第七章王双正，第三章吴亚平，第五章罗松山，第六章杨萍，第八章刘立峰，第九章岳国强，第十章林勇明。

本书是国家发改委宏观院“‘十二五’时期调整优化投资结构研究”课题的研究成果。课题研究得到了委内外专家的悉心指导。专家们严谨治学的风范，令人钦佩！在此一并致谢！

张长春

2013 年 6 月

目　录

第一章　总论：转变结构管理思路，促进三类投资主体职能归位

内容提要： 因理论认识上的分歧与理论自身的原则性，使投资结构标准模糊不清，加之对结构形成的微观机理不甚明了，面对纷繁复杂的经济现实，投资结构政策效果往往不尽如人意。回归结构形成的微观基础，从政府、国企、民企外资三类投资主体所应具有的投资职能角度，寻找判断投资结构合理与否的依据，并据此管理投资结构，或许是一个新的途径。

第一节　基本理论问题与复杂的经济现实使结构政策效果有限

长期以来，政府实施了多项调整优化投资结构的政策，这些政策总体上有效，但结构问题始终存在，有时还很严重。结构政策效果有限的原因，主要是基本理论问题和复杂的转型体制使判别结构合理与否的标准模糊不清，加之复杂的经济现实使人们对结构形成的微观机理不甚明了，结构政策效果自然就不尽如人意。

一、基本理论问题导致人们在有无最优结构认识上的分歧和结构标准模糊

1. 经常用于判断投资结构合理与否的依据很难经得起仔细推敲

在竞争性领域，我们经常将产能过剩或重复建设、产业结构层次低、城乡

区域投资不均衡等，作为判定投资结构不合理的依据，但除了从投资活动的结果所表现出的明显正外部性不足如增长中的技术贡献少，或负外部性过多如环境污染严重上，可以事后判断投资结构不合理外，其他依据很难经得起仔细推敲。

过剩与重复是市场经济的普遍现象，是企业间展开竞争、淘汰落后的前提。后来我们认识到这一依据的不足，换了另一种看似科学实则仍很模糊的表述，即不合理过剩与不合理重复。在不断变化的市场中，何种程度才是不合理，今天的不合理是否明天也会不合理，多数情况下无从断定。

产业结构演进的节奏受需求结构、技术进步、参与国际分工深度、资源条件、体制转轨进程等因素影响。这些因素中，需求结构由众多分散的市场力量形成；技术进步主要由企业谋求市场竞争优势的自主创新行为决定；参与国际分工的深度在对外开放政策相对稳定时，总体上由一国企业的国际竞争力决定；资源条件在某个发展阶段基本不变；体制转轨具有渐进性特征。长期看，上述因素的变化渐进性地推动了结构由低级向高级转换，但在结构渐变的某个阶段，上述因素以及由这些因素决定的结构层次，更多地来自分散的企业依据市场变化所进行的自主选择。如果我们认可竞争性领域市场配置资源比计划配置资源更高明、更有效率，也应该从总体上认可由市场力量所形成的结构层次在相应体制环境下的合理性。

城乡区域投资不均衡是城乡间、地区间生产要素经济丰度差异的必然结果。从城乡区域间投资差距、发展差距较大中，有可能推断出政府投资和国企投资在城乡区域间分布不尽合理。而对民企外资等非国有投资而言，他们依据谁投资、谁决策、谁受益、谁承担风险的原则，自主决策投资什么、投资多少、在哪儿投资。在遵守法规和承担相应社会责任前提下，通过竞争实现市场效率，促进产业竞争力、国家竞争力的提升。城乡区域间投资收益、风险的现实差异，决定了这些非国有投资在城乡区域间的非均衡分布。

在准公益性基础设施领域，我们仅原则性地知道基础设施投资应适度超前，超前多少算适度，并无可供政策操作的清晰标准。

判断结构合理与否的依据模糊不清甚至似是而非，这并非理论界或管理部门缺乏智慧，根本原因在于经济现实中并不存在一个可准确识别的最优结构，进而也就不可能存在准确判定结构合理与否的清晰标准。

2. 实践已检验并不存在可识别的最优结构及准确判别结构优劣的清晰标准

在竞争性领域，需求结构由千千万万个分散的微观主体的自主选择行为所塑造，且该结构会随需求力量的变化而变化，总体上讲，瞬息万变的竞争性市场中并不存在一个最优需求结构，从而也就不存在一个与最优需求结构相适应的最优供给结构或最优投资结构。如果变化的竞争性市场中真的存在一个最优结构，且能为人们所准确识别，通过计划手段实现这一最优结构就是最有效率的。

否认存在最优结构并非否认真理的相对性。客观真理必须经得起实践检验，苏联和我国改革开放前的计划经济，就是认可现实中存在一个能为人们所准确识别的最优结构，并用计划手段去实现这一最优结构、检验最优结构是否为客观真理的宏大实验。实践结果已经证明，经济现实中并不存在一个最优结构，从而也就不存在判别现实结构合理与否的标准或依据。

或许有人会指出，部分东南亚国家和我们对三次产业、某些行业甚至某些产品的供给干预政策，也有成功案例，这不证明了现实中存在最优结构且能被人们所准确识别吗？但观察这些国家和我国结构政策实践的长期效果不难发现，以存在最优结构为前提并运用政策工具从供给端干预结构的成功案例，仅是小概率事件。而且，干预政策的普适性（如促进技术进步等）、审慎性越强，针对结构的层次越高（如三次产业结构），正面效果越好，负面效应越小；而干预得越微观、政策力度越大、持续时间越长，长期增长中所显现出的负面效应就越大。

尽管并不存在一个能为人们所准确识别的最优结构，但经济运行的结果总会呈现各种各样的结构，而且产业结构从低级向高级演进在方向上具有一定规律性。对后发经济体而言，如果能够加快结构演进节奏、缩短结构演进时间，就能更快地实现赶超。正是基于这种尽快发展起来、尽快使人们生活好起来的急迫心情和良好愿望，人们在结构管理实践中往往会忽视不存在最优结构这一事实。

人们在最优结构及其标准认识上的分歧，根源于基本理论认识上的分歧与理论自身的原则性。

3. 基本理论问题影响着人们对最优结构的判断并决定了结构标准模糊不清

人们对有无最优结构和结构标准的认识，与自经济学诞生以来一直重点探讨的两个基本理论问题密切相关，第一个是供给与需求的关系，第二个是计划与市场的边界。这两个基本理论问题导致了人们在有无最优结构认识上的分歧，也带来结构标准模糊不清。

（1）在供给与需求关系认识上的分歧。① 从宏观总量角度看，短期中供给能力基本不变，需求可随货币、财政政策变动而变化，短期中需求决定供给。而长期中决定供给水平的技术、资本、劳动、体制等要素会发生变化，且货币、财政政策对需求的影响长期呈中性，长期中供给发挥着主导作用。

从微观角度看，竞争性领域的投资者必须以市场需求为指引来决策投资什么、投资多少，否则就难以取得预期收益或投资失败。微观领域显示的供需关系是需求决定供给。

而古典的萨伊定律认为“供给创造其自身的需求”。萨伊定律的理论贡献者之一李嘉图就指出，“任何人从事生产都是为了消费或销售；销售则是为了购买对他直接有用或是有益于未来生产的某种其他商品。所以一个人从事生产时，他要不是成为自己商品的消费者，就必然会成为他人商品的购买者和消费者。”②

不难发现，从短期和微观领域看，需求决定供给，而从长期经济特别是萨伊定律表述的供需关系看，供给对需求发挥着主导作用。但在结构方面，无论是从短期还是从长期观察，需求结构的变化引导着供给结构的变动。

如果认为供给结构决定需求结构，通过改变供给结构就可以改变需求结构，就能预设一个最优结构，通过政策干预来实现这一结构目标。能预设且能实现最优结构，判断现实结构合理与否、优与不优的标准或依据也就随之存在。反之，如果认为需求结构决定供给结构，现实和未来的市场需求结构分别

---

① 此处仅讨论竞争性产品。公共产品需要有组织的供给，从表象上看，公共产品似乎是供给结构决定需求。但从应有公众需求表达机制来发现公众需求、公共决策机制来决定公共产品供给看，公共产品的供给结构本质上也由公众需求结构决定。

② 转引自保罗·斯威齐著，陈观烈等译，《资本主义发展论》第155页，商务印书馆1997年版。

英国哲学家和经济学家约翰·斯图尔特·穆勒在总结了李嘉图、萨伊和其父詹姆斯·穆勒的学说基础上，形成了著名的萨伊定律，萨伊定律经常表述为“供给创造其自身的需求”。萨伊定律实际上存在以下两个前提，一是货币价值在不同时点之间稳定，这样才能保证供给“创造”等量需求，二是货币只在一瞬间起媒介作用，人们不会把货币储藏起来，商品交易实质上是以物易物，这样才不会出现有效需求不足。参见约翰·斯图尔特·穆勒：《政治经济学原理》，商务印书馆1991年版。

决定现实和未来的供给结构、投资结构，无法准确判断现实的和未来的市场需求结构是否最优或离最优有多远，也就无法准确判断现实和未来的供给结构、投资结构是否最优或离最优有多远。理论认识上的分歧，是人们在有无最优结构上产生分歧的根源。

（2）计划与市场边界的原则性。改革开放前，我们预先设定结构目标，通过计划手段有计划、按比例地分配资源，因信息不充分与激励不相容问题，资源配置效率很低，极端情况下还带来了全局性有计划的灾难性结构失调，如大跃进、以钢为纲，其结果也与通过结构优化实现效率的目的相悖。

改革开放后，我们逐步让市场在资源配置中发挥基础性作用。市场配置资源看似混乱无序，但它解决了连当今超级计算机也无能为力的涉及无数市场微观主体及其相关关系的供给与需求问题。竞争性领域的众多分散的微观主体在价格机制引导下自主决策，以少数、局部损失，换取了多数、全局效率，经济快速增长，人民生活不断改善，国家实力逐步提升，资源配置结构在竞争中动态调整。

但即使在市场最能充分发挥作用的竞争性产品领域，基于扩大正外部性、减少负外部性考虑，也需要政府对企业研发活动、节能减排等行为以投资补助或贷款贴息等方式予以激励。竞争性领域的这些政府计划，在完善的市场经济体制下也同样需要。而且，现实中还有大量兼具竞争性与公共性的准公共产品，这些准公共产品的供给决策，需要政府计划和市场两种手段。

在完备市场体制中需要政府计划发挥作用时，政府计划在哪些具体领域或环节发挥作用、发挥多大作用，理论上仅有原则性的说法。而在市场机制有待健全的体制转型期，对因市场欠完善所导致的市场失灵，政府计划应不应该、在多大程度上、以何种方式发挥作用，各家观点更是大相径庭。

上述供给与需求关系、计划与市场边界这两个基本理论问题，带来了人们在有无最优结构认识上的分歧，也决定了以存在最优结构为前提的结构标准或依据模糊不清。

二、复杂的现实影响人们对结构形成机理的认识

从形成投资结构的微观机理看，现实的投资结构由政府、国企、民企外资

三类投资主体的投资决策行为所塑造。其中，政府投资依计划而行，体现政府意图。众多分散的民企外资等非国有投资主要受市场力量左右，依据收益、风险预期，理性决策投资什么、投资多少、在哪儿投资。而竞争性领域大量国企的投资决策，既受市场需求引导，也受行政行为影响，这部分微观主体投资决策行为的复杂性，影响人们对结构形成机理的准确认识。这是人们在最优结构及其标准上出现分歧的现实原因。

1. 对结构形成的机理不甚明了主要表现在盲目追求结构的高层次

大部分地方政府认为结构层次越高越好，这种认识不仅普遍见诸各地五年规划、产业发展规划等体现政府结构调整意愿的文件中，也可从各地政府热衷于控制资源并引导社会投资投向有利于提高结构层次的先导产业、新兴产业、支柱产业等行动中得到印证。

但在竞争性领域，市场需求结构引导着供给结构和投资结构。当政策意图与市场需求力量在方向上一致时，政策效果就会比较明显。但多数情况下，政府无力准确、及时掌握瞬息万变的市场需求，政策效果往往就不尽如人意。如在制造业领域，我们的政策意图一直是希望提高技术密集型制造业比重。但随着中西部地区市场需求的快速增长，以及中西部地区综合投资环境的改善，近10年来中西部地区劳动密集型行业投资快速增长，使全国技术密集型制造业的投资增速明显低于劳动密集型制造业，技术密集型制造业投资比重增加的幅度也明显低于劳动密集型制造业。

2. 转型体制制约着人们对结构形成机理的认识

竞争性领域大量国企的存在，为管理部门和地方政府通过计划手段干预供给结构，提供了现实可能。对垄断性国企通过财政、土地、信贷、进出口等政策从供给端进行干预的效果，从长期看，因需求结构对供给结构的主导作用始终存在，从供给端干预结构的最终效果常常是，一旦市场需求出现较大变化，主要由计划手段形成的供给结构就不能灵活地适应市场需求的变动，曾经的高水平或高层次就会变为低水平或低层次。但从短期看，当政策方向与市场方向一致时，市场需求能部分消化这些新的供给，干预结构有效果甚至效果明显，这会增强政策制定者通过干预国企投资决策、干预供给结构来提高结构层次的信心，也会干扰人们对结构形成微观机理的客观认识。

此外，在国企长期垄断、民间资本发展缓慢的领域，因市场竞争不充分，市场需求对结构形成的引领力量受到抑制，需求引导供给的作用难以得到充分体现，这也是妨碍人们客观认识结构形成机理的重要原因。

第二节　结构问题集中地表现为投资主体职能越位与缺位

公共服务设施均等化水平较低，重化工业投资较多，区域投资结构同构化长期存在，中小型投资融资困难，不同所有制投资主体平等竞争局面难以形成等结构性问题，从投资主体角度则集中地表现为投资职能的越位与缺位。

一、投资职能越位与缺位的表现

1. 地方政府在政府投资与投资管理上越位与缺位并存

在政府投资上，部分地方政府热衷于投向有利于更快经济增长的领域，社会事业长期投入不足。在各类人群的投资分配上，更有利于实现短期增长的城镇居民、城镇居民中收入和地位较高区域的居民会享有更多政府投资。

在基础设施、公共设施建设领域，少数基层政府热衷于建设与群众生活无关的面子工程、政绩工程，公共设施建设中追求所谓“城市名片”，在诸如主题广场、会展中心、体育馆、亮化美化工程建设中相互攀比、盲目超前，求新、求大、求洋。政府财力不够，只好向银行过度负债。

在竞争性领域，不少地方政府忽视发展条件，热心于打造支柱产业、先导产业，能快速扩大经济规模的重化工业常常成为各地区的优先选择。

在对待不同所有制投资主体上，部分行业管理部门和地方政府不是将主要精力放在营造公平竞争环境上，而是利用行政垄断的信贷、土地等资源以及上市融资、发债机会，为国企创造低成本优势。放任国企不向股东分红，多年留存收益成为国企在竞争性领域盲目扩张的重要资金来源。

在融资渠道上，相关部门长期对中小投资者的融资需求重视不够，限制中小金融机构发展。部分中小企业难以从正规渠道筹集资金，只好转向高成本民间借贷，或是从大型国企转贷资金，大企业与中小企业在筹资上处于严重不公平地位。

在市场管理上，为了追求经济、财政收入增长，基层政府对能源资源消耗、污染物排放、土地利用、规划、员工保障、安全等公共管理上不作为，甚至默许、放纵企业损害公众利益。

2. 国企在竞争性领域谋求行政垄断

部分行业管理部门和地方政府希望通过国企特别是资金实力较强的国企引进新技术，上新产品、新工艺，实现高层次结构目标，通过有形无形之手阻止民间资本进入国企垄断领域。而竞争性领域的国企特别是已取得市场垄断地位的国企，常常以国家利益、公众利益为借口游说管理部门，极力维护其在石油、电力、铁路、航空、金融、电信、互联网、出版等竞争性领域的垄断地位。部分行业如交通器材和交通设备制造、铁路客运、通信、证券等，近年来国有投资比重不断提高（见表 1-1）。而从资产存量和经济影响力看，因时间越往前这些行业国有投资的比重越高甚至全部是国有投资，这些行业的国有资产比重远高于目前的投资比重。如电力行业国有及国有控股工业企业与规模以上工业企业总资产比例达到 88.9：100，净资产的比例达到 89.6：100。

表 1-1 国有及国有控股投资占行业投资比重上升的行业（%）

年份 行业	2003	2005	2010
维纶纤维制造	88.0	65.8	89.5
交通器材及其他交通运输设备制造	23.9	81.1	70.1
铁路旅客运输	97.2	99.8	99.2
客运汽车站	70.7	77.7	74.3
移动电信服务	69.3	62.8	70.8
证券业	65.8	92.8	73.2

资料来源：除有说明外，总报告数据均来源于相关年份《中国投资统计年鉴》或国家统计局。

在缺乏足够市场竞争压力下，相当部分国企不是通过增强创新能力来提升竞争力，而是在汽车、钢铁、房地产等竞争性领域不顾市场风险地跑马圈地，这些行为与其应承担的追求公共利益的职能背道而驰。

3. 民企缺乏参与国际竞争的实力

包括民企在内的非国有投资应该是壮大产业竞争力、增强国家实力的主要力量，但在能源、交通运输、电信、金融、大型装备制造等领域仍由国有经济控制的情况下，非国有投资尤其是其中的民间投资被压缩在有限的一般竞争性领域。一些重要竞争性领域民营投资比重很低，甚至可以忽略不计，如电力热力生产和供应业（2010 年投资比重 5.5%，下同）、道路运输业（4.7%）、证券（4.0%）、航空运输业（3.8%）、电信（1.7%）、石油和天然气开采业（1.5%）、铁路运输业（1.0%）等。加之融资渠道狭窄，民企只能集中在劳动密集型行业，以低成本优势展开激烈竞争，企业整体竞争力与国际水平存在明显差距。

二、体制机制欠完善是结构问题的根本原因

投资结构由微观主体的投资行为所塑造，结构问题来自于投资主体的行为欠规范，而导致投资行为失范的背后原因是体制机制欠完善。

1. 体制机制欠完善使地方政府过多地干预竞争性领域

以流转税其中又以增值税、营业税为主体税种的税制结构，使政府更多地依靠扩大经济规模而不是更多地依靠提高质量效益增加税收，这无疑会驱动地方政府增加投资、增加经济规模。基层政府财权小、事权职责重的财权事权格局，不尽完善的干部业绩考评机制，以及为官一任、造福一方的行政传统和良好愿望，都使地方政府想方设法通过扩大投资、扩大经济规模来增加税源。此外，政府垄断并以非市场化方式配置土地、信贷、证券融资机会等基础性生产要素，也会扭曲竞争性领域的资源配置结构。

2. 公共决策机制有待健全影响公共领域投资决策的科学性

在公共领域和准公共领域，政府投资结构欠合理的原因是制定投资计划的民主化机制有待健全。政府投资决策（计划）属于公共决策，公共决策的科学性须由决策的民主性来保障。在公共选择机制有待健全的情况下，管理部门

依靠有限信息在不同领域、地区和人群间安排投资计划，难以充分反映公众需求，政府投资结构也就无法真正做到科学合理。

第三节

优化投资结构的总体思路是促进投资主体职能归位

在调整优化投资结构上，我们面临着两难选择：

一方面，如果将竞争性领域的投资结构调整完全交给市场，会面临体制欠完善所带来的市场不规范这一现实难题。如果等体制完善后市场自动解决结构问题，面对不断增大的外部竞争压力和被边缘化的风险，会失去发展机会，我们等不起。即使在市场体制完善的发达国家，政府也会基于保持和提高国家竞争力而采取行动。因此，调整优化[①]投资结构是管理部门的一项重要任务，不能放弃也不可轻视。[②]

但另一方面，理论和现实都决定了并无准确判别现实投资结构合理与否的清晰标准，依据原则性、模糊不清的标准既难以准确判断现实结构的优劣，也不能准确指引管理投资结构的行动。

破解这一两难需要另辟蹊径。回归结构形成的微观基础，从塑造结构的各类投资主体角度，寻找理论上符合规律、实践中便于操作的依据来管理投资结

---

① 本书沿用“合理”、“最优”、“优化”等概念时，这些概念并非通常意义上具体的结构与比例含义，而是指投资主体行为规范、职能归位后的结构状态。这种结构状态下各领域的具体比例是多少、是否最优我们无从知晓。但我们可以从这种结构状态所必需的外部环境和条件如投资主体行为规范、职能归位等方面去刻画它。这种状态下的结构就是我们调整优化投资结构所追求的“合理”结构或“最优”结构。

② 我们不主张政府在竞争性领域预设一个具体的结构或比例目标并力图去实现它。但促进市场选择结构的政策措施，如促进市场在资源配置中发挥基础性作用的体制变革，资金（利率、汇率）、土地、能源资源价格形成机制改革，加强投资活动的负外部性管理（如控制消耗与排放）、增进经济活动的正外部性（如支持技术创新），有利于避免信息不充分的对消费端的政策干预（如补贴居民家庭使用节能灯具），以及对三次产业结构等较高层次结构的审慎干预等，都是政府管理结构的重要工作，也是促进投资主体职能归位必不可少的措施。从这个意义上讲，政府对结构管理并非无所作为或无能为力，结构管理工作甚至更加繁重。

构。市场中之所以存在政府、国企、民企外资等不同类别的投资主体，根本原因在于社会需要公共产品、准公共产品和竞争性产品。其中，提供公共产品的政府投资和提供准公共产品的国企投资作为国有投资，主要是为提供竞争性产品的民企外资等非国有投资创造环境和条件，非国有投资则是壮大产业竞争力、国家竞争力的主要力量。从微观基础看，三类投资主体分别承担着不同的投资职能。

从政府、国企、民企外资等投资主体的投资职能上来管理投资结构，是一个界限比较清晰、识别相对容易、政策针对性较强的办法。从投资职能上看，只要各类投资主体很好地履行了其投资职能，投资结构就是合理的或是最优的。

一、政府投资促进全民享有均等化公共服务

1. 集中于公益性和部分准公益性领域

与公众对竞争性产品可以通过市场自由选择不同，公众对公共服务的需求，需要有组织的供给才能得到满足。正是有了公众所必须、社会个体所不能和政府所具有的公共服务能力，政府投资才具备了存在的必要性。所以，政府投资的主要职能是利用公众税收，投资于公益性和部分准公益性领域，为公众免费提供公益性公共服务设施（设备、构筑物、建筑物等）和部分付费的准公益性公共服务设施。这些设施既是公众个人维护其生存、生活的基本条件，也是社会投资得以顺利进行、促进提高全社会投资效益的必备条件和环境。

2. 促进人人享有均等化公共服务

公共服务设施特别是基本公共服务设施直接关系到每一个人的生存、生活和发展机会，涉及社会个体成员基本权益。基本权益在城乡间、地区间和不同收入人群间的公平分配，是社会正义的标志，也是人民的宪法权利。

（1）从政府投资决策过程看，要使人人享有均等化的公共服务，需要在公共服务设施供给决策中引入公共选择机制，由公众对哪些人更需要、需要哪些、需要多少公共服务设施，采取哪种供给方式等进行选择。没有必要的公众需求意愿表达机制和民主决策程序，任何大公无私的个人或机构均无法准确了解分散的公众对不同公共产品的需求意愿，从而也就无从知晓政府投资结构的

优劣。

管理者可能的经济人行为，也从另一个方面对政府投资决策的民主化提出了要求。尽管不能完全用经济人范式来解释公务人员的所有决策失误，但部分人、多数人有的时候表现出来的经济人行为，使我们有理由相信，政府投资决策应该考虑到可能的经济人行为对公众权益的侵蚀，从机制上确保公共资金不用于追求个人利益。

决策民主可能会与决策效率发生一定冲突，但并不能因此牺牲必要的民主。原因是，民主决策可能在某些情况下损失效率，但有利于避免严重的浪费，因而可以避免较大的效率损失。

（2）从政府投资结果看，公共服务设施的服务供给能力，应该在城乡间、地区间和不同收入人群间实现均等化配置。这至少包括以下两层含义：一是从需求者个体角度考虑公共服务的均等化。均等是指社会中每个个体成员所享有的公共服务结果的均等，而不是从自然或行政区域上衡量的均等。二是从服务均等化角度考虑设施配置。对个体有直接意义的是享受了多少公共服务，而不是他“拥有”多少公共服务设施。城乡间在人口密度、生活方式等方面的差异，使相同设施的服务半径和服务人口不尽相同；地区间在自然条件上的差异，也使相同服务设施所能提供的服务能力存在差别。实现人人享有均等化公共服务这一目标，城镇与乡村、东部与西部所需要的公共服务设施并不完全相同。

政府投资还需运用投资补助、贷款贴息等手段，在扩大正外部性（如鼓励技术创新）、减少负外部性（如激励节能减排）等领域中发挥作用。

二、国企投资追求公共利益

国有资本所有者是全国或某一行政区域的全体人民，通过国企投资来维护和增进全国或一个区域全体人民的共同利益，是国有资本所有权的要求。

1. 追求公共利益是国家所有权的本质要求

从国企投资提供产品和服务的公共属性上看，国企投资实际上是政府投资职能的延伸。但作为有一定经济效益的企业投资，国企投资也应追求投资效益和效率，而且相对政府投资而言，这是国企投资所特有的、更应关注的目标。

但与民企外资等追求效益、效率是基于企业、个人利益考虑不同，国企投资追求效益、效率是为了谋求本国或一地区全体人民的共同利益即公共利益。这就决定了国企投资范围的界定、领域的分布等，都应受到追求公共利益这一准则的约束。

2. 准公益性领域是国企最适宜的投资领域

国家所有权不仅要求国企投资追求公共利益，还要求国企投资集中于准公益性领域。理由是，国企的全民所有权本质上是以国家强制为基础、以政治程序为运行机制的公共权力。作为一种公共权力，与公共权力相伴生的权力滥用、违背法治、损害市场公平准则等弊端，也可能会伴随国家所有权而出现。与有限政府相似，国家所有权的职能、权力和行为方式也必须是有限的。公益性领域没有或少有财务收益，主要由政府投资。竞争性领域如果允许国企不受限制地进入，国企很可能凭借其公共权力，以公共利益的名义寻求垄断，破坏公平竞争秩序，降低市场效率，最终损害公共利益。只有准公益性领域才是国企投资最适宜的领域。

三、非国有投资结构由市场选择

以民企外资为主的非国有投资集中于竞争性领域，这部分投资的职能在于增强产业竞争力和国家竞争力。政府要做的是完善体制机制和法规政策环境，维护市场公平竞争秩序，充分发挥市场在结构上的择优汰劣功能。

1. 公平竞争是优化结构、提升竞争力的最有效手段

从近200多年来主要发达国家的发展历程看，多数发达国家在世界经济竞赛中都有过领先、甚至遥遥领先于其他国家的历史，但除美国外，其余国家往往难以持续地在竞争中保持领先优势。决定这些国家在世界经济历史舞台上沉浮的重要原因之一，是政府干预经济和产业的最终目的不同。如英国干预产业发展的最终目的主要是维护公司自主权；美国、德国主要是通过培育、保护市场机制来促进竞争，释放个人、企业的理性力量，充分发挥市场选择产业和结构的功能；日本、法国则是直接扶植、做大某些产业或企业。

经济长期增长绩效显示，如美国、德国那样主要通过促进市场公平竞争，将产业结构交由市场选择，而不是如日本、法国那样，主要通过直接扶植特定

产业发展的做法，可以提高企业的市场应变能力和增强产业结构弹性，使产业结构在市场需求变动中更快、更充分地调整和优化，更有利于经济在长期中保持竞争优势。

从广大发展中国家看，尽管新古典主义与结构主义经济发展理论关于政府干预产业发展的论争长期存在并仍在继续，但较早注重健全市场体制、促进公平有序竞争的经济体，在发展速度、人民生活水平提高速度上，都远胜于其他非市场经济的经济体。

从我国改革开放的实践看，我们最先从家电领域放弃垄断、引入竞争，经过几十年激烈的市场竞争，家电行业整体水平已居世界先进行业。再如建筑工程用机械制造行业，21 世纪初，建筑工程用机械制造业中国有及国有控股投资比重在 60% 左右，2005 年下降到 20% 左右，到 2010 年已降至 17.4%，伴随这一各种所有制成分平等竞争格局的形成，建筑工程机械在国际市场上的竞争力明显提高。

国内外发展的实践均表明，市场竞争可以激发市场微观主体对市场需求变动的反应能力，增加企业技术创新的压力与动力，最大限度地发挥市场在结构上的择优汰劣功能，从而可使结构始终处于动态调整优化之中。

2. 通过营造公平竞争环境发挥市场对产业和结构的择优汰劣功能

对于处于转型过程中的经济体而言，政府首先要做的是完善体制机制，健全法律法规，将政府经济职能界定在建立市场竞争规则、反垄断、当好市场裁判、管理外部性上，最大限度地捍卫经济自由，释放投资者适应市场需求、追逐利润的天性，将竞争性领域的最终权威交给市场选择机制。

与完善的市场体制相比，转型体制中计划与市场的边界更模糊，更难以准确把握，这就要求体制转型中的政府更应谨慎鼓励正外部性，避免因信息不充分，使政策支持的领域在不适当政策激励下，增加与市场需求不适应的供给能力，人为扭曲结构。

转型体制中的政府还应严格抑制负外部性，减少因负外部性监管不到位，而使部分企业的内部成本外部化为社会成本，扭曲资源配置甚至损害可持续发展。

竞争性领域的非国有投资在同等市场条件和统一竞争规则下，面对瞬息万变、竞争激烈、优胜劣汰的市场，基于最大限度地降低成本、提高收益、扩大竞争优势考虑，会重视以创新建立优势，市场上技术创新、管理创新、产品创新、营销创新等就会层出不穷，企业、产业竞争力会不断增强。这些创新并非源于市场微观主体对结构优化的关注，也主要不是为了得到政府的资金补助，而是企业在逐利本性驱使下，适应市场竞争的理性行为。从整个经济看，价格系统会引导经济趋近于生产可能性边界，此时的结构就是合理结构。

第四节 投资职能归位的近期目标与远期目标

适度弱化主要由市场力量形成、难以准确预判的具体结构与比例目标，更多地从投资主体应承担的投资职能角度，确定未来投资结构调整目标。

一、“十二五”时期目标

政府、国企、民企外资三类投资主体履行投资职能的状况明显改观，投资促进消费的作用增强，投资质量和效益提升。

（1）政府投资促进全民享有均等化服务的作用显著增强。政府投资向公益性领域集中度提高。竞争性领域政府投资占全部政府投资的比重、占竞争性领域的投资比重下降。政府对技术创新、节能降耗减排等外部性明显领域的投资支持的有效性提高。

（2）国企投资向准公益性领域集中。国企投资向关系国民经济命脉、关系国家安全、基础设施等领域的集中度提高，在一般竞争性领域的投资比重继续下降。国企收益向社保基金分红比例提高。投资责任约束机制和责任追究制度渐趋完善。

（3）企业在投资领域的市场主体地位确立。政府对企业投资的不当干预明显减少。民间投资在冶金、大型装备制造、能源、交通运输、电信、金融、出版等领域的投资比重显著上升。民间资本竞争力增强。技术研发投资明显增加。不符合能源资源节约利用、损害环境、危及可持续发展的投资明显减少。

二、远期目标

各类投资主体职能归位。政府、国企投资行为规范，民间投资成为提升我国产业竞争力和国家竞争力的重要力量。投资与消费良性互动。有利于结构优化升级的市场引导投资、企业自主决策、宏观管理有效的体制机制健全。

（1）政府投资决策机制健全。政府投资决策民主化和科学化水平不断提升。在基本公共服务设施领域实现均等化配置。在准公益性领域保持合理比重。除必要的投资贴息、贷款补助外，政府投资退出竞争性领域。

（2）国企投资责任约束机制完善、投资行为规范。国企投资集中于关系国民经济命脉、关系国家安全、基础设施等领域，退出一般竞争性领域。社保基金管理的国有投资稳健、高效运行，成为经济持续健康发展和社会稳定的有力支撑。

（3）民间资本具备较强的国际竞争力。投资外部性管理到位。各类投资主体在市场上公平有序竞争。民间资本在主要领域具备与国际跨国公司竞争的资本实力与技术实力。竞争性领域的投资结构随市场需求变化快速有效地优化升级。

第五节 促进投资职能归位的政策措施

政府、国企、民企外资是否、在多大程度上履行了其投资职能，直接决定于它们的投资行为，而投资行为总体上受它们所处体制机制政策环境影响。所以，促进这三类投资主体职能归位的关键，是完善相关体制机制和法规政策，使履行相应投资职能成为三类投资主体的自觉行为。

一、近期措施

近期措施是促进投资主体职能归位近期效果明显，而且具备出台条件的措施。这些措施主要包括确立企业市场主体地位，严格界定政府和国企投资领域，鼓励民间投资，激励投资活动中的正外部性、抑制负外部性等。

1. 完善核准制和备案制，确立企业市场主体地位

更加尊重市场规律，更好发挥政府作用。进一步推进完善企业投资项目核准制和备案制，释放企业投资的市场活力。

（1）完善核准制。减少政府部门在环保、土地、规划、建设、消防、水利上的重复审核、交叉审核，避免企业为核准项目重复、无效工作，提高核准效率。可考虑对项目申请报告应包括的内容进行适度简化[①]，降低企业投资核准环节成本，缩短核准周期。对维护经济安全、优化重大布局、保障公共利益、防止出现垄断等核准依据，应有科学、统一、规范的评判标准，尽量减少主观随意。

（2）完善备案制。对管理部门而言，项目备案到开工建设有一段时间，市场变化可能使已备案项目不开工建设，或实际开工建设项目的投资规模、行业、产品等，与备案项目中的内容有较大差距，通过备案收集全社会投资信息的作用十分有限。对备案企业而言，在企业产品以全国乃至全球为市场的今天，企业通过备案环节获取的信息对其投资决策没有太大实质意义。基于上述情况，建议对近年来备案制实施效果进行全面总结，由国务院投资主管部门制定简明、统一的备案办法。

2. 明确界定政府投资领域，确保资金优先支持重点建设

通过界定政府投资领域，增强各级政府投资计划的科学性，确保政府投资的公益性，提高政府投资资金的使用效率。

（1）从政府投资的公共属性和社会制度属性出发，明确界定政府投资领域。政府投资应集中于以下领域：一是成熟市场体制下需要政府投资的领域，包括国防、司法、政府行政管理、防灾减灾与救灾、道路、重大基础科研、基础教育、公共卫生、社会福利等。二是从社会制度属性出发，与西方市场经济

① 项目建议书和可行性研究报告是土地、环保、建设等其他专业部门审核项目的重要依据，也是银行贷款评审的重要参考，在现行投资管理体制下企业仍需完成这两项工作。而且，企业只有在完成项目建议书、可行性研究报告和项目申请报告等一系列工作之后，才能向政府投资主管部门提交项目申请报告，核准制下企业的前期申报准备工作甚至超出了原先审批制。

体制国家相比，我国政府投资应该更多关注的领域，包括农村地区和不发达地区的基础设施，基本住房保障等。

（2）编制全口径政府投资计划，确保政府投资用于公共领域和加强重点建设。对某一级政府而言，编制该级政府全口径政府投资计划是促进政府投资体现其投资职能的基础性工作。可由政府投资主管部门、财政部门牵头，编制覆盖各个政府部门的全口径政府投资计划。这样做，一是有利于各部门相互监督，确保将资金投入到公共服务设施领域，减少政府投资越位。二是有利于落实各级政府五年规划纲要，集中资金优先解决社会民生领域百姓急需解决的问题和保证重点建设。三是有利于优化各领域政府投资结构，避免各领域出现苦乐不均的情况。四是方便人大对本级政府投资计划的审查，便于接受社会监督。

（3）加强上下级政府投资计划的衔接，控制政府投融资总规模。下级政府投资总有一部分或在有的地区有相当大部分来自上级政府，上下级政府投资计划衔接不到位，各级政府投资计划总规模会严重超出财政资金供给能力。在这种情况下，政府往往选择向商业银行负债融资，而商业银行间的竞争关系使一个地区的商业银行之间在贷款规模上不可能协调一致，常常就会出现一个地区的政府投资规模，几乎是该地区未来全部商业银行贷款、资本市场融资总规模的几倍甚至数十倍的情况。这种状况如不尽快改变，极易出现一旦银行信贷规模偏紧，大量工程被迫停工，已投入资金难以发挥效益和拖欠工程款的状况。这种情况长期普遍存在，根本无法保证政府投资重点，也谈不上优化政府投资结构。

3. 严格限定国企投资范围，增强国企投资的准公益性

通过限定国企投资范围，健全投资责任约束机制和强化监管，规范国企投资行为，促进国企投资更好地体现公共职能。

（1）继续推进国有经济战略性调整，优化国有资本战略布局。继续推动国有资本投向关系国家安全和国民经济命脉的重要行业和关键领域，这些领域包括：一是自然垄断领域，如水电气管网、轨道交通线等。二是基础设施和公共设施，如车站、码头、大型水利水电枢纽工程等，公益性医疗卫生设施，体育馆、文化馆、展览馆等。这两类设施的典型特征是具有一定的非竞争性和非

排他性。三是风险高且外部效果显著、涉及国防安全、体现国家意志的领域，如海洋开发、航空航天、对外投资中的高风险项目、军品研发与生产、外汇储备中的实业投资等（见表1-2）。

表1-2　国企投资领域

调整优化方向	类　别	行业或领域
国企投资（其他资本参与）	自然垄断	水电气管网、轨道交通线等
	基础设施、公共设施	车站、码头、大型水利水电枢纽；公益性医疗卫生设施、体育馆、文化馆、展览馆，基本住房保障等
	风险高、国家安全或体现国家意志领域	海洋开发、航空航天、高风险类对外投资、军品研发与生产、外汇储备实业投资
国有资本经营	其他领域	

（2）从工商管理、投资管理、资本收益分配、企业负责人经营业绩考核等方面，限制国企在一般竞争性领域简单扩张生产能力。对国企在一般竞争性领域新建、扩建、迁建等简单扩张生产能力的投资，工商管理部门对设立新企业的申请不予登记注册；投资主管部门对项目申请报告不予审核，对使用政府补助、转贷、贴息的资金申请报告不予审批，对属于《政府核准的投资项目目录》范围的项目不予核准，特大型国有企业集团中长期发展建设规划中有一般竞争性领域新建、扩建、迁建项目的，对规划不予批准。财政部门对“中央企业国有资本收益收取比例分类表”前两类企业中属于一般竞争性领域的央企，增加国有资本收益收取比例2～5个百分点。国资管理部门对国企负责人经营业绩考核中也要体现这种引导性。

通过投资补助、贷款贴息等手段，鼓励民间资本对这些领域效益较差、竞争力较弱的国企进行兼并重组。竞争性领域国有资本退出时，应由非国有资本公开平等竞价，确保国有资本不流失。国有资本出让收益补充社保基金。

（3）加强对国企投资行为和结果的监管。健全国企投资责任约束机制和投资失误问责制度。每个五年计划期，由纪检监察、国资、投资、财政、国土资源、环保、审计部门组成联合检查组，选取部分国企重大投资项目进行抽查，重点检查投资领域是否有利于国有经济的战略性调整和结构优化，投资责任约束机制和投资责任追究制度是否健全，投资效果等。

（4）加强国企境外投资监管。以开发利用境外能源资源、从事基础设施建设运营的对外投资会越来越多，而现阶段对外投资实力较强的主要是产权约束机制、投资责任约束机制欠完善的国有投资。要汲取近年来国企对外投资中频频出现重大亏损、监管不到位或难以到位致使国有资产流失的教训，建立完善的对外投资决策、实施诸环节的责任制度。健全境外国有资产管理制度，完善内控机制，落实管理责任，强化资产运营风险管控，确保境外国有资产的安全与保值增值。

4. 鼓励扩大民间投资，壮大民间资本实力

按照非禁即许原则鼓励和引导民间投资，使其在提升产业竞争力和国家竞争力中发挥更大作用。

（1）从国企长期垄断的竞争性领域入手，落实鼓励民间投资的政策。重点解决民间投资在投资领域、投资能力上的问题。民间投资领域方面。一是按照党的十八大提出的“保证各种所有制经济依法平等使用生产要素、公平参与市场竞争、同等受到法律保护”的要求，确立民间资本平等市场主体地位。二是贯彻落实《国务院关于鼓励和引导民间投资健康发展的若干意见》（国发〔2010〕13号）以及与之配套的实施细则。针对实施中存在的问题，适时完善实施细则。三是利用目前部分行业市场需求不振、产能过剩的时机，鼓励民间资本兼并重组国企存量资产。

投资能力方面，多数民间投资属于中小型投资，除继续贯彻落实已出台支持中小、小微企业金融服务政策外，大力发展中小型金融机构是当务之急。重点是调整中小型金融机构市场准入中不尽合理的前置条件，如可将村镇银行最大股东或唯一股东必须是银行业金融机构的规定，放宽为村镇银行必须至少有一家银行业金融机构。进一步放宽最大银行业金融机构股东持股比例下限和单个自然人股东及关联方持股比例上限，放宽单一非银行金融机构或单一非金融机构企业法人及其关联方持股比例上限。对系统性风险影响较小的小额贷款公司，进一步放宽单一股东持股比例上限，适度提高其资金使用的杠杆率。鼓励发展服务于中小型创新投资的科技银行。在直接融资市场建设上，以先国内后

国际为原则，先建立服务于中小企业的三板市场，后开辟主板国际市场。

（2）保持政策连续性与稳定性，营造各种所有制经济平等竞争、共同发展的稳定预期。国有经济在上述竞争性领域绝对优势地位的取得，并非完全基于企业市场竞争力，而是长期以来非公平的所有制政策所导致。一个领域一旦形成寡头竞争局面，市场寡头会动用其市场支配地位，排斥新进入者，要实现新进入者与原有寡头的平等竞争，一般需要一个漫长的过程。

要促进平等竞争，政府常常会给予新进入者以优惠政策①。但在市场体制不断完善的今天，不宜给予不同所有制企业差别化的政策。这种情况下，各种所有制平等竞争政策的稳定性，就极为重要。个别地区在一些领域先是鼓励民间资本自由进入，一段时期后又采取行政性措施，以低于市价的资产价格将民间资本清退出去，这种做法会在社会上形成政策多变的预期，增大民间投资的风险。国企垄断的竞争性领域技术资金密集度较高，单个项目投资强度较大，没有稳定的政策预期，民间资本抱着怀疑的心态，是很难大胆进入这些领域的。

5. 鼓励创新投资、抑制粗放投资，促进结构转型升级

鼓励创新投资方面，在国家层面应尽快改变长期以来存在的科技与经济脱节，建立完善以企业为创新主体的创新体制。在企业层面，应通过破除行政垄断、促进市场公平竞争，加大创新激励，真正使企业成为技术创新主体。

（1）增加国企创新压力。垄断性国企内生地缺乏创新压力，原因是这些企业可以凭借土地、资金、市场垄断地位获取不菲利润，即使少有利润或亏损，其对经营管理者自身利益的实质性影响也较小。要通过国有资本在竞争性领域的主动退出，形成各种所有制平等竞争局面，加大国企市场竞争压力，迫使少数确需留在竞争性领域的国企通过技术创新求生存、求发展。

（2）加大创新投资激励。对高出企业过去 3 年研发投资平均额的部分，给予一定比例（如 50%）作为冲减应纳所得税额；如企业当年没有盈利，可

---

① 当初电信领域为了尽快实现几大公司平等竞争的局面，管理部门对市场占有率较小的新进入者就采取了多种扶植措施，最终才实现目前的几大电信运营商竞争力相对均衡，凭借市场竞争力展开竞争的局面。

将减免税额往前追溯或往后延续几年。对企业节能降耗减排、研发用设备，缩短折旧期至3~5年。为了鼓励中小企业技术创新，对中小企业购置机器设备，可按购置额的一定比例（如30%）抵免个人所得税或公司税。

对企业用先进技术替代落后技术以及用先进工艺和装备替代落后工艺和装备，所进行的机器设备和工具的更新、工艺改革、节能降耗减排投资，通过投资补助、贷款贴息予以支持。

抑制粗放投资方面，重点是推进企业资源环境成本内部化。建立资源性产品的完全成本核算办法，在资源性产品价格中体现环境治理成本、生态恢复成本、资源枯竭后的退出成本。对可以通过供需双方自由交易的资源性产品如矿产开采权、排污权，可通过租赁、协议、拍卖等市场化手段出让，最大限度地发挥竞争性市场的价格发现功能，使交易价格准确地体现市场供求、资源稀缺程度、环境损害成本。对石油、天然气、水、电力、煤炭、土地等政府定价或指导定价的资源性产品，制定客观反映企业生产效率、促进市场公平竞争的完全成本。通过价格形成机制的市场化改革，发现资源性产品的真实价格，避免人为压低企业消耗成本而刺激高能源资源消耗、高排放、高污染领域的产能扩张。

二、长期措施

长期措施是短期效果可能并不明显，需要长期不懈努力才能见效的措施。这些措施能够缓解直至消除结构调整优化的体制性制约，是调整优化投资结构的治本之策。

1. 进一步提高政府投资决策的民主化科学化水平

政府投资领域以及投资所形成的公共服务设施（供给）结构是否合理，只有公共服务设施的使用（需求）者公众才能给予准确的最终评判，通过某种机制让分散的公众自主表达需求意愿，是使公共服务设施供给与需求相适应的不可或缺的手段，也是政府投资职能归位的要求。

民主决策方面。将增强政府投资决策、实施过程的公开透明度作为重点推进的工作。要使各级政府投资管理部门认识到，政府投资管理权来自于全体公民的委托，行使这种权力的过程中产生和收集的信息，具有为全体公民所有的公共属性，公民也因此当然享有对信息的知情权。政府投资管理中的信息公开不是政府对公众的施舍与恩赐，而是政府应承担的法定责任与义务。可建立包括政府投资主管部门和投资管理部门、财政部门、建设单位、中介机构、审计部门等机构在内的，包括政府投资决策、建设管理全过程的信息网络平台。该平台包括以下几个环节中的信息：一是咨询评估信息，包括与具体项目相关的信息，如项目名称、使用单位、项目建议书和可研报告的编制单位和人员、咨询评估机构、人员和评估意见，资金申请报告等；二是投资决策信息，包括项目申报机构、项目审批机构和审批人员、审批依据等；三是建设信息，包括建设单位、设计单位、监理单位、造价单位、工程承包商、设备供应商等；四是监督信息，包括项目稽察、审计、后评价结果等。

落实人大对投资计划和重大投资项目的决策权和监督权。分散的公众要参加到具体项目的决策过程中来，会受到时间、专业知识背景限制，对投资项目而言，也有一个决策效率问题。发挥各级人大在投资决策和监督中的作用，可以较好地平衡决策民主与决策效率。要使人大代表具备投资决策的相关专业知识和时间，有必要逐步调整人大组成人员的年龄结构、知识结构与专兼职人员结构。

扩大公众的投资决策参与。公众直接参与投资决策是公众准确表达其对公共服务设施需求的不可替代的方式。对重大项目和与公众利益密切相关的项目，各级政府投资主管部门应将公示、听证制度化，广泛获取公众的需求信息。

科学决策方面。将提高中介机构咨询、评估论证的科学性作为工作重点。细化项目咨询、评估论证管理法规，增强相关法规的可操作性。对项目建议书、可研报告、资金申请报告、评估论证报告中的造假行为，实行包括公开谴责、警告、取消从业资质、终身禁入等制度，坚决扼制少数机构将“可研”报告编成“可批”报告的行为，守住科学决策的第一道关口。

监督机制方面。进一步发挥各级发改委重大项目稽察办对政府投资的日常监督职能。可考虑将近年来多部门联合的投资检查常态化，以提高监督检查的约束力与效力。根据年度投资重点和投资规模，每年选取部分地区的重点项目进行 1 ~ 2 次联合检查，并逐步将检查结果向社会公开。

2. 对国有资本实行分类管理

党的十六大将国有企业、国有资本区别开来，并要求探索公有制特别是国有制的多种有效实现形式，党的十八大要求推动国有资本更多地投向关系国家安全和国民经济命脉的重要行业和关键领域，这为国有投资履行维护和增进公共利益职能，提供了新的思路。为了使国企投资更好地体现维护和增进公共利益的职能，可以考虑对国有资本进行分类管理。

第一类是关系国民经济命脉、关系国家安全、基础设施等领域。这些领域的国有及国有控股企业由政府代表国家履行出资人权利，实行政企分开、所有权与经营权分离。按照现代企业制度要求，实行规范的公司制，完善法人治理结构。企业投资受政府规划、计划管理，人大、公众监督。

上述领域并不排斥民企、外资进入，按照《国务院关于鼓励和引导民间投资健康发展的若干意见》的精神，基于引入竞争、提升公共服务质量和效率考虑，上述领域中的大部分均应吸纳非国有资本进入。

第二类是除上述领域以外的竞争性领域。作为方向性、思路性考虑，可在现有社保理事会基础上，组建隶属人大、相关领导参与决策的新的社保基金理事会，由新的社保基金理事会转持这部分国有资本。这部分国有资本以盈利为目的。新的社保基金根据企业生产经营情况、市场变化等，以投资收益最大化为原则，自主决定是减持或增持股份，投资收益补充社保基金，为促进经济持续快速增长、稳定社会构建覆盖全民的社保体系。

可根据实际情况选择过渡性措施，逐步实现上述设想。如第一步，可考虑将上市国有股份中社保转持股份比例从现在的10%提高到20%。随着相关管理制度的完善，总结经验后，逐步提高转持比例，并将转持股份范围扩大到未上市企业。

3. 提高对企业排放管理政策的执行力

发达国家上百年工业化过程中出现的企业排放问题，在我国快速工业化、城镇化过程中集中出现，加大了政府对企业排放管理的难度。基层政府在发展当地经济上面临的压力与动力，会使它们对当地企业的消耗与排放管理难以到位。完善行政管理体制和干部选拔任用制度，让公众对所在地领导干部升迁有发言权和相应的决定权。改革户籍制度，使城乡居民可以通过自由迁徙对不同地区的公共服务行使选择权，这既可以还自由迁徙权于民、促进社会公平正义，还可以增加基层政府严格依法监管企业消耗与排放等履行公共事务的压力。逐步适度提高中央财政收入比重，同时加大中央对财力较弱地区的财政转移支付力度，减轻基层政府发展经济、增加地方财政收入的压力，缓解基层政府在发展经济、增加地方财政收入与企业监管之间的矛盾。

第六节 相关配套措施

投资结构管理是多年来的一个老话题，也是政府特别是政府投资主管部门始终在努力的一项重要工作。结构管理的效果不尽如人意，根本原因是相关体制机制欠完善。必须以更大的勇气和智慧深化重要领域改革，为上述政策措施的实施创造相应的制度条件。

（1）推进基本生产要素的市场化改革。加快土地要素配置的市场化，使投资者能够依据真实的土地价格信号决策投资。继续推进利率市场化，使资金成本真实地反映时间偏好、风险偏好和投资机会，改变利率“双轨制”和基准利率长期低于资金真实成本，由普通百姓补贴企业和政府、贷款者补贴借款者、穷人补贴富人的状况。完善人民币汇率形成机制，为企业、个人提供真实的国内外商品比价信号，促进国内平衡与国外平衡。

（2）优化不同层级政府间财权事权职责格局。推进财税体制改革，健全中央和地方财力与事权相匹配的体制，减轻地方政府发展经济、增加财政收入的压力，减少地方政府热衷于重化工业投资、扩张经济规模和增加财政收入的冲动。

（3）规范融资行为、改善融资环境。规范国有银行经营行为和地方政府融资行为，探索稳定、风险可控的地方政府债务融资机制。规范发展资本市场，扩大企业直接融资比重。

（4）深化行政体制改革。推进政企分开、政资分开、政事分开，建设职能科学、结构优化、廉洁高效的服务型政府，形成权责一致、分工合理、决策科学、执行顺畅、监督有力的行政管理体制。

（5）健全干部业绩考评机制。弱化经济指标在干部业绩考评中的权重，加强社会管理和公共服务方面的考评。结合国家主体功能区规划实施，建立完善有利于促进形成主体功能的干部业绩考评体系。

（6）加强民主法治建设。扩大公共投资的公众参与，推进决策信息公开，强化决策监督，落实公众享有的宪法权利。加强中央与地方、政府与社会各阶层的沟通，确保民意、基层政府意愿体现到相关政策之中，使转方式、调结构的政策既符合中央意图，同时考虑到基层实际。弘扬法治精神，树立法治理念，坚决改变投资领域有法不依、执法不严、违法不究的状况。

参考文献：

1. 约瑟夫·E. 斯斯蒂格利茨、沙希德·尤素福编，王玉清、朱文晖等译，黄卫平校：《东亚奇迹的反思》，中国人民大学出版社 2003 年 6 月第 1 版。

2. 张五常：《科学说需求》，中信出版社 2010 年 6 月第 1 版。

3. 林重庚、迈克尔·斯宾塞：《中国经济中长期发展和转型——国际视角的思考与建议》，中信出版社 2011 年 7 月第 1 版。

4. 白和金：《深化年度计划改革研究》，2011 年 10 月（内部报告）。

5. 张长春：《稳定与增长——原理、政策及其应用》，商务印书馆 2011 年版。

第二章　结构问题的理论、观点及评述

内容提要：新古典主义与结构主义在发展理论上的分歧，主要来自理论假设不同，在市场机制的作用、对政府干预市场的必要性与效果的认识上存在分歧。但两者都强调体制、人力资本和技术创新的重要性。与新古典发展经济学相比，今天的结构主义发展经济学仍缺乏严密的理论框架和坚实的微观基础，其政策主张的可操作性较差。尽管结构主义相比新古典主义还显得不够成熟，但结构主义特别是早期结构主义的贡献仍得到经济学家们的充分肯定。

国内围绕结构问题争论的焦点集中在可观察到的表象原因与深层次的体制机制背景以及政府的作用与市场的作用等方面。长期以来，人们在结构问题上大相径庭的观点，既说明了结构问题的复杂性，也显示出本项研究的难度与结构管理实践的困难。

相对于产业结构所对应的资本存量，投资为资本流量。现有的资本存量结构相应地由此前的资本流量结构累积而成。以下的论述将围绕投资结构和产业结构进行。

第一节　新古典主义与结构主义在政府干预结构上的理论分歧

20 世纪 40 ~60 年代，结构主义发展理论占据发展理论的主导地位，按照这一理论的政策主张，一些发展中国家实施封闭的计划指令的发展战略，结果是经济缺乏活力、经济增长缓慢。[①] 20 世纪 60 年代中期开始，新古典主义发展经济学对结构主义经济发展理论进行了批判。20 世纪 80 年代初开始，结构主义者主要对新古典主义者的市场效率、国家理论等进行了回击。[②]

从两种理论的发展过程看，自身的理论缺陷与部分发展中国家经济发展事实，使结构主义不断从新古典主义理论中吸收合理成分，放松或修正理论假设，在方向上有向新古典主义收敛的总趋势。但在理论基础及其政策主张上，两者仍存在明显分歧。

一、理论假设不同

结构主义认为经济均衡为动态非均衡，经济中存在不可分性和互补性，市场中公众的行为呈现非古典方式。如缪尔达尔就认为，现实中社会系统并非向着各种力量趋于均衡的点前行，离开均衡的变动并未引发反向的有利于均衡方向的变动，而很可能引发进一步远离均衡点的变动。发展中国家存在的二元经济结构、外部经济、规模经济、递增收益等都会妨碍稳态均衡的实现。[③] 部分生产要素不能划分为更小单位，即使完全可分也存在最低限度规模问题，这决定了供给方面可能需要一个最佳规模厂商，最低限度的投资额决定了相应规模的储蓄量。单独项目的投资不一定能找到市场，具有较大风险，而互补性投资则能相互提供市场；一个产业中的一项单独投资的风险可能要远高于不同产业互补性投资的风险。这种不同投资决策的相关性所决定的需求互补性，将降低

① 结构主义学派以“二战”前熊彼特、库兹涅茨的研究为起点，战后出现了罗森斯坦·罗旦的大推进理论、纳克斯的平衡增长理论、郝希曼的非平衡增长理论、钱纳里对投资决策相互依赖性的研究成果。20 世纪 70 年代后，结构主义学派集中在英国苏赛克斯大学的弗里曼及其团队的研究，纳尔逊和温特的经济进化理论，以罗森伯格为先导的技术发展本质的历史研究，以及世界银行进行的后发展中国家工业化与技术能力关系研究等。

② 除了结构主义与新古典主义在发展观上的差别外，以巴兰、弗朗克、阿明、埃曼努尔为代表的西方马克思主义经济发展理论家，试图运用阶级分析法，揭示世界经济体系的本质、发展中国家欠发达的根本原因、实现发展的途径。他们的分析集中在世界经济结构（如发达国家与落后国家之间）的剥削关系上。

③ Gunnar Myrdal：Economy Theory and Under-Developed Regions，Methuen & Co. Ltd.，1963，p. 13.

市场风险[①]。西尔斯认为，理性经济人在市场中追求效用最大化假定是以发达国家经济发展到一定阶段的心理架构为背景、以私营企业为核心的工业经济的“一个特例”，并非任何时代、任何地域都适用的利益动机、道德标准及由此决定的经济活动本质。[②] 而在发展中国家，因各种外在的约束，普通民众并非追求效用最大化，而是如何维持生存或在维持生存水平上增加收入。

新古典主义假设经济均衡为一种稳态均衡，经济学家们在严格约束下，论证出一般均衡体系处于稳定状态且有满足经济效率的均衡解；经济中的投入、产出、效用等无限可分，从而可以运用边际概念探讨经济问题；公众都是追求最大化效用的理性经济人，每个人根据他们所受的约束，为追求效用的最大化而行动。

二、在市场机制作用上的认识差异

1. 结构主义认为发展中国家依靠价格机制无法实现资源配置的效率

针对新古典主义者认为的价格调节机制会带来市场效率的观点，结构主义者认为，发展中国家存在广泛的市场失效，价格机制不足以促成包括生产要素、制度及国民经济结构等领域深层次的结构因素变化，市场失效必定导致种种深层次结构性矛盾，影响发展进程，需要政府干预以提高市场效率。政府干预经济带来的长期大幅度偏离市场的信号可能会带来高昂的成本，但短期内则可以激励企业家精神并促进生产率增长。他们还通过实证研究成果来佐证自己的观点。[③]

2. 新古典主义强调价格机制能够实现资源高效配置

发展理论的新古典主义复兴中，新古典主义者重新肯定了市场力量对经济发展的促进作用，主张发展中国家应当从以往僵硬、低效、缺乏活力的计划管

---

① P. N. 罗森斯坦·罗丹：“‘大推进’理论笔记”，《拉丁美洲的经济发展》英文版第61~62页，麦克米伦出版公司，1966年。

② Undley Seers：“The Limitation of Special Case ”, Bulletin of the Oxford Institution of Economics and Statistics, 1963 , vol. 25.

③ 世界发展经济学研究所的一项研究成果（L. 泰勒评阅人）显示，部分取得成功的发展中国家，其价格改革和贸易状况的改善与政府干预总需求、出口、公共投资及易货贸易相一致，而其他实行国家最低限度干预，仅实行价格改革的发展中国家，结果较差。

理转向灵活、高效、充满活力的市场体制。从结构主义的片面强调计划管理转向市场机制，从片面强调保护与封闭的进口替代转向开放的鼓励出口，从片面强调工业化转向重视农业，从片面强调物质资本积累转向重视人力资本的开发与积累。

新古典主义主张，只有参与国际竞争，才能发挥自身的比较优势、培育竞争优势，通过国际贸易使发展中国家充分利用国际市场资源，通过引进资本和技术实现快速发展。

针对结构主义所宣称的发展中国家农民缺乏市场观念，对经济刺激缺乏理性的反映，工业与农业两部门无需通过市场价格机制联系起来、计划调拨就可以解决工业化过程中农业对工业的贡献等主张。新古典主义认为，无论在发展中国家还是发达国家，人的行为特征并无二致，农民尽管文化水平不高甚至是文盲，也具有理性行为经济人特征，他们可以对经济刺激做出灵敏的反应①。

针对结构主义将注意力集中在物质上，较少关注人力资本，主张产品、重要物资、财政、货币等方面的计划平衡，而较少重视人、技术和知识的作用等，新古典主义认为，实际上，市场中人力资源无论对企业还是对劳动者自身，都有通过加强人力资本开发和积累来取得更高利润水平和劳动报酬的动力。

三、在政府干预市场必要性与效果上的分歧

1. 结构主义主张政府对市场适度干预，而新古典主义则持相反态度

发展中国家的制度安排并非通常意义上的市场不完全，而是具有高度个人化特征。发展中国家主导制度安排的一方常常居于绝对支配地位，另一方则依附于主导方，这会强化增长过程中的不平等，并可能使市场效率较低的企业能够长期存在下去。市场制度缺失需要政府在一定范围内替代市场、促进资源高效配置。

结构主义还认为，自由市场是既可行善也可从恶的中性制度，只有在一定

① 如D. 拉尔就认为，传统农民不积极采用新技术其实也是一种理性行为，因为收入仅够维持生存，他们无力承受采用新技术可能带来的失败风险，当然不敢贸然采用新技术。

条件下市场才能有效地运作。将限制政府作为减少租金的唯一途径是错误的。尽管政府部门和公职人员确实存在追求私利的行为，但总体而言，私人动机与政府的动机有重要区别。寻租理论将政府看作一群有组织的盗贼并不正确，这无法解释政府干预程度相近国家间腐败程度存在的很大差异。新古典经济学的寻租理论能够解释政府干预造成的政府失效，但在解释一些东亚国家通过政府干预实现政府成功时，却无能为力。

新古典主义则认为，结构主义经济发展理论隐含了政府具有干预经济无限能力的假设，实际上，主张政府干预会为寻租打开广泛的空间，干预会与贪污、行贿受贿相伴随，由此导致的政府失效比市场失效更严重。极少有经济政策不会带来扭曲，而且，一种扭曲会带来另一种扭曲，最终可能造成整个经济关系的扭曲，使经济总是过度地偏离均衡。

新古典主义还认为，政府仅需发挥“守夜人”作用，因为市场机制总能自我纠正市场的错误。政府在政治领域中对经济的干预恰如个体在经济领域中实现个人利益最大化的行为。个体是组成群体和各类组织（包括政府）的基本细胞，个体行为的集合决定了集体行动。人的本性无论处于什么位置都一样，最基本的动机是寻求私利与个人效用最大化。政府机构中的行政官员与普通百姓一样，也是效用如薪金、他所在的机构或职员的规模、社会名望、额外所得、权力和地位等的最大化者，这些效用的大小又直接和预算规模正相关，所以，行政官员必然追求预算最大化，这必然导致机构臃肿、效率低下、政府部门预算不断增长。

诺思就认为，国家为既得利益集团中的一个，它的作用是在各个集团中进行经济效率与国家权力的相机抉择。西奥多·W. 舒尔茨批评结构主义，“发展经济学家所造成的主要影响是赋予政府的功能太多，但政府却没有能力有效履行这些功能，有这样一个政府传统，对发展是不利的”。①

2. 经济中的不可分性和互补性、挤入效应与撤出效应

结构主义认为，发达国家基础设施已十分完善，其投资往往可以当作是边际的。但在发展中国家，基础设施条件包括人力资本、基础研究和通用技术研

① Pioneers in Development, Oxford University Press, 1987, p. 4.

究、物质基础设施、出口市场基础设施、供应商和销售商网络、专业化金融机构、法规环境，以及促进高技术产业发展的风险投资家等都较差。任何社会投资所要求的社会分摊资本很大，单个项目因风险太大而无法实施。[①] 基础设施的不可分性、部门间发展的互补性，都会使新古典主义的边际调节在发展中国家不可行。[②] H. B. 钱纳里认为，发展中国家普遍存在着要素市场分割、调节滞后等非均衡现象，政府可以将资源配置到高效率部门来缓解瓶颈，推动经济增长。

针对公共工程对私人投资的影响，结构主义认为，政府在某些领域扩大支出可以增加私人投资的回报，这会刺激私人投资，不仅不会产生挤出效应，反而会产生挤入效应。如果政府通过预算赤字扩大资本性支出，只要资本性支出的回报高出债务利息，扩大支出对长期增长就是有利的。有长远眼光的投资者会因此增强经济增长、预期投资回报的信心而增加投资，这会有利于经济恢复。而新古典主义者则认为，政府如果通过赤字增加开支，会导致利率上升，升高的利率会减少私人投资，即财政赤字增加会对私人投资产生挤出效应。

3. 分权与信息不充分问题

结构主义认为，中央向地方分权可使决策权转到信息较中央政府充分的地方政府手中，此时，地方政府在拥有信息优势方面类似于市场机制，这为地方政府在协调和政策实施方面弥补市场不足提供了可能。

结构主义也同时承认，与分权相伴随的是，中央政府向地方政府分权有可能大大增加腐败成本，当转移支付机制不完善时，地区间发展和收入水平的不平等很可能会加剧。例如，总体上讲，南亚国家的分权化成效不如东亚国家，原因就在于相对于东亚国家，南亚国家转移支付机制不完善，这些不完善主要表现在上级政府与下级政府在收入分配上的冲突，各利益集团讨价还价的能力不对称，既得利益集团维护利益的顽固性等方面。

四、两者都强调体制、人力资本和技术创新的重要性

无论是结构主义还是新古典主义都认为，市场体系及其运行机制是促进一

① Paul Streeton："Balanced Growth and Unbalanced Growth", Economic Weekly, April 20, 1963.

② Paul Streeton："Unbalanced Growth", in A. N. Agarwla & S. P. Singh eds.：ibid. p. 17.

个经济体有效运行的极其重要的基础要素。技术进步为经济系统的内生变量而非外生变量，知识和人力资本为经济增长模型中的一个因子。技术和知识不能免费转移，仅能有限复制。技术在经济的各组织间呈现非均衡配置，从而形成了企业、行业、国家间竞争力的差异。

它们均认可物质资本、劳动力、自然资源的重要性，同时也强调人力资本对结构变动的关键作用，如通过技术创新、开辟新市场、发现新的投入品等来创造新的商业机会。

五、简评

与新古典发展经济学相比，今天的结构主义发展经济学仍缺乏严密的理论框架和坚实的微观基础[①]，总体而言，其政策主张的可操作性较差，这也是它在与新古典发展理论争论中渐处下风的重要原因。针对理论上的这些缺陷，结构主义正在吸收新古典理论中的弹性、替代、边际等分析工具，修正原有不可分性与互补性、非理性行为方式假定（仍保留动态非均衡假定）。伴随发展中国家丰富多彩的发展实践，两种理论均在弥补着自身的缺陷与不足，丰富和发展着自己的理论体系，两种发展理论的争论仍在继续。

尽管结构主义相比新古典主义还显得不够成熟，但结构主义特别是早期结构主义的贡献仍得到经济学家们的充分肯定。保罗·克鲁格曼就认为，早期的结构主义理论中有许多“已经被忘记但却有价值的观点”，这些观点“令人吃惊地激发出许多解释”。[②] 而斯蒂格利茨也认为，早期结构主义思路已经找到了“将外在性和非凸性吸收进来的一个视角”，使用包含外在性和非凸性的模型使构建多重均衡变得容易。[③]

从实践上看，较早采纳新古典主义发展主张，健全市场体制、发展外向经

① 早期结构主义者强调发展中国家与发达国家之间的差异，由此提出西方经济学不适用于发展中国家，但他们仍然是在西方经济学的理论体系内提出这些观点。他们未能为结构主义理论建立相应的微观理论基础。新古典主义者詹姆森就认为，“发展之谜的解决，不是来自宏观层次上政策的成功，而是在于给平民以活力”。

② Paul Krugman: Development, Geography and Economic Theory, The MIT Press, 1995, pp. 7-8.

③ Joseph E. Stiglitz: “Comment on ‘Toward a Counter-counterrevolution in Development Theory’ by Krugman”, Proceedings of the World Bank Annual Conference on Development Economics, 1992, pp. 45-46.

济、重视教育和人力资源开发的亚洲四小龙，无论在经济发展速度、人民生活水平提高速度上，都远胜于其近邻的其他亚洲国家。但是，迄今为止，大多数发展中国家发展水平仍然较低，面对着使发展中国家走向发达这一沉重的历史使命，以新古典主义为主流的发展经济学在理论上再一次陷入困境。

第二节 国内调整优化投资结构观点综述

投资结构、产业结构、经济结构等结构性问题是多年来政府关心和学界讨论的热点，在有无最优结构、结构问题原因、如何调整优化结构等问题上，国内学界历来存在泾渭分明的观点。

一、投资总量调控与投资结构优化孰轻孰重

近年来，我国固定资产投资运行中存在的突出问题是在投资规模过快增长的同时，频繁出现部分行业产能过剩，同时高科技领域、第三产业长期投入不足。范剑平（2007）认为，由于投资本身具有短期内是需求、长期中是供给的两重性，投资在宏观经济运行中这种打破旧的均衡、追求新的均衡的动态变化，必须要与其他供给因素、需求因素取得动态平稳。从投资是短期需求看，短期内供给因素能否满足投资需求扩张的要求是判断投资是否过热的重要因素。从投资是长期供给因素看，投资规模的增长必须与消费需求、出口需求的增长速度取得均衡。国家信息中心经济预测部宏观政策动向课题组（2009）认为，扩大投资规模与调整结构并举，就是要加强民生工程建设和基础设施建设，支持经济社会发展中的薄弱环节，加大科技创新投资力度，在农业基础设施和交通设施、推动自主创新和产业创新等方面，加大政策支持和资金投入。李毅中（2009）则强调了扩大内需中工业结构调整的重要性，通过扩大投资与调整结构两手抓，把扩大内需作为促进工业结构调整的机遇，把加快工业结构调整作为扩大内需、应对危机的重要举措，推动我国工业由大变强。

贾康（2010）则结合应对2008年国际金融危机的一揽子计划和政策措施指出，4万亿元投资本身就有调整经济结构的作用，投向基础设施、灾后重建、新农村建设、安居工程、生态保护、自主创新和科教文卫等方面的资金，落实到位后能够明显促进经济结构的优化调整。在4万亿元投资之外，调整经济结构特别是内需结构应注重合理促进消费，尤其是提高中低收入居民的收入水平和消费能力，通过加强社会保障体系建设消除居民消费的后顾之忧，从而减少预防性储蓄，增加即期消费。郎咸平（2008）认为，政府应该将4万亿元投资方向偏向民营制造业，这样才能让老百姓真正获得利益，从而推动消费。继续将资金投向基建的确可以带来靓丽的GDP增长，但如果不能真正改变制造企业生存现状，或许仍然会有更多的人面临失业的威胁。

二、有无最优投资结构

任淮秀（2009）认为，投资结构优化就是投资结构与经济社会发展的客观要求达到高度契合的动态过程。其中，判断投资结构优化的静态标准是一定投资规模基础上能达到最大产出或利润的投资结构；动态标准是能够使国民经济在较长时期取得最快增长的结构比例。任郑杰（2010）除了强调把投资结构合理化作为一个动态含义进行理解外，还强调其发展的阶段性特点，把握其具体的标志，主要包括：①合理的投资结构应该有利于促进社会生产和社会需求在总量上和构成上的相互适应与平衡发展，实现社会再生产的良性循环。②有利于实现投资效益最大化，即在保证投资项目效益优化的基础上，从整体上实现产业、部门经济结构的合理化，从而提高投资的整体效益。③有利于资源的优化配置和合理使用，促进社会生产力的发展。④有利于技术进步，即有利于迎接世界新技术革命的挑战，重视以先进的技术和装备来改造老企业，并建立高新技术产业。⑤合理的投资结构应是开放性的，必须适应对外开放的需要，允许、保护和促进投资在省际之间、省内各地之间的合理转移，促进跨地区、跨部门、跨行业投资。⑥合理的投资结构应该是动态的最优投资比例，随着科学技术的迅猛发展，投资的结构效益必然是一个不断变化的量，而且应能长期保持投资结构效益的最大化。

许小年（2007）则认为，从理论上讲，优化的前提是最优结构的存在，并且政府对这个最优结构的把握比市场更为深刻和更为全面。然而正如哈耶克所指出的，全国有数以百万计的企业，产品以千万计，而消费者有13亿人，纵有三头六臂，政府也无法完全获得关于生产与消费的足够与详细的信息。没有充分信息，怎么可能认识"最优结构"，又怎么可能合理安排社会经济活动？正因为这样，我们于30年前开始了一场伟大的改革，将资源的配置权从政府手中转移到市场上来。根据宏观政策和市场环境的变化，微观单位做出投资调整，由此形成的产业结构就是最优的，因为它最有效地衔接了社会供给和需求。换言之，"最优产业结构"是市场自发活动的结果，是在无数市场参与者的趋利活动中形成的，它不可能被任何个体所事先预知，当然也就不可能作为政策的目标。

三、投资结构失衡与结构政策效果有限的原因

绝大多数学者认为结构矛盾的源头，是现行体制机制下，资源配置中行政力量过大，地方政府热衷于能快速扩大经济规模与增加地方财政收入的重化工业项目。既然结构问题是体制的伴生物，在体制较少变动前提下调整优化结构的政策，其效果自然不会太好。

1. 不尽完善的制度体制机制及由此带来的地方政府投资冲动

李稻葵等（2009）认为，我国经济结构失衡的表象是消费尤其是居民消费占GDP的比例过低；投资占GDP比例过高而且一直处于上升态势；出口以及贸易顺差占GDP的比例也过大。结构失调的深层原因在于经济体制改革尚不彻底，很多制度上的因素导致并加深了结构失调。比如，地方政府的GDP政绩导向、国有企业尤其是央企因行政提拔要求而内生的对投资和规模的发展要求、受政府控制的基础性资源价格长期偏低补贴和加剧了投资、教育医疗住房养老等体系建设落后等等。厉以宁（2011）也指出，结构调整难点在于体制和机制，投资决策不科学、行业垄断、资源定价不合理、城乡二元体制以及政府管理理念滞后，严重阻碍经济发展方式转变。

为什么我们总是在复制旧的模式，在制造同样的经济周期，频繁出现投资的高峰与低谷，究其原因，许小年（2005）认为，一是现有体制下，政府在资源配置特别是主要生产要素配置方面扮演着主导角色。政府追求速度、追求

规模，而政府不是盈利机构，不可能以效益为目标。二是政府对银行、对股市实行价格管制，人为扭曲资金成本，鼓励了过度投资。而参与过度投资的，不仅是国有企业和各级政府，民营企业近几年也发生了单纯追求规模扩张、忽视技术产品更新的倾向。三是产权的保护，特别是知识产权的保护较弱，使投资创新产品很难获得高回报。今天一个新产品上市，明天市场上就有复制品出来。所以，如果不对现行经济体制进行深刻改革，这种粗放的增长模式还会继续下去。

作为投资资金重要来源之一的证券市场，吴敬琏（2009）认为，其问题的症结在于一些政府机构的那只“看得见的手”老是“闲不住”。正像一些分析腐败寻租活动的经济学学者早就指出的那样，问题的根源在于“看得见的手”。在我国证券市场的创建和发展历史上，在整个改革过程中，市场那只“看不见的手”往往由于“看得见的手”的压制而萎缩。中国改革从“放权让利”开始起步，但在改革30年之后，有形之手一直“闲不住”，加上权大于法的潜规则，使看得见的手不仅“闲不住”，而且由于法治没有建立而“管不住”。

吴敬琏（2007）认为，从20世纪90年代后期以来的结构调整经验可以清楚地看出，各级政府偏离市场化改革方向，成为经济结构的主要调节者，是过度投资、产业结构恶化的最主要原因。张长春（2004）认为，目前地方政府的投资扩张行为已构成宏观经济不稳定的因素之一。部分地方政府的行为与市场经济中政府所应发挥的职能背道而驰，必然加剧宏观经济的不稳定。20世纪90年代以来政府换届的3个年份（1993年、1998年和2003年）均为全社会和国有投资增长高峰年。一方面，追求政绩和片面理解“发展”为地方政府的投资扩张提供了驱动力；另一方面，地方政府掌握的土地、税收资源和地方政府能调动的资金为投资扩张提供了可能。

厉以宁（2010）指出，我国经济中的投资冲动怪圈经常同资产泡沫怪圈联系在一起，这是因为，在刺激经济和扩大投资的同时，低利率和信贷规模的增大也往往体现于资产的炒作上。投资冲动怪圈和资产泡沫怪圈的背后实质上是经济体制问题。经济转型必须同深化经济体制改革结合在一起，要尽快由政府主导型的投资决策体制转变为市场主导型的决策机制。

2. 体制欠完善降低了结构政策的效果

韩康（2007）认为，结构政策效果较差主要是既定增长结构的刚性制约。这种增长结构制约就像一个屏障，把结构政策的效果限制在一个相当有限的范围内。具体来说：①国民收入的增长结构明显向工业企业利润和政府财政收入倾斜，居民收入项目的增长则相对缓慢，这是一个对政策有效性带有基础性制约的重要因素。②居民家庭收入的等级结构差异越拉越大，中等和中高收入层的收入持续高速增长，中低收入层的增长则明显迟缓，这就使当前一些涉及消费领域的结构政策左右为难。③国内三次产业的结构变化相当缓慢，第二产业仍是高速增长的最强大支持，其产值比重甚至出现了稳中微升的状况，这就必然导致调整结构、转变发展方式的结构政策执行难度很大。

一些专家学者则从目前存在的各种体制性缺陷、结构政策效率有待提高等方面，对包括投资结构在内的经济结构调整进行了深入分析。国家发改委投资研究所课题组（2010）认为，投资领域的诸多问题和现象，往往是经济结构性矛盾、体制机制深层矛盾在投资领域的反映。例如，投资规模注定受到高储蓄的影响；自发投资增速变动注定受偏低的资源要素成本信号的激励；投资结构注定受内外失衡结构的作用；地方政府投资决策往往不受市场规律支配、甚至不受中央政府经济政策左右等。

四、调整优化投资结构的迫切性

一些学者从国际金融危机发生后全球产能过剩加剧、发达国家消费方式改变、美欧发达国家进入新一轮再工业化、产业分工向产品内分工方向发展、产业转移的服务化特征日益明显、新能源产业发展带来的新技术革命等方面，探讨了我国产业结构调整优化的紧迫性。

2008 年国际金融危机使我国经济结构性矛盾更加凸显，调整经济结构的任务更加紧迫。王一鸣（2009）认为，国际金融危机之所以对我国经济形成巨大冲击，从表层看是由外部需求急剧收缩造成出口大幅下降所致，从深层看则是积累的结构性矛盾加剧的结果。供给结构上的矛盾主要表现为低附加值产业比重过大，自主创新能力不强，科技进步和创新对经济增长的贡献率偏低。事实上，国际金融危机爆发前我国经济就已经面临巨大的结构调整压力，国际金融危机及其引发的全球经济的深度调整进一步凸显了这些结构性矛盾，使结构调整变得更为紧迫。

李稻葵等（2009）认为，结构调整的紧迫性有各种各样的表象，从本质上讲，两个最基本的因素导致了我国经济必须刻不容缓进行结构调整。第一个最基本因素是，就业市场的压力使得保持国民经济较快增长的压力持续存在。然而，大规模政府投资主导的经济反弹并不可持续，经济需要寻找根本增长之路。第二个基本因素可能没有严格的学理支撑，但是，要求我国为全球经济再平衡负一定的责任，已经在事实上形成了一种国际舆论和政策环境的压力。这对我国在国际社会中的地位和形象已经产生了影响，而这种影响会通过各种各样的方式传递到我国的对外关系上。

另外，在外资结构调整方面，联合国贸发组织投资和企业司（2010）认为，中国外资结构性调整的巨大推力主要来自以下四大因素的相互作用：中国自身增长模式的转换（创新型和内需型经济）；全球消费和资本流动格局的演变（包括美国等主要经济体自身的演变）；低碳与环保节能时代的来临，将推动中国产业结构和外资结构的调整；全球贸易保护主义在一些领域有所抬头，将对跨国公司国际生产体系的布局带来影响。

五、调整优化投资结构：目标与原则

关于我国投资结构调整优化的目标，任淮秀（2009）认为，投资结构调整目标通常包括：①协调产业结构，即在现存的技术经济条件下维持现有产业的平衡发展；②产业结构高级化，即随着生产力的发展，促使产业结构由第一产业为主向第二产业为主，再向第三产业为主转换；③产业升级，即随着科学技术的发展，通过调整投资结构，促使各产业由劳动密集型向资金、技术、知识密集型转化，提高产业竞争力。而李扬（2010）认为，优化投融资结构，一是应树立以就业为优先目标。通过增加投资来启动经济增长，必须将促进就业放在优先的位置上。二是投资应逐步转向“城市化导向”。工业化和城市化并举，并逐步向城市化为主导转移，是我国未来经济发展的方向。在一些经济发达地区，城市化已经成为经济发展的主要动力。城市化的投资重点应当从重在经济类基础设施转向经济类和社会类基础设施并重，并最终转向以社会类基础设施为主的路径上。巴曙松（2009）认为，在未来10年左右的时间窗口里，政府投资支出通过推动城市化来扩大内需，不但要与推进城市化的方向相一致，而且也要与投资结构和经济结构调整方向相一致。

关于未来我国投资结构调整优化应遵循的原则，李稻葵等（2009）指出，未来10年我国经济结构调整可以用“宽财政、紧货币”来概括。所谓“宽财政”，指政府在结构调整过程中，需要保持比较宽松积极的财政政策，要求财政支出的增长速度超过GDP增长速度，而财政赤字在每年都保持在较高的水平。与此同时，通过国家财政资产负债表的调整，从长期考虑弥补财政赤字所带来的后果。所谓“紧货币”，就是适当收紧货币供给，以及由此来调控经济中的信贷增长速度，预防资产泡沫，与此同时，逐步放开资本账户的资金流动。任淮秀（2009）则从促进技术进步和产业结构优化升级的角度，提出了优化投资结构应遵循的主要原则：①关键产业重点投资的原则，主要包括瓶颈产业部门和新兴产业部门；②基础部门超前发展的原则，主要包括农业、基础设施、教育和科技；③推进技术进步的原则，科技创新要与扩内需、促增长、调结构、上水平紧密结合起来；④存量调整与增量调节配套进行的原则，鼓励企业通过并购方式调整资本存量，实现产业结构合理化，同时通过增量调节的方式实现产业升级，使两种方式发挥应有的作用，取得最大的效益。

樊纲（2005）认为，应该“扩充中国的产业结构”，在今后20年、30年，甚至是40年内，为了几亿农民就业，我们还不能放弃传统产业，不能放弃劳动密集型产业，甚至不能放弃资源密集型产业。樊纲（2008）认为，“提升产业结构”的问题不是产业政策的问题，而是教育政策的问题，不应搞什么产业政策，而是要有体制改革和教育发展的政策，改变落后的要素结构；鼓励高新产业和高端服务业发展，应该主要通过体制改革去创造一个要素能自由流通交易、价格机制反映资源稀缺程度和公平竞争、打破垄断的制度环境，而不是打压低端产业，更不能运用太多的政府资源对高新技术产业进行补贴，太多的补贴还会产生“动机扭曲”问题。

六、调整优化投资结构：依靠政府还是依靠市场

对如何调整优化投资结构的大体上有两种倾向：

一种倾向认为，市场机制是优化资源配置的基础性机制，结构调整还是要依靠市场机制，要相信市场的自我修复能力。国家发改委宏观经济研究院课题组（2007）认为，优化行业投资结构主要靠完善市场机制、加强管理而不能依靠短期调控。结构优化升级是一个渐进的过程，在结构渐变中市场比政府对结构的选择更有效率，这也正是我们在非公共领域放弃多年的部门比例计划管理的原因。政府在精确把握最优结构上的力不从心，使多年来政府主动优化、升级产业结构的效果往往不尽如人意。

贾康（2010）从经济运行实践的角度出发，认为政府对于经济发展中的很多具体事项不一定能看得很准，推进结构优化调整往往只需要政府给一个导向、法律给一个公平竞争框架，再加上经济手段（经济杠杆）的规范化设计和运用，比如实施一系列有针对性、体现产业政策和技术经济政策的税收或补助等优惠措施，而后让企业在竞争中优化配置资源，通过市场来进行优胜劣汰，就可以收到很好的效果。贾康还指出，政府要想把自己的投资做好，它应该把握：第一，不论是经济的低迷期还是经济的高涨期，政府都首先要有能力弥补市场缺陷，尽可能给市场有效运营提供基础设施支撑。第二，周期的不同阶段上力度掌握确实需要有所不同，经济高涨期发力的空间比较小，而经济低迷期发力空间比较大，这时正是要通过政府的介入更多地做一些想做、应该做但平时没有条件做的事情，正好是配合扩张政策把基础设施建设往前推的时候。

吴敬琏（2010）指出，在对 2003 年四季度以来宏观经济形势进行判断时，当时主流意见把问题的性质确定为“局部过热”，采取的主要措施也是由主管部委联合发文，采用审批等行政手段对钢铁、电解铝、水泥等“过热行业”的投资和生产活动进行严格控制。从那时起，“宏观调控要以行政调控为主”就成为正式的指导方针。在这种思想指导下，各级政府部门纷纷以“宏观调控”名义加强了对微观经济的干预和控制，使行政力量配置资源的能力和手段大为强化，而市场配置资源的基础性作用则遭到削弱。许小年（2009）则认为，中国经济结构的调整由于政府政策的反向操作，结构性问题比过去更加严重，投资率比过去更高，消费率进一步下降。长期困扰中国经济的问题，到现在非但没有得到解决，反而比以前更加严重。

另一种倾向则认为，政府在调整优化结构中应该发挥重要作用。韩康（2009）认为，在政府反周期投资的政策框架中，调整结构目标的实现，除了提倡性政策和鼓励性政策外，还需要施行必要的约束性政策，设置一些政策性底线，把一些最重要的结构性要求硬化下来。林毅夫（2009、2005）认为，在产业升级、结构变化过程中，光靠市场竞争并不够，政府应该发挥作用。市场在资源配置上发挥基础配置作用，而政府在结构转变上要因势利导，积极提供正外部性设施，如基础设施与基础研究。有些国家产业政策的失败，源于这些国家违背了自身的比较优势；政府要有选择地支持创新。他认为，没有比较优势的重化工业得到政府、银行的支持，这与中国劳动力过剩、资本稀缺的国情不适应，应当更关注劳动密集型而不是资本密集型产业的发展。产业结构和技术结构总体水平的升级，是经济发展过程中内生的变量，是经济中要素禀赋结构变化的结果。如果政府想扶持一些在竞争市场中不符合比较优势的产业，则必定会有行政保护，其结果是所扶持的产业可以建立起来但必然缺乏竞争力，而受压抑的产业因得不到足够的资本也难以形成有效的竞争力，这必然导致整个经济缺乏竞争力，综合国力的提高只能落空。

七、结构调整中需要关注的几个问题

1. 地方政府平台风险防范及资金投向结构问题

地方政府通过融资平台筹集资金后主要投向公共领域，这涉及公共领域与竞争性领域的投资结构问题，在公共领域内部还涉及社会事业与基础设施的投资结构问题。地方政府融资平台在促进地方经济社会发展、应对国际金融危机等方面发挥了积极作用，但也出现了融资规模迅速膨胀、运作不规范、地方政府违规或变相提供担保、部分金融机构风险意识薄弱等较大风险。贾康（2010）认为，要保持地方融资平台的健康持续发展，关键是要建设地方阳光融资制度，这一思路概括为“治存量、开前门、关后门、修围墙”。具体来说，“治存量”就是弄清已有的地方融资负债存量是多少，其中有多少是有风险的。对于这部分明显存在风险的地方融资负债要细分，风险最高的部分要注意防范和化解风险，其他隐性负债尽管数量不大，也需要通过治理将其消化。“开前门”就是结合《预算法》修订，结合制度建设，让地方融资发展起来，替换隐性负债。“关后门”就是建立一些应急程序和修改程序，只有在特殊情况下可以急事急办。“修围墙”就是摒弃原来的潜规则，建立明确的规则。熊鹭（2012）认为，地方融资平台的改革与转型，关键是要转变政府职能。政府职能定位清楚了，地方融资平台的转型就有了方向，一部分属于市场竞争领域的平台可以完全与政府脱钩或予以撤销，另一部分兼有提供公共产品职能的平台可以与政府脱钩后政府就其提供的公共产品或服务比照市场定价原则进行补贴，少部分主要提供公共产品的平台可以内化为政府或事业单位的一部分。

2. 国进民退与国退民进之争问题

“国进民退”涉及国有投资与民营投资结构，因国有投资集中在基础设施和部分垄断性领域，这会涉及到基础设施与其他领域的投资结构以及行业结构问题。在应对国际金融危机的一揽子计划和措施中，4 万亿元投资中有很大一部分是政府投资和由国有企业承接的基础设施为主的投资，对此有关“国进民退”的批评声音较多，而要求转为“国退民进”的呼声则很高。厉以宁（2011）认为，“国退民进”和“民进国退”都不是经济发展追求的目标，国企和民企应携手合作，国企具有技术、资本、规模和人才优势，民企具有机制灵活、风险意识强等特点，二者应形成“双赢”、“多赢”局面。左晓蕾（2009）认为，“国进民也进”应该成为宏观经济增长的主要格局，政策着力点应该在推动更有效率的“国进”和推动更积极的“民进”方面双管齐下。其中，“国进”有两个概念：第一个概念是国企投资，国有企业保持与经济规模扩大相匹配的正常发展水平，不过国有企业投资结构必须调整，这不表示不投资，也不是少投资，而是需要更有效率的投资，更具竞争力的投资，否则无非是走国企垄断的回头路。第二个概念是政府投资，政府投资不但不能退，还应该逐年增加，而政府投资不退的关键也是投资结构的调整。另外，从对经济的贡献角度而言，民营经济已经占到中国经济的半壁江山，所以还要推动民间资本的“大进”。要拉动民间资本、扶植中小企业，无非做好三件事：对民营资本放松市场准入限制，提供融资便利，减免税、降低成本、增加利润。

在加快发展民营投资方面，学界普遍持大体相同的意见。王一鸣（2010）指出，应该用市场驱动的投资和消费，逐步替代政府刺激计划。当前最值得关注的就是怎样推进民营资本进入垄断行业，带动就业，提高居民收入，带动消费。谢伏瞻（2011）指出，凡是国家法律和政策没有明文禁止的领域，都要允许民间资本进入，切实打破“玻璃门”，拆除“弹簧门”。对民间资本难以进入的基础产业、基础设施、市政公用事业、社会事业、金融服务等领域，要通过改革行业管理体制尽快消除准入障碍，创造公平竞争、平等准入的市场环境。

八、简评

长期以来，经济结构不合理一直是困扰我国经济持续健康发展的现实难题。2008 年国际金融危机爆发，使我国经济结构性矛盾进一步凸显，加快投资结构调整优化和经济结构战略性性调整显得极为迫切。当前在党的十八大提出的“新四化”大背景下，投资结构调整优化必须坚持科学发展这一主题和加快转变经济发展方式这一主线，服从于和服务于宏观调控主要目标，促进产业结构调整优化和转型升级、推动区域统筹发展和主体功能区建设、促进就业和改善民生等，进一步巩固和扩大应对国际金融危机冲击成果，通过结构调整优化提高经济增长的质量和效益。从近年来投资调控实践来看，其调控效果不尽理想，既有政府间财权事权分配不合理、政府官员政绩考核机制不完善等体制机制不健全方面的原因，也有内外需和投资消费失衡、收入分配不合理、金融市场结构不均衡等结构性矛盾方面的原因，因此必须加强投资体制机制改革及政策措施与财政、货币、产业、土地等相关政策协调配合，妥善处理好经济增长和结构调整、投资总量调控和投资结构优化、政府和市场、国内形势和国际环境、国有投资和民营投资之间的关系。尤其是要发挥政府这只“看得见的手”和市场这只“看不见的手”的作用，既要在保持合理投资规模和适度投资增速的前提下，更加注重优化政府投资结构，发挥好政府投资的引导作用，又要切实转变政府职能，解决好政府缺位、越位和错位的问题，在那些政府不该管、管不了也管不好的事情要交给市场、企业和中介组织，更大程度地发挥市场机制在资源配置中的基础性作用。同时，严把土地管理、信贷投放两个闸门，健全节能、环保、安全等市场准入标准和落后产能退出机制，健全地方政府举债融资机制和加强融资平台风险防范，完善干部政绩考核体系和机制，通过转变观念和深化改革逐步形成有利于结构调整的科学发展理念和健全的体制机制，着力解决经济社会发展中不平衡、不协调、不可持续的问题，促进我国经济增长“由主要依靠投资、出口拉动向依靠消费、投资、出口协调拉动转变，由主要依靠第二产业带动向依靠第一、第二、第三产业协同带动转变，由主要依靠增加物质资源消耗向主要依靠科技进步、劳动者素质提高、管理创新转变”。

参考文献：

1. 迈耶：《发展经济学的先驱理论》，云南人民出版社 1995 年版。

2. 胡家勇：“发展经济学领域的‘新古典复活’”，《财经研究》1995 年第 6 期。

3. 杨玉生：“西方马克思主义、新古典、结构主义经济发展理论比较分析”，《辽宁大学学报》1997 年第 4 期。

4. 谢伟、朱恒源：“结构变化、技术和经济增长——结构主义学派理论研究进展”，《技术经济》1999 年第 12 期。

5. 谭崇台：“对发展经济学中新古典主义复兴的一般评议”，《中国人民大学学报》2000 年第 4 期。

6. 马颖：“结构主义经济发展思路的新进展及其对我国的启示”，《经济评论》2003 年第 3 期。

7. 马颖：“关于政府干预理论的结构主义经济发展思路”，《国外社会科学》2005 年第 4 期。

8. 范剑平：“对固定资产投资过热标准的认识”，《中国经贸导刊》2007 年第 4 期。

9. 国家信息中心经济预测部宏观政策动向课题组：“扩大投资规模和优化投资结构并举”，《中国证券报》，2009 年 1 月 7 日。

10. 李毅中：“坚持扩大投资与调整结构并重”，《求是》2009 年第 2 期。

11. 贾康：“注重通过经济手段促进结构优化调整”，《人民日报》，2010 年 3 月 16 日。

12. 郎咸平：“4 万亿的投资方向应偏向民营制造业”，《中国商界》2008 年第 12 期。

13. 任淮秀：《投资经济学》，中国人民大学出版社 2009 年第 3 版。

14. 任郑杰：《投资学概论》，经济科学出版社 2010 年第 3 版。

15. 许小年：“为宏观调控正名”，《经济观察报》，2007 年 12 月 22 日。

16. 李稻葵等：“后危机时代中国结构调整方略”，《第一财经日报》，2009 年 12 月 7 日。

17. 厉以宁：“‘国退民进’‘民进国退’都非经济目标”，新华网，2011 年 1 月 16 日。

18. 许小年：“反思中国经济增长模式”，《当代经理人》2005 年第 2 期。

19. 吴敬琏："管住'闲不住'的手"，《中国企业家》2009 年第 2 期。

20. 吴敬琏："转变经济增长模式需要政府自我革命"，《南方周末》，2007 年 8 月 2 日。

21. 张长春："投资过热主要来自政府换届效应"，《中国投资》2004 年第 7 期。

22. 厉以宁："加紧经济转型 摆脱投资怪圈"，《人民日报海外版》，2010 年 3 月 16 日。

23. 韩康："中国经济：宏观调控和增长结构的制约"，《国家行政学院学报》2007 年第 3 期。

24. 国家发改委投资研究所课题组："确定'十二五'时期政府投资重点领域的政策建议"，《宏观经济管理》2010 年第 4 期。

25. 王一鸣："调整经济结构是转变发展方式的重点"，人民网，2009 年 12 月 21 日。

26. 联合国贸发组织："四大因素推动中国外资结构性调整"，《中国经济时报》，2010 年 1 月 21 日。

27. 李扬："优化投资结构 树立就业优先目标"，金融界网站，2009 年 11 月 22 日。

28. 巴曙松："从金融'再平衡'看中国经济复苏"，人民论坛，2010 年 4 月 29 日。

29. 樊纲："扩充产业结构，农民工需要低端产业"，《中国经济信息》2005 年第 8 期。

30. 樊纲："服务业赶超"之批判，《第一财经日报》，2008 年 9 月 26 日。

31. 国家发改委宏观经济研究院课题组：《我国固定资产投资宏观调控的若干问题研究》，2007 年 12 月。

32. 贾康："如何看待政府公共投资对发展促进作用"，《中国财经报》，2010 年 1 月 5 日。

33. 吴敬琏："中国改革进入深水区：挑战权贵资本主义"，《绿叶》2010 年第 21 期。

34. 许小年："我们需要更多的依靠消费"，《当代经理人》2009 年第 6 期。

35. 韩康："如何正确认识国际金融危机下政府的作用"，《中国党政干部论坛》2009 年第 3 期。

36. 林毅夫："产业升级方向 政府需擦亮眼睛"，《中国经济导报》，2009 年 8 月 20 日。

37. 林毅夫："谨慎对待'重化工业热'"，《商务周刊》，2005 年 8 月 19 日。

38. 贾康："建设地方阳光融资制度"，《中国财经报》，2010 年 9 月 16 日。

39. 熊鹭："治地方融资平台问题需转变政府职能"，中国经济网，2012 年 10 月 9 日。

40. 左小蕾："结构调整需从宏观结构入手'国'要进'民'更要进"，《中国证券报》，2009 年 11 月 30 日。

41. 王一鸣："当前宏观政策方向不能变"，《证券时报》，2010 年 7 月 12 日。

42. 谢伏瞻："'十二五'时期扩大内需五大主要途径"，人民网，2011 年 2 月 24 日。

第三章　对调整优化投资结构政策有效性的评价[①]

内容提要：近年来，国家出台了一系列旨在调整优化投资结构的政策措施，对提高投资质量和效益、优化资源配置和促进经济健康、稳定运行发挥了积极作用，但也存在着政策执行力不强、行政性手段使用较多、竞争性领域政策效果不理想等问题。未来投资结构调控要更加尊重市场经济规律，更多地从规范各类投资主体行为着手，更有效地发挥发展规划计划在公益性、准公益性领域以及市场手段在竞争性领域调整结构的功能。

第一节　近年来调整优化投资结构政策回顾

近年来出台的调整优化投资结构政策与宏观经济运行周期紧密相关，可以分为2003～2007年和2008年至今两个阶段，其中前者主要着力于制止盲目投资和低水平重复建设，后者则主要服务于加强薄弱环节建设和高技术产业与新兴产业发展。

① 除非特别指明，本专题重点论述投资的产业结构调整的政策导向和相关政策措施。

一、2003~2007 年主要政策导向

2003~2007 年属于最近一轮经济周期的上升期，国家宏观经济政策的重点是促进经济平稳较快增长，防止经济和投资过热。

2003 年国家投资政策的主要导向是“保持投资较快增长”。国家投资的重点是加大对西部开发、改善农村生产生活条件、企业技术改造、生态环境建设和科教文卫事业等方面的支持力度，同时引导社会资金投入国家鼓励的产业和建设项目。在产业结构调整方面，2003 年重要任务之一是“积极推进产业结构调整”。国家提出的调整优化投资结构政策主要有：积极发展对经济增长有重大带动作用的高新技术产业，广泛采用先进适用技术改造传统产业，努力振兴装备制造业。搞好钢铁、汽车、建材等行业发展的规划和调整，防止盲目发展和无序竞争。

2004 年，鉴于宏观经济和投资出现了明显的过热问题，尤其是“煤电油运”供应紧张，中央提出“适当控制固定资产投资规模，坚决遏制部分行业和地区盲目投资、低水平重复建设”，并将其作为当年宏观调控的一项重要任务。2004 年中央提出的与投资结构调整优化直接相关的政策措施主要有：一是完善产业政策和行业规划，健全行业信息发布制度，正确引导社会投资方向。二是制定和完善行业准入标准，严格市场准入。凡在环保、安全、能耗、技术、质量等方面不符合标准的项目，尚未建设的不准开工，在建的要进行清理，已建的要限期改造。三是依法加强用地管理。对不符合国家产业政策和行业准入标准的建设项目，一律不得批准用地。继续清理开发区，整顿规范土地市场。四是强化信贷审核和监管。对不符合市场准入条件的新建项目和改扩建项目，金融机构不予贷款。同时，中央提出要按照走新型工业化道路的要求，促进产业结构优化升级。在调整优化投资产业结构方面，中央提出的发展重点和相关政策主要是：积极发展对经济增长带动作用大和拥有自主知识产权的高新技术产业；加快振兴装备制造业；大力发展现代流通、旅游、中介服务等第三产业，逐步提高其在国民经济中的比重。

2005 年国家宏观调控的重要任务之一是“控制固定资产投资规模”，主要措施：一是继续把好土地审批和信贷投放两个闸门。坚持实行最严格的土地

管理制度，继续开展土地市场治理整顿，严格控制农用地转为建设用地。二是加快完善重点行业的产业政策、专项规划和市场准入标准。在控制投资规模总量的基础上，2005 年还提出要“着力优化投资结构、引导社会资金投向发展的薄弱环节”。2005 年还将“加快推进经济结构调整和增长方式转变”作为一项重要任务。在产业投资结构调整优化方面，中央提出重点发展的行业领域及相关政策导向主要有：一是加快开发对经济增长有重大带动作用的高新技术，以及能够推动传统产业升级的共性技术、关键技术和配套技术。二是大力发展高新技术产业，积极推进国民经济和社会信息化。加快用高新技术和先进适用技术改造提升传统产业。三是以重大工程为依托，推动装备制造业振兴。四是在专项规划指导下，继续加强能源、重要原材料等基础产业和水利、交通、通信等基础设施建设。五是积极发展现代流通、旅游、社区服务等第三产业。

针对 2005 年固定资产投资增幅仍然偏高、有些行业投资增长过快、新开工项目偏多等问题，尤其是鉴于产能过剩问题日趋突出，相关产品价格下跌，库存上升，潜在的金融风险加大等问题。2006 年中央提出“坚持有保有压，优化投资结构，防止投资过快增长”的宏观政策取向。与投资结构调整直接相关的政策：一是继续把好土地、信贷两个闸门，坚持实行最严格的土地管理制度；二是坚持按照贷款条件和市场准入标准发放贷款；三是从严控制新开工项目；四是进一步加强经济社会发展薄弱环节和重点领域的建设。在推进产业结构调整方面，相关投资结构调整政策导向和措施主要体现为“有保有压”两方面：一是着力提升产业层次和技术水平。加快发展先进制造业、高新技术产业和现代服务业，继续加强交通、能源、水利等基础产业和基础设施建设，推进国民经济和社会信息化。二是推进部分产能过剩行业调整。认真贯彻国家产业政策，严格市场准入标准，控制新增产能；推动企业并购、重组、联合，支持优势企业做强做大，提高产业集中度；依法关闭那些破坏资源、污染环境和不符合安全生产条件的企业，淘汰落后生产能力；合理利用和消化一些已经形成的生产能力。

2007 年国家宏观调控的重点是控制固定资产投资和信贷规模，在优化结构中促进经济总量平衡。在投资结构调整方面，主要政策导向是：坚持有保有压，不搞一刀切。着力优化投资结构，提高投资效益。具体政策措施是：继续严把土地、信贷闸门，根据不同行业情况，适当提高并严格执行建设项目用地、环保、节能、技术、安全等市场准入标准。严格控制新上项目，特别要控制城市建设规模。加强关系经济社会全局和长远发展的重大项目建设，加快大型水利、能源基地、铁路干线、国道主干线等重要基础设施建设。积极引导社会资金更多地投向农业农村、社会事业、自主创新、资源节约、环境保护和中西部地区。在产业结构调整方面，2007 年提出要“坚持走新型工业化道路，着力优化产业结构”。国家鼓励发展的重点行业领域及相关政策：一是大力发展服务业，提升工业层次和水平。尤其要发展物流、金融、信息、咨询、旅游、社区服务等现代服务业。二是鉴于我国工业总体规模已经不小，但产业层次和技术水平不高，促进工业由大变强这一紧迫任务。要加快发展高新技术产业，振兴装备制造业，积极发展可再生能源，有序发展替代能源，广泛应用先进技术改造提升传统产业。三是加快产能过剩行业调整。

二、2008 年以来主要政策导向

2008 年是我国近 10 年来宏观调控政策变化最大的一年，年初中央提出宏观调控的主基调是“要把防止经济增长由偏快转为过热、防止价格由结构性上涨演变为明显通货膨胀作为宏观调控的首要任务”，但随着由美国“两房”引发的国际金融危机对我国经济影响的不断加深，到了下半年尤其是第四季度，中央适时、果断地调整了宏观调控政策基调，即从“防过热”为主转向“保增长”为主，相应的财政政策和货币政策也作出了重大调整。在此背景下，2008 年仍将“推进经济结构调整，转变发展方式”作为主要任务之一。相应的投资结构调整优化政策导向依然是“要着力优化投资结构”。相关政策措施主要包括：①坚持严把土地、信贷闸门和市场准入标准，特别要加强和规范新开工项目管理，严格执行项目新开工条件。②坚决控制高耗能、高排放和产能过剩行业盲目投资和重复建设，提高限制发展行业的准入标准和项目资本金比例。违法违规建设项目要坚决停建。③加大对经济社会发展薄弱环节、重点领域和中西部地区的支持力度。④着力发展高新技术产业，大力振兴装备制造业，改造和提升传统产业，加快发展服务业特别是现代服务业。⑤积极发展现代能源、原材料产业和综合运输体系。

2009年是21世纪以来我国经济发展最为困难的一年。宏观调控的政策导向主要是“应对国际金融危机、促进经济平稳较快发展”，保持投资较快增长被置于“扩内需”的重要地位。同时“优化投资结构”也是2009年的重要政策导向之一，主要要求：一是严格规范政府投资行为，政府投资必须用在应对危机最关键的地方，用在经济社会发展的薄弱环节，包括保障性住房、教育、卫生、文化等民生工程建设，节能环保和生态建设，技术改造与科技创新，农田水利、铁路、高速公路等重点基础设施建设和地震灾后恢复重建，绝不能用于一般加工工业。二是加强对社会投资的引导，通过出台鼓励引导社会投资的优惠政策和发布信息、加强引导，支持社会资本投向符合国家产业政策的领域，鼓励企业增加研发和技改投资。在保持宏观调控政策主基调“扩内需、保增长”的同时，2009年提出要紧密围绕“保增长、促升级”，重点抓好产业结构调整，将“加快转变发展方式，大力推进经济结构战略性调整”作为主要任务之一。

相关投资结构调整政策导向主要有：一是要稳定房地产投资，推动房地产业平稳有序发展。二是认真实施汽车、钢铁、造船、石化、轻工、纺织、有色金属、装备制造、电子信息、现代物流等十大重点产业调整和振兴规划。着力解决这些行业发展中存在的突出矛盾和问题，推进结构调整和优化升级。三是加快发展现代服务业和提升传统服务业。促进金融保险、现代物流、信息咨询、软件和创意产业发展，拓展新兴服务领域。四是做强做大装备制造业，落实自主研发重大装备国内依托工程和政府采购制度，着力发展重大成套设备、高技术装备和高技术产业所需装备，提高装备制造业集成创新和国产化水平。五是支持和推进新能源、生物、医药、第三代移动通信、三网融合、节能环保等技术研发和产业化，发展高新技术产业群，创造新的社会需求。六是大力发展循环经济和清洁能源。积极发展核电、水电、风电、太阳能发电等清洁能源。继续强化重点流域、区域污染防治，加强石漠化、荒漠化治理，实施重点防护林、天然林保护和京津风沙源治理等生态建设工程，保护水、森林、草原、湿地等生态环境，推进农村环境综合整治。

2010年国家宏观调控的主要任务之一是“保持经济平稳较快发展”，其中一项重要政策导向是“着力优化投资结构”，具体要求：一是各级政府投资都要集中力量保重点，严格控制新开工项目，资金安排主要用于项目续建和收尾，切实防止出现“半拉子”工程。扎实推进地震灾区恢复重建，保质保量完成任务。二是鼓励扩大民间投资，完善和落实促进民间投资的相关政策。三是严格执行用地、节能、环保、安全等市场准入标准和产业政策，切实防止重复建设。尤其是要坚决避免以扩大内需为名，搞劳民伤财的形象工程和政绩工程。2010 年还提出将“加快转变经济发展方式，调整优化经济结构”作为一项主要任务。其中涉及投资结构调整的政策导向主要有五个方面：一是加大技术改造力度。二是大力培育战略性新兴产业，主要包括发展新能源、新材料、节能环保、生物医药、信息网络和高端制造产业。三是加快发展服务业，包括大力发展金融、物流、信息、研发、工业设计、商务、节能环保服务等面向生产的服务业和大力发展市政公用事业、房地产和物业服务、社区服务等面向民生的服务业。四是积极推进重点流域区域环境治理及城镇污水垃圾处理、农业面源污染治理、重金属污染综合整治等工作。五是积极发展循环经济和节能环保产业。积极发展新能源和可再生能源，加强智能电网建设。

2011 年是“十二五”规划的开局之年，中央提出“大力优化投资结构”，主要有三个方面的要求：一是认真落实国务院关于鼓励引导民间投资“新 36 条”，切实放宽市场准入，真正破除各种有形和无形的壁垒，鼓励和引导民间资本进入基础产业和基础设施、市政公用事业、社会事业、金融服务等领域，促进社会投资稳定增长和结构优化。二是充分发挥政府投资对结构调整的引导作用，优先保证重点在建、续建项目的资金需求，有序启动“十二五”规划重大项目建设。三是防止盲目投资和重复建设。严格执行投资项目用地、节能、环保、安全等准入标准，提高投资质量和效益。2011 年中央还提出，将“加快推进经济结构战略性调整”作为一项主要任务，并将结构调整作为“转变经济发展方式的主攻方向”。其中涉及投资结构调整的政策导向主要有五个方面：一是加大企业技术改造力度。二是加快培育发展战略性新兴产业。积极发展新一代信息技术产业，建设高性能宽带信息网，加快实现“三网融合”，促进物联网示范应用。大力推动节能环保、新能源、生物、高端装备制造、新材料、新能源汽车等产业发展。三是大力发展服务业。加快发展生产性服务业，积极发展生活性服务业。四是加强现代能源产业和综合运输体系建设。大力发展清洁能源。五是加强节能环保和生态建设。大力发展循环经济，加快城镇污水管网、垃圾处理设施的规划和建设，推广污水处理回用。加快重点流域水污染治理、大气污染治理、重点地区重金属污染治理和农村环境综合整治。继续实施重大生态修复工程，加强重点生态功能区保护和管理，实施天然林资源保护二期工程，大力开展植树造林，加强湿地保护与恢复，推进荒漠化、石漠化综合治理。

2012 年中央提出，“不断优化投资结构”主要政策导向有三：一是保持投资稳定增长，促进投资和消费良性互动；二是加强政府投资对结构调整的引领作用，优先保证重点在建、续建项目，有序推进国家重大项目开工建设；三是把好土地、信贷、节能、环保、安全、质量等准入和审核关，加强对重大项目特别是政府和国有投资项目的监管、督查。2012 年中央还提出，将“加快转变经济发展方式，推进经济结构战略性调整”作为当前最紧迫的任务。其中涉及投资结构调整的政策措施主要有：推动战略性新兴产业健康发展，防止太阳能、风电设备制造能力的盲目扩张，大力发展高端装备制造、节能环保、生物医药、新能源汽车、新材料等产业；扩大技改专项资金规模，促进传统产业改造升级，以汽车、钢铁、造船、水泥等行业为重点控制增量、优化存量；落实并完善促进小型微型企业发展的政策；实施有利于服务业发展的财税、金融政策，支持社会资本进入服务业。

三、近年来调整优化投资结构主要政策措施

围绕“十五”、“十一五”和“十二五”发展规划纲要提出的主要任务和发展重点，国家出台了一系列涉及调整投资的产业结构、投资的地区结构和投资主体结构等方面的政策措施，涵盖政府投资、市场准入、技术标准、规划引导、价格、税收、金融、土地等诸多方面。

1. 有关政策文件

（1）有关投资产业结构调整的政策。主要包括：2005 年国务院发布的《促进产业结构调整暂行规定》（国发〔2005〕40 号）、国家发改委修订的《产业结构调整指导目录》（2007 年本、2011 年本），2006 年国务院发布的《关于加快产能过剩行业行业结构调整的通知》（国发〔2006〕11 号），2007

年国务院发布的《关于加快发展服务业的若干意见》（国发〔2007〕7号）、国家发改委等部门联合发布的《当前优先发展的高技术产业化重点领域指南》（2004年度、2007年度），2009年国家发改委等部门联合发布的《关于抑制部分行业产能过剩和重复建设引导产业健康发展的若干意见》，2010年国务院发布的《关于加快培育和发展战略性新兴产业的决定》（国发〔2010〕32号）和《关于进一步加强淘汰落后产能工作的通知》（国发〔2010〕7号）等。

（2）有关投资地区结构调整的政策。主要包括：2003年《中共中央、国务院关于实施东北地区等老工业基地振兴战略的若干意见》（中发〔2003〕11号）、2004年《国务院关于进一步推进西部大开发的若干意见》（国发〔2004〕6号）、2006年《中共中央、国务院关于促进中部地区崛起的若干意见》（中发〔2006〕10号）、2009年《国务院关于进一步实施东北地区等老工业基地振兴战略的若干意见》（国发〔2009〕33号）、2010年《中共中央、国务院关于深入实施西部大开发战略的若干意见》（中发〔2010〕11号）等。

（3）有关投资主体结构调整的政策。主要包括：2005年国务院发布的《关于鼓励支持和引导个体私营等非公有制经济发展的若干意见》（国发〔2005〕3号）、2010年国务院发布的《关于鼓励和引导民间投资健康发展的若干意见》（国发〔2010〕13号）和《关于进一步做好利用外资工作的若干意见》（国发〔2010〕9号）、《外商投资产业指导目录》（2004年、2007年和2011年分别修订）等。2012年有关部门按照国务院的统一要求和部署，进一步出台了40多个鼓励和引导民间投资发展的政策措施，包括住房和城乡建设部《关于进一步鼓励和引导民间资本进入市政公用事业领域的实施意见》（建城〔2012〕89号）、交通运输部《关于鼓励和引导民间资本投资公路水路交通运输领域的实施意见》（交规划发〔2012〕160号）、铁道部《关于鼓励和引导民间资本投资铁路的实施意见》（铁政法〔2012〕97号）、国务院国资委《关于国有企业改制重组中积极引入民间投资的指导意见》（国资发产权〔2012〕80号）、《中国银监会关于鼓励和引导民间资本进入银行业的实施意见》（银监发〔2012〕27号）等。

2. 主要政策措施

近年来我国投资产业结构调整政策措施主要包括如下几方面：

（1）加大基础设施投资力度。2003 年以来，国家通过发行长期建设国债和安排预算内投资，对电力、水利、环保、交通、通信等基础设施和供气、供水、供热、污水和垃圾处理、轨道交通等城市基础设施，以及教育、卫生、文化、体育、社会福利等社会基础设施建设加大了投入力度；进入 2008 年四季度尤其是 2009 年之后，为扩大内需、有效抵御国际金融危机对国内经济增长的不利影响，国家又出台了新增 4 万亿元的投资计划，其中有近 1/4（23.6%）的投资投向了铁路、公路、机场等重大基础设施建设。

（2）鼓励高新技术产业和战略性新兴产业投资、加大对传统产业的技术改造投资。“十五”后期以来，按照推进新兴工业化发展和转变经济发展方式、调整产业结构的要求，不断加大信息、生物、新材料、新能源、航空航天等高新技术产业投资力度，鼓励企业运用高新技术、信息技术加快对传统产业的改造升级，先后实施了一批重大信息化和高新技术产业化国家专项投资。同时，依托重点建设工程和产业发展示范工程，先后在高效清洁发电和输变电、大型石油化工、先进适用运输装备、高档数控机床、自动化控制、集成电路设备、先进动力设备、节能降耗装备等装备制造业领域实施了一大批引进技术消化、吸收和国产化项目，切实加大装备制造业投资力度，加快装备制造业发展。2010 年以来，国务院提出“将战略性新兴产业加快培育成为先导产业和支柱产业”，现阶段重点培育和发展节能环保、新一代信息技术、生物、高端装备制造、新能源、新材料、新能源汽车等七大产业。

（3）严格控制部分行业领域的投资。2003 年以来，国家发改委等有关部门就开始针对钢铁、汽车、水泥等行业的盲目投资和产能过剩问题，通过制定发展规划、产业政策、提高市场准入门槛和技术标准、加强企业投资项目核准管理、加强新开工项目管理和提高投资项目资本金比例等手段和措施，对这些相关行业的盲目投资行为进行干预。2004 年以后，对产能过剩行业投资调整和控制力度进一步加大，2006 年初国务院发布了《关于加快产能过剩行业行业结构调整的通知》（国发〔2006〕11 号），明确提出“部分行业盲目投资、低水平扩张导致生产能力过剩，已经成为经济运行的一个突出问题，如果不抓紧解决，将会进一步加剧产业结构不合理的矛盾，影响经济持续快速协调健康发展”。值得注意的是，针对产能过剩行业重复建设和盲目投资的干预措施，即使在2008年下半年以来至今的经济下行期，也一直作为产业结构调整的主要任务和工作重点之一。截至2011年上半年，国务院和国家发改委、工信部等有关部门先后发布了钢铁、汽车、煤炭、水泥、造纸、房地产等行业的产业政策或规划，提高了电力、电解铝、电石、煤炭、焦化、纺织、铜冶炼等10多个产能过剩行业的市场准入条件和技术标准，将钢铁行业投资项目最低资本金比例由25%提高到40%，将水泥、电解铝、房地产等行业项目提高到35%，将煤炭、电石、铁合金、烧碱、焦炭、黄磷、玉米深加工、机场、港口、沿海及内河航运项目等提高到30%等，以遏制产能过剩行业的重复建设和盲目投资增长。

（4）加大节能减排和循环经济行业领域的投资力度。2007年、2011年为严格落实节能减排目标责任，进一步形成政府为主导、企业为主体、市场有效驱动、全社会共同参与的推进节能减排工作格局，国家先后制定了《“十一五”节能减排综合性工作方案》（国发〔2007〕15号）和《“十二五”节能减排综合性工作方案》（国发〔2011〕26号）。为加快循环经济发展，2010年国家发改委等有关部门还专门联合出台了支持循环经济发展的投融资政策措施（见发改环资〔2010〕801号）。“十一五”以来，国家通过实施节能环保和发展循环经济等重大投资专项，支持地方政府和企业加大清洁生产、节能降耗和资源综合利用、生态环境保护和环保产业发展的投资力度，重点推动了钢铁、有色、建筑、煤炭、建材、造纸节能降耗的企业技术改造投资，加快资源节约型和环境友好型社会建设进程。

（5）鼓励和促进服务业加快投资。国家“十一五”规划明确提出了加快发展交通运输、现代物流、金融服务、信息服务和商务服务等生产性服务业和提升商贸物流、房地产、旅游、市政公用、社区服务、体育事业和体育产业等消费型服务业发展的投资政策导向。2007年初国务院又出台了《加快服务业发展的若干意见》（国发〔2007〕7号）文件，要求通过优化产业结构、科学调整发展布局、积极发展农村服务业、提高对外开放、加快推进改革、提高政策扶持力度、优化环境等措施，促进服务业投资和产业发展，国家投资主管部门也围绕加快服务业投资和发展实施了一批国债投资项目和国家重大投资专项，对服务业投资进行鼓励和支持，以加快服务业发展进程。国家“十二五”

规划则进一步明确提出加快发展金融服务、现代物流、高技术服务、商务服务等生产性服务业和商贸服务、旅游业、家庭服务、体育等生活性服务业的政策导向。此外，为进一步鼓励、支持服务业投资发展，近几年国家还先后专门出台了旅游、物流、文化、体育等服务业的政策措施，如《国务院关于加快发展旅游业的意见》（国发〔2009〕41 号）、《国务院办公厅关于加快发展体育产业的指导意见》（国办发〔2010〕22 号）、《国务院办公厅关于促进物流业健康发展政策措施的意见》（国办发〔2011〕38 号）、《中共中央关于深化文化体制改革推动社会主义文化大发展大繁荣若干重大问题的决定》（2011 年 10 月 18 日中国共产党第十七届中央委员会第六次全体会议通过）等。

第二节 投资结构调整政策有效性评价

近年来，国家对投资结构的干预，在提高投资质量和效益、推动产业结构转型升级、促进了经济平稳健康发展上发挥了积极作用，总体上看政策有效，但也存在一些不足和问题。

一、投资结构调整政策有效性评价的框架思路

影响投资结构调整政策效果的因素很多，评价政策有效性的难度非常大，迄今并没有一套行之有效的、公认的评价理论和方法体系。投资结构调整政策的有效性，一是取决于政策目标本身是否科学、政策措施是否得当，二是科学的政策目标和适当的政策措施能否取得预期效果，还取决于相关体制机制环境。这就需要结合市场经济运行规律、产业结构变动方向和转变经济发展方式的要求来综合评估结构政策的效果。

1. 投资结构调整政策措施本身是否符合市场经济规律

投资结构和产业结构是经济相对长时间内发展演变的一种结果，反映了资源和要素在不同行业领域和地区之间的流动和分布规律，本身具有一定的必然

性和合理性。违背规律的政策目标，不符合市场经济规律甚至直接干预微观投资主体投融资行为的政策措施，本质上是在影响和干扰市场对配置资源的基础性作用，即使在短期内能够产生一定的政策效果，达到抑制、刺激投资过热、过冷行业领域的目的，但从长期看难免会产生其他更大的不利影响。

2. 投资结构调整政策措施是否与结构变动方向一致

产业结构调整和变动有其内在规律，与经济发展阶段、人口结构和资源要素禀赋等紧密相关。鉴于投资结构对产业结构的巨大甚至决定性影响，政府依据有限信息，动用普适性较强的政策，特别是优化有利于结构优化的体制机制法规环境，从大的方向上促进结构调整，是可以有所作为的。因而，评价投资结构调整的有效性不仅要看投资结构自身变化的结果，更应该分析评价其对产业结构调整升级、促进经济发展方式转变的引导作用。

3. 国民经济和社会发展中薄弱环节和瓶颈领域投资是否得到加强

长期以来，由于投资体制机制和相关投融资政策不完善的原因，我国交通、水利、生态环保等经济性基础设施和教育、卫生、医疗、社保等社会基础设施一直发展相对滞后，有的成为经济社会发展的“短板”，有的甚至成为制约经济社会发展的“瓶颈”。这些薄弱环节和“瓶颈”领域的投资是否得到加强，是否保持了持续较快发展势头，对经济社会发展的瓶颈制约效应是否得到缓解或是否能够满足经济社会发展的需要，可以通过一段时期的事后结果进行评判。另外，经济社会发展的薄弱环节和“瓶颈”领域，往往难以吸引民间投资，需要加大政府投资力度，也是调整政府投资结构可以有更大作为的领域。因而，这些薄弱环节和“瓶颈”领域的投资是否得到加强，应是评价投资结构调整政策有效性的重要内容。

二、投资结构调整政策总体上发挥了积极作用

政府在以计划为资源配置手段的公益性的科教文卫体、促进技术进步、准公益性基础设施、层次较高的结构如三次产业结构等领域的结构干预，总体上取得了较好效果。

1. 加大了科教文卫体等社会事业的投资

2003 年以来，国家通过实施重大科技专项、中小学校舍改造、高校“211

工程”、公共卫生体系建设和农村卫生院（所）改造等一大批国债项目的拉动和带动，促进了我国科教文卫体、社会服务等社会事业投资的快速增长。到2010年，包括科研、教育、文化、卫生、社会福利和社会保障等社会事业①的投资总额超过1.1万亿元，占全社会投资比重已经达到4.2%。正是由于连续多年的高强度建设资金投入，使近10年来我国社会事业获得了空前发展，科研领域完成了包括神舟系列载人航天工程等在内的一批重大科研工程，高等教育实现了从精英教育向平民教育的转变，九年义务教育升学率大大提高，教学条件大为改善，城乡农村医疗卫生和文化体育设施获得了明显改善。社会事业发展长期滞后于经济发展的局面得到大为改观。

2. 推动了高新技术产业和战略性新兴产业投资快速增长

尽管政府对未来可能出现的高新技术特别是具体技术路线等信息知之甚少，历次高新技术的突破都经由企业不断试错而最终在市场中显现出来，但基于高新技术强大的正外部性，以及技术成功后对减少负外部性（如新能源减少传统化石能源对环境的破坏）的明显作用，政府从方向上采取审慎态度，在尽量减少经济扭曲的前提下支持高新技术产业的发展，仍存在一定的必要性。

“十五”时期以来，通过实施多个国家高新技术产业化专项、装备制造业投资和重大技术开发国家专项投资，并配合价格、税收等其他优惠政策，有力地推动了我国高新技术产业投资持续快速发展，尤其是在载人航天、探月工程、载人深潜、北斗卫星导航系统、超级计算机、高速铁路以及新一代信息技术、生物医药、新能源、新材料等高新技术产业和战略性新兴领域取得了重大进展，部分领域取得了突破性成就。以高技术产业为例，在国家相关投资、税收等政策引导下，2000年以来固定资产投资一直保持高速增长态势，“十五”、“十一五”期间平均增速分别达到30.7%、27.9%。② 另以国家鼓励支持发展风力发电产业为例，2002年我国风电总装机容量只有465万千瓦，但在政府

① 社会事业投资统计口径为科学研究、技术服务和地质勘查业，居民服务和其他服务业，教育、卫生、社会保障和社会福利业，文化、体育和娱乐业等四大类行业。

② 投资统计口径为医药制造业、航空航天器制造业、电子及通讯设备制造业、电子计算机及办公设备制造业和医疗设备及仪器仪表制造业五个行业。

投资、上网电价、发电量保障性收购和税收优惠等多种政策激励下，近年来我国风电产业实现了跨越式发展。到2010年底全国装机容量超过4400万千瓦，2003~2010年平均增速达到77.0%，其中2009年、2010年新增装机分别达到1380万千瓦、1890万千瓦以上。到2010年底，我国已经超越美国成为全球风电装机容量最大的国家。近5年来，我国高技术制造业增加值年均增长13.4%，成为国民经济重要先导性、支柱性产业。

3. 缓解了基础设施的瓶颈制约

2003年以来，国家加大了对交通、电力、水利和城市基础设施的投资力度，并鼓励和支持社会资本投向经营性和准经营性基础设施领域，有力地促进了相关基础设施投资规模的快速扩张和基础设施建设的大发展。到2010年底，在全社会固定资产投资中，包括电力、交通运输、邮电通信仓储、水利和城市基础设施在内的基础设施投资规模超过7.3万亿元①，所占比重达到26.3%。近几年大规模的基础设施建设投资，迅速改变了我国交通、电力等基础设施发展相对滞后的局面，使长期以来基础设施对经济社会发展的瓶颈制约效应大大缓解，对经济社会发展的支撑和保障作用大大增强，为经济社会长远发展打下了坚实基础。以“十一五”时期为例，5年间我国共建成了铁路新线1.6万公里，新增公路63.9万公里，其中高速公路3.3万公里，新建、改扩建机场33个，新建和加固堤防1.7万公里。

4. 促进了服务业持续稳定发展

2003年以来，由于国家连续多年逐步加大了对服务业的投入规模和政策支持力度，推动了包括服务业在内的整个第三产业投资的持续稳定增长。2009年、2010年我国第三产业投资占全社会投资比重分别达到54.1%、54.7%，尽管比2002年、2003年有所下降，但基本达到20世纪90年代中后期水平。与此同时，2003年以来，我国第三产业占GDP比重几乎呈现单边上升趋势。第三产业投资的持续快速增长顺应了我国工业化、城镇化发展阶段和产业结构调整升级的客观要求，推动了三次产业结构的调整优化。

① 基础设施投资统计口径为电力、燃气及水的生产和供应业、交通运输、仓储和邮政业、信息传输、计算机服务和软件业，水利、环境和公共设施管理业等四大类行业。

三、存在的主要问题

尽管2003年以来投资结构调整政策在实施中取得了较大成效，在部分行业领域还取得了突破性进展，但实践中也存在一些明显不足和问题。

1. 竞争性行业领域的投资调整效果不甚理想

钢铁、汽车、水泥、建材等行业的发展带来了能源资源无法支撑、环境破坏大等严重的负外部性，危及可持续发展上看，对这些行业出台政策进行严格管理，是必要的。但因相关体制机制环境没有大的改变，这些行业的市场需求始终存在，尽管政府采取了多方面的措施，希望减少这些领域的投资和产能增长，但效果仍然有限。一旦国民经济步入正常增长轨道，这些行业的投资就会重现快速增长。

在上一轮经济增长周期中，国家采取多种手段严格控制钢铁、水泥、建材等行业投资，但受市场需求推动，这些行业的投资建设和产能扩张仍然在持续快速进行，国家对竞争性领域的产能过剩、投资“过热”行业的实际调整效果不甚理想。钢铁行业是我国投资结构调整政策效果不理想的典型行业。2003年以来国家一直对钢铁工业投资进行严格控制，但严厉的投资干预政策似乎并未很好地从根本上防治钢铁产业的重复建设或产能过剩问题，反而使钢铁工业投资在不足和过度之间剧烈波动。2002年，我国钢铁产量只有2亿吨左右，但到“十五”期末增长到3.5亿吨左右，“十一五”期末又进一步增长到约6.3亿吨。

造成竞争性行业领域的投资调整效果不理想的原因，主要在于政策目标和相关措施没有充分体现产业发展内在规律，没有充分考虑国内国际市场需求扩大对投资增长的拉动作用。仍以钢铁行业为例，目前国内需求5亿吨左右，但每年有超过1亿吨的钢铁及制成品出口到国际市场，从国际国内市场看，钢铁产业产能过剩的问题并不很严重。

2. 投资结构调整中行政性手段使用较多

在投资结构调整中，运用固定资产投资项目清理、投资项目核准和审批、环保限批、土地限供等行政性手段较多，如2009年提出的“不再核准和支持单纯新建、扩建产能的钢铁项目”、“今后三年停止审批单纯扩大产能的焦炭、电石项目”、“今后三年原则上不再核准新建、扩建电解铝项目”等措施，[①] 就属于典型的行政性手段。相对而言，综合运用投资信息引导以及税收、价格和政府投资资金引导等经济性手段明显不足。行政性调整措施尽管可以较快产生预期效果，但如果运用较多、过于频繁，往往难免干扰、代替企业决策。同时使投资结构调整的经济代价较高，如暂行审核项目可能导致项目失去市场时机，项目停缓建甚至拆除必然带来经济损失。

3. 地方政府对对中央政策“阳奉阴违”

由于不同地区的产业结构不尽相同，行业领域发展重点不尽一致，或者说同一行业在地区之间分布并不相同，看似针对特定行业领域的投资调整政策措施，对不同地区经济发展的影响往往相差很大甚至完全不同，很可能有的地区受益、有的地区却受损。一些利益受损地区，从地方自身利益出发，往往对中央政策采取“阳奉阴违”的对策，甚至违背中央政策（见专栏一）。

专栏一　地方政府对国家高尔夫球场建设禁令“阳奉阴违”

据《人民日报》2011 年 6 月 21 日报道，截至 2010 年底，全国已有近 600 家高尔夫球场，但正规审批通过的仅有 10 家左右——而这是在国家自 2004 年起对高尔夫球场建设下达了近 10 个禁令背景下发生的。由此可见，国家高尔夫球场禁令在一些地方变成了“废纸”。

高尔夫球场作为占地面积大、外观明显的大型建设项目，建成之后是藏不住的。即使绕得过事先审批，也绕不过事后监管。可为什么就能如此明目张胆大建快上？其主要原因在于地方政府出于局部利益考虑，如建高尔夫球场有利于抬高土地价格、吸引外来投资、提升品位形象、繁荣地方经济等，对中央政策“阳奉阴违”，甚至对抗中央政策：对违规建设高尔夫球场睁一只眼闭一只眼，甚至打着以建设体育公园、生态园、休闲园的名义变相逃避审批和监管。

---

① 参见：国家发展改革委、工业和信息化部等部门 2009 年 9 月联合发布的《关于抑制部分行业产能过剩和重复建设引导产业健康发展的若干意见》。

第三节

提高投资结构调整政策有效性的几点建议

投资结构调整政策制定和实施要尊重市场经济内在规律，要从规范各类投资主体行为着手，要统筹考虑国际国内两个市场、两种资源，要尽量减少行政力量导致的重复建设和盲目投资问题。

一、投资结构调整政策要尊重市场经济规律

为保持宏观经济平稳、健康发展，熨平经济周期，对投资总量进行宏观调控是十分必要的，但对投资结构进行调整和优化上，分歧较大。这些歧见在某种程度上有其合理性，是今后调整投资结构应该注意的。

（1）投资结构调整政策实施的前提是投资分布的结构性差异。而这种结构性差异本身就是经济运行过程中的常见现象乃至一般规律，其背后实质上反映的是短期中投资收益在不同行业和不同地区之间的差异，并体现了市场对资源配置的基础性作用。这种结构性的差异即便由于市场失灵导致不优，但也是特定体制机制政策环境下，生产要素自由流动在产业和地区分布上的必然结果。

（2）从理论上讲，实施投资结构调整政策实际上就是追求某一方面的结构的短期最优，从长期看未必最优，甚至可能很差。比如，在1999~2001年，对电力行业投资实施结构性调整政策，大幅度减少新开工电力建设项目，从当时看似乎是顺应了经济发展的客观需要。但到2003~2005年，随着经济发展步入新一轮快速增长周期，电力供应出现严重短缺，成为制约经济社会发展的重要瓶颈之一。这说明1999~2001年控制新开工电力项目投资规模的力度可能过大了。

（3）市场经济的核心就是同一市场中同一商品的价格（如利率、汇率和税率）相同，因为它反映的是同一稀缺资源在全社会内部的机会成本，并据

此实现资源的优化配置和市场效率。干预微观领域的资源配置难免扭曲市场，不利于充分发挥市场配置资源的基础性作用。

（4）市场经济中，产业结构的合理与否主要取决于生产要素能否自由流动。实施投资结构调整政策尤其是一些行政性手段的运用，很可能是政府代替企业作出投资决策或干扰企业已有投资决策，虽然可以很快见效，但从宏观上和长期看很可能效果不会太好。因为政府政策很可能会干扰各类资源和要素在行业和空间上的自由流动，降低资源和要素的总体配置效率。

总之，通过实施投资结构调整政策来调整优化产业结构和经济结构，尽管出发点是好的，也比较容易找到抓手，但由于迄今对所谓的最优或合理的投资结构缺乏科学准确的依据，更无法把握结构调整的“量”与“度”，结果难免事与愿违。尤其是行政性干预措施，如前述的不审核项目、环保限批、用地控制等，很可能会干扰甚至代替市场主体的投资决策行为。结构政策要注重发挥市场机制对配置资源的基础性作用，应顺势而为，否则很可能在缓解短期结构矛盾的同时，给未来投资和经济发展留下结构性隐患。

二、投资结构调整要从规范各类投资主体行为着手

从近年来的投资结构调整实践看，效果比较明显的是政府投资结构和受政府影响较大的国有企业投资结构，而对完全按市场经济规律运作的民间投资的结构调整，效果较差，这在近年来调控钢铁、水泥、有色、房地产等行业上表现最为明显。由于这些行业主要受市场驱动，结构政策的作用有限，有的甚至基本不起作用。

有鉴于此，建议今后实施投资结构调整政策时，应将重点放在能够直接调整并发挥重要作用的政府投资结构和国有企业投资结构上。由于政府投资结构和国有企业投资结构调整主要取决于政府投资职能和投资范围以及不同层级政府之间的投资分工，这显然与政府投资行为和国有企业投资行为紧密相关，因而今后应按照建立社会主义市场经济体制和转变政府职能要求，将投资结构调整优化的工作重点转移到着力规范政府和国有企业投资行为上来，通过规范和调整政府与国有企业投资行为达到“自然而然”地调整优化投资结构的目的。而对于主要受市场供求关系驱动、投资结构政策难以发挥作用的民间外商投资

等非国有投资，应该将结构管理的重点转向投资活动的外部性监管上来，通过加强外部性监管达到规范其投资行为、引导其投资方向的目的。

三、投资结构调整政策制定要考虑资源、市场的国际化背景

近年来我国钢铁、水泥、有色、煤化工等部分行业领域发展实践表明，在我国加快融入经济全球化的大背景下，对竞争性行业领域实施投资结构调整政策，不仅要着眼于国内经济形势和市场环境，而且要综合考虑和统筹国际国内两个市场、两种资源。如果仅仅着眼于国内市场供求关系来分析判断每个行业投资是否过快增长、产能扩张是否太快等问题，忽视国际市场需求和资源因素供给的有利或不利影响，很可能会得出不全面甚至是错误的判断。而基于这种不全面分析判断制定和实施的投资结构调整政策，很可能不是顺应企业提升竞争力、在更大范围和更高层次参与国际竞争的必然要求，而是干扰企业自主决策和投资行为，其效果也就可想而知。

四、减少行政力量推动的重复建设

近年来我国投资结构调整政策实施表明，竞争性领域的重复建设有其必要性和重要意义，试图通过行政性手段来控制行业准入和生产能力增长来减少重复建设，反而不利于行业的健康发展和产业竞争力的提高。

需要引起注意的是，近年来我国部分行业领域出现的主要由行政力量推动、主导的重复建设或行政不作为导致的盲目投资和重复建设问题。比如，一些地区民用机场建设密度过大和开发区、产业园区、新区建设热等问题主要受地方政府直接主导，甚至由地方政府直接投资建设，在很大程度上浪费了土地资源和资金，今后应该尽量避免（见专栏二）。

专栏二　近年来我国行政性重复建设的典型领域

1. 交通基础设施。一是近年来我国长江、珠江三角洲等沿海发达地区机场布点过于稠密、建设标准和规模偏高，机场建成后不能得到充

分利用。目前这种“机场热”的趋势仍没有得到有效遏制，似乎还有向中西部地区城市蔓延的趋势。二是一些沿海沿江地区新建、扩建大型深水泊位码头成风，部分地区码头密度过大，导致吞吐能力严重闲置。三是一些经济发展相对落后的地区高估交通运输需求，花费巨额资金超前修建高等级公路尤其是高速公路，建成后却远远达不到设计车流量，甚至今后较长时期内也难以得到充分利用。

2. 各类开发区、产业园区、新区。早几年全国很多地区打着经营城市和改善投资环境的旗号，出现了严重的“开发区热”，导致大量土地闲置浪费。通过清理开发区热和加强土地管理，开发区热得到一定程度的遏制后，一些地区的重复建设和圈地之风则打着高新技术、环保、循环经济、节能减排、新能源、新兴产业等各种名义猛刮。如据有关部门不完全统计，全国已有80多个地区先后宣布要建设生物科技园区或“药谷”，一场“药谷”建设热潮在各地迅速蔓延。目前全国“文化产业园区”已逾万家，方圆不过100多公里的苏锡常地区密布了4个国家级动漫产业园区，上海市目前授牌、未授牌的文化产业园区总共约300家。此外，“硅谷”、“光谷”等产业园区也“遍地开花”。而圈地热的最新表现就是我国很多城市过于热衷于新区建设，导致城市新区“遍地开花”。

3. 高新技术产业和新兴产业领域。多晶硅是信息产业和光伏产业的基础材料，属于高耗能和高污染产品，但到2008年我国多晶硅产能2万吨，产量4000吨左右，在建产能约8万吨，产能已明显过剩。其直接后果是近1~2年产品价格暴跌、相关企业陷入困境。风电是国家鼓励发展的战略性新兴产业，近年来风电产业快速发展，但也出现了风电设备投资一哄而上、重复引进和重复建设现象。

参考文献：

1. 2003～2013 年历年国务院总理在全国人大作的《政府工作报告》。

2. 2003～2013 年历年《中国统计年鉴》。

3. 国务院：《国务院关于加快推进产能过剩行业结构调整的通知》（国发〔2006〕11 号），2006 年 3 月 2 日。

4. 国家发展改革委：《国家发展改革委关于加快推进产业结构调整遏制高耗能行业再度盲目扩张的紧急通知》（发改运行〔2007〕933 号），2007 年 4 月 29 日。

5. 国家发展改革委、工业和信息化部、监察部等 10 部委：《关于抑制部分行业产能过剩和重复建设引导产业健康发展的若干意见》，2009 年 9 月 26 日。

6. 罗云毅："三个管住、三个放开—对投资宏观调控模式转型的一个设想"，《中国投资》2007 年第 5 期。

7. 张长春等：《我国投资宏观调控的若干问题研究》（2007 年度国家发展改革委宏观院重点课题研究报告），2007 年 12 月。

8. 吴亚平等：《中国投资 30 年》，经济管理出版社 2009 年版。

9. 吴亚平：《投融资体制改革：何去何从》，经济管理出版社 2013 年版。

10. 徐立凡："违规高尔夫击中多少'漏洞'"，《人民日报》，2011 年 6 月 21 日。

11. 朱继东："文化产业正在刮浮夸风"，《环球时报》，2011 年 11 月 24 日。

12. 江飞涛、李晓萍："直接干预市场与限制竞争：中国产业政策的取向与根本缺陷"，《中国工业经济》2010 年第 9 期（总 270 期）。

第四章　近年来投资结构变动特点、存在问题与原因

内容提要：受投资收益、风险约束更强的民营、外商投资比重的增加，以及劳动密集型产品市场需求增长、内地投资环境改善等因素的综合影响，近年来投资的行业结构、区域结构和所有制结构发生了明显变化。投资结构领域的主要问题是能源资源消耗大的行业投资冲动强，行政力量引致的区域投资结构同构化问题仍然存在，部分重要领域存在国进民退，基础设施建设摊子太大、负债率过高，中小企业融资难问题未有明显改观。

第一节　近年来投资结构变动特征

一、二产比重[①]上升、三产比重下降，劳动密集型制造业比重提高

农业投资总量小、比重低。长期以来政府强调夯实农业基础，并利用应对危机、扩大政府投资的机会加大农业投入，但因历史欠账多，行业投资回报率较低，“十一五”时期农业投资占全社会投资比重仅为2.8%，与“十五”持平。

① 2004年及以前年份城镇投资统计范围为基建、更改、房地产和其他，略小于2005年及以后年份城镇投资统计口径，考虑到可比性，全文在年度比较时一般用投资比重数据。

第二产业投资比重明显上升，第三产业投资比重相应下降。“十五”到“十一五”期间，第一产业投资占全社会投资比重在2.8%左右。第二产业投资比重由40.0%显著上升至43.4%。第二产业投资比重上升主要来自第二产业中制造业投资的稳定快速增长。“十一五”期间制造业投资平均增速达到27.2%，高出同期全社会投资平均增速近2个百分点，占全社会投资比重由“十五”时期的26.5%上升为“十一五”时期的31.9%。服务业投资平均增速（23.1%）比全社会投资平均增速（25.7%）低2.6个百分点，投资比重从“十五”时期的57.2%下降至“十一五”时期的53.7%（见表4-1）。

表4-1　三产产业、制造业投资及比重（全社会投资）

时期	投资额（亿元）					占全社会投资比重（%）			
	合计	一产	二产	制造业	三产	一产	二产	制造业	三产
“十五”	295531	8171	118226	78350	169134	2.8	40.0	26.5	57.2
“十一五”	922871	26036	400947	294529	495888	2.8	43.4	31.9	53.7

资料来源：本专题除有说明外，投资数据均来源于相关年份《中国投资统计年鉴》或国家统计局。

食品、木材家具、非金融矿物制品、金属制品等劳动密集型制造业占城镇投资[①]比重，由2003年[②]的41.9%上升为2005年的43.9%，2010年进一步上升为44.9%。与此同时，医药、化纤、专用设备、通信设备计算机设备制造等技术密集型制造业占制造业比重，由2003年的23.8%下降为2005年的22.8%，2010年回升至24.5%[③]（见表4-2、附表4-1）。推动这两类制造业投资比重变化的动力，来自市场需求的增长所决定的投资收益的变化，在过去10来年间，劳动密集型制造业投资收益的上升幅度要快于技术密集型制造业（见附表4-7）。

① 按现行统计制度，行业、区域等投资数据为城镇投资口径。全文除有说明外，投资统计口径均为城镇投资。2010年城镇投资占全社会投资比重为87.8%，城镇投资变化可以代表全社会投资的变化。

② 2002年及以前年份行业投资只有基本建设和更新改造数据，与2003年及以后年度统计口径相差较大，考虑到可比性，全书在行业年度比较时，一般以2003年为起始年份。

③ 尽管技术密集型制造业投资占制造业投资比重无明显变化，但占城镇投资比重明显上升，原因在于制造业投资占城镇投资比重由2003年的23.5%大幅上升至2010年的30.9%。

表 4-2 技术密集型与劳动密集型制造业投资占城镇投资比重（%）

年　份	2003	2004	2005	2006	2007	2008	2009	2010
技术密集型制造业	23.8	22.9	22.8	22.8	22.8	22.9	23.1	24.5
劳动密集型制造业	41.9	42.3	43.9	46.4	47.6	46.1	45.6	44.9

注：按现行投资统计制度，行业、地区等数据为城镇投资口径，全文除有说明外，均为城镇统计口径。

二、投资空间格局发生了根本性改变，投资重心由东部移向内地、东北地区

以2006年为分界点，此前东部投资占全社会投资的50%以上，此后，东部投资快速下降，2010年东部投资比重已下降至39.9%，相对应地，中西部、东北地区投资比重不断上升（见表4-3）。

表 4-3 全社会投资的区域分布（%）

年份	2000	2005	2006	2007	2008	2009	2010
东部	51.6	51.2	49.6	47.4	45.4	43.3	39.9
中部	22.4	20.4	20.8	21.7	22.6	23.5	24.3
西部	18.0	19.8	20.0	20.7	21.0	22.5	23.6
东北	8.0	8.6	9.6	10.2	10.9	10.7	12.2

内地、东北地区在土地（见附表4-2）、环境、劳动力成本以及由此决定的投资收益上较东部有明显优势，趋利动机使越来越多的投资特别是民间投资向内地、东北地区转移，这可以从劳动密集型制造业移向内地、东北的速度明显高于技术密集型制造业中得到验证（见附表4-3）。

三、国有投资比重大幅下降，民间投资比重明显上升

总体上看，国企在适应市场需求变动的动力上不如民企、外资等非国有投资，这决定了近年来国有投资比重大幅下降。国有投资占城镇投资比重由2003年的64.3%下降为2010年的42.3%，平均每年下降超过3个百分点。分

行业大类看，所有竞争性行业国有投资均呈明显下降趋势，其中国有投资在采矿业、批发和零售业、制造业中的投资比重分别下降了36.6、32.7、30.9个百分点，下降幅度最小的交通运输、仓储和邮政业也下降了7个百分点（见附表4-4）。行业大类显示的“国退民进”特征明显。

民间投资[①]比重显著上升。民间投资比重从2005年的17.8%上升到2010年的27.0%，提高了近10个百分点（见附表4-5）。中部因在土地、劳动力成本、环境容量上优于东部，在综合投资环境和民间资本实力上优于西部，民间投资占区内投资比重由2005年的18.7%上升为2010年的33.5%，提高了近15个百分点，在各区域中增速最快、比重上升最多（见附表4-6）。

部分长期由国有资本绝对控制的领域，民间投资比重明显提高。如黑色金属矿采和冶炼、通用设备制造、交通运输设备制造、电气机械及器材制造等领域，2010年民营投资比重比2005年上升了10个百分点以上。

民间投资比重上升的根本原因，在于其市场竞争力较国企高。以36个工业行业[②]2000～2010年为例（见表4-4），代表所有者权益收益水平的净资产利润率指标，国有及国有控股（以下简称国有）工业企业与规模以上工业企业之比均小于1，说明国有工业企业的效益不如规模以上工业企业，竞争性领域国有工业企业效益不如非国有工业企业。[③] 分工业行业数据显示，除了极少数行业的部分年份外，其他竞争性行业国有工业企业的净资产利润率均低于规模以上工业企业，两种所有制分行业的效益差距与数据合并计算的结论一致

---

① 迄今为止，民间投资、民营经济等并无公认的范围。目前我国企业按注册类型分为内资、港澳台投资和外商投资三大类。内资包括国有、集体、股份合作、国有联营、集体联营、国有与集体联营、其他联营、国有独资公司、其他有限责任公司、股份有限公司、私营、个体户等12个小类。本书的民间投资是指国内投资中除国有（公司制）、国有独资（非公司制）、国有联营、国有与集体联营、其他有限责任公司、股份有限公司投资以外的投资，具体包括集体、股份合作、集体联营、除国有联营、国有与集体联营、集体联营以外的其他联营、私营、个体投资6个小类。

② 39个工业行业中除去国家垄断的烟草制品业、自然垄断性强的燃气生产和供应业和水的生产、供应业。

③ 尽管规模以上工业企业未包括规模以下的国有、非国有工业企业，但自“十五”大和十五届四中全会确立国有企业改革以来，各地各行业的绝大部分中小型国有企业通过改制改组，退出了市场，我们有理由假定竞争性领域规模以下国有及国有控股工业企业较少。也就是说，国有及国有控股工业企业主要是规模以上的国有工业企业，且这些国有工业企业已包含在规模以上的工业企业中。国有工业企业效益低于（包括了国有工业企业的）规模以上工业企业的效益，说明国有工业企业效益低于规模以上工业企业中非国有工业企业的效益。

（见附表4-7、附表4-8）。

表4-4 国有及国有控股工业企业利润率与规模以上工业企业利润率之比

（规模以上工业企业为100）

年份	2000	2001	2002	2003	2004	2005	2006	2007	2008	2009	2010
净资产利润率	83.0	77.7	75.2	82.6	87.0	90.0	92.3	87.1	68.7	64.5	71.3
总资产利润率	82.0	76.8	73.5	81.1	89.0	91.2	93.5	87.9	65.7	59.9	65.5

资料来源：国家统计局网站。

四、政府投资更多地投向教育、卫生等民生领域，中西部投资比重增加

教育、卫生领域的预算内投资占全部预算内投资比重①，以及占教育、卫生领域内部全部投资的比重，都呈明显上升趋势（见表4-5、附表4-9）。

表4-5 教育、卫生预算内投资比重（%）

年　份	2003	2004	2005	2006	2007	2008	2009	2010
教育、卫生政府投资占全部政府投资比重	7.2	7.3	7.0	6.8	6.5	6.8	9.3	9.2
教育、卫生领域预算内投资占全行业投资比重	9.3	9.5	9.7	10.6	11.7	14.2	20.8	20.4

注：表中“卫生”为“卫生、社会保障和社会福利业”。

政府投资更多地投向中西部、东北地区。东部预算内投资占全部预算内投资比重由2003年的27.6%下降为2005年的26.5%，2010年进一步下降到22.1%，相应地，中西部、东北地区不断上升。政府投资更多地向欠发达内陆地区倾斜，体现了地区间公共服务均等化的政策意图。

① 用预算内投资代替政府投资忽略了预算外投资，但从历史数据看，预算内投资的变动趋势与包括了预算外投资的政府投资的变动趋势一致。

“十一五”教育、卫生领域预算内投资占行业投资比重快速上升，但教育、卫生投资占城镇投资比重由2003年的4.0%下降为2006年的3.0%，2010年进一步下降为2.4%，这表明，教育、卫生领域来自预算外、贷款、企事业单位自筹、外资的投资增长缓慢。

五、股票、债券等直接融资比重有所增加，银行贷款比重明显下降

市场需求、投资收益增长增强了企业资金实力和由此决定的直接融资能力，股票、债券占资金来源比重上升。从全社会投资资金来源结构变化看，包括股票、债券在内的“自筹及其他资金”占全部资金来源的比重，由2000年的68.2%增长为2005年的74.1%，2010年进一步上升为78.5%；银行贷款则从2000年的20.3%下降为2005年的17.3%，2010年进一步下降至15.2%。[①] 全社会融资结构变化也印证了股票、债券比重的增长。2005~2010年，非金融公司股票和债券融资占全社会融资比重由8.2%上升为12.5%，银行贷款和银行承诺汇票比重则由89.3%下降为85.4%。[②]

第二节 投资结构领域存在的主要问题与原因

一、能源资源消耗性行业投资扩张动力强劲

需求旺盛致“两高一资”行业投资扩张。一旦经济处于稳定增长或上行期，炼焦、水泥制造、炼钢等资源消耗多、污染物排放量大的“两高一资”行业投资、新增供给能力就会出现快速增长，政府不得不频繁地对这些行业进行项目清理，遏制其产能扩张。

出现这种情况的一个原因是，城镇化、工业化过程中这些行业产品的国内市场需求量大、增长快。我国与相关贸易国要素禀赋丰度决定的比较优势格局

① 固定资产投资资金来源中的自筹和其他资金包括股票、债券，同时也包括部分银行贷款和企业自有资金，这部分银行贷款所占比重与单列的银行贷款比重的变化趋势应该一致即不断下降，而2000年以来企业效益有所提高，自有资金比重可能有所上升，余下的股票、债券比重可能上升也可能下降，但从股票发行、公司债券、企业债券规模变化看，股票、债券融资比重应该是在逐步提高。

② 人民银行调查统计司盛松成，“社会融资总量的内涵及实践意义”，人民银行网站。

也使这些行业的产品出口需求、下游行业的产品出口需求快速增长。各类投资主体基于市场需求增长预期就会扩大投资。项目清理等措施也只是暂时性地抑制了投资者扩张产能，因需求对扩大投资的驱动力并未因清理政策而消失，一旦清理一过，这些领域的投资快速增长和大量新增产能重新出现。

另一个原因是，地方政府履行事权职责需要财政收入，争取好的考评业绩需要经济增长，运用行政计划如制定严格的招商引资指标、追求 GDP 和财政收入增长等搞经济建设，就成为地方政府尤其是基层政府的普遍行为。“两高一资”行业能快速增加 GDP 和财政收入，成为地方政府热衷的领域也就成为必然。至于是否损害环境、危害可持续发展，那是更大区域甚至全国的问题，较少成为某一区域、有限任期内地方政府领导优先考虑的事情。

二、行政因素引致的区域投资同构化问题长期存在

忽视市场力量在竞争性领域的作用，以行政计划搞经济建设在地区投资上表现为区域结构同构化。某个地区适于发展哪些行业，本应交由市场去选择，通过竞争机制发挥各地区比较优势、实现比较利益和全国效率。但在现实中，地方政府沿用计划思维模式，通过政府支持、国企主导发展重化工业。“十一五”期间，部分中西部省份重化工业投资占省（区）内投资的比重大幅上升，如江西上升了 15.1 个百分点，新疆上升了 7.4 个百分点，宁夏上升了 6.6 个百分点。即使是东部沿海发达地区的天津和江苏，重化工业投资比重也分别上升了 1.9 和 1.0 个百分点。

从各地“十二五”规划看[①]，相当部分地区政府仍然热衷于发展重化工业。如吉林在钢铁、有色、水泥，甘肃在不锈钢、有色、石化，河北在钢铁、石化，宁夏在煤化工等领域均提出大力发展、扩大规模。经济发达的广东也提出发展大规模资源型产业、打造特大型石化基地。

忽视市场力量、沿用计划手段发展经济的另一个表现是，只要中央政府鼓励发展哪些行业，各地不管具不具备条件，都会动用土地、财政等资源，一哄而起地去发展。如前一个时期各地竞相上风能、光伏项目，目前各地纷纷规划

① 参见第八章：“各地区‘十二五’时期投资投资结构调整方向、特征与问题”。

发展战略性新兴产业发展。

三、部分重要行业“国进民退”趋势明显

尽管从总体上看，近年来国有投资比重大幅下降，民间投资比重明显上升，但从细分行业看，民间投资在国民经济关键领域和重要行业的投资比重很低，部分重要行业近年来“国进民退”趋势明显。尽管政策早已明确鼓励民间资本进入法律未明确禁止进入的领域，但一些重要行业民间投资比重几乎可以忽略不计，如电力热力生产和供应业（2010 年投资比重 5.5%，下同）、道路运输业（4.7%）、证券（4.0%）、航空运输业（3.8%）、电信（1.7%）、石油和天然气开采业（1.5%）、铁路运输业（1.0%）等。而且，部分行业如交通器材和交通设备制造、铁路客运、移动电信、证券等，国有投资比重有不同程度的上升（见表 4-6）。

表 4-6 国有及国有控股占行业投资比重上升的行业（%）

行业 \ 年份	2003	2005	2010
维纶纤维制造	88.0	65.8	89.5
交通器材及其他交通运输设备制造	23.9	81.1	70.1
铁路旅客运输	97.2	99.8	99.2
客运汽车站	70.7	77.7	74.3
移动电信服务	69.3	62.8	70.8
证券业	65.8	92.8	73.2

从细分行业投资比重变化看，民间投资在石油开采、铁路机车车辆制造、铁路、道路和航空运输、新闻出版业等竞争性领域的投资比重不到 10%（见附表 4-10）。从资产存量和经济影响力看，因时间越往前这些行业民间投资比重越小甚至完全没有民间投资，这些行业民间资本的资产存量远低于目前的投资比重。

竞争性领域出现“国进民退”，主要与政府沿用计划手段发展经济有关。要使经济发展按照政府计划的思路走，而不是依市场规则行事，与政府有“父子”关系、听命于政府的国有企业自然成为政府偏爱的对象，放任甚至鼓

励其垄断、控制经济资源和市场，有利于增强政府的计划手段。

四、部分基础设施投资规模偏大且资金来源结构不合理

铁路建设投资过强过大，影响持续性。“十一五”全国铁路投资24310亿元，比“十五”增长387.5%。其中高铁建设摊子偏大、投资强度过高，资金链十分紧张。近几年已建成的京沪、武广等10几条线路投入资金近6000亿元，在建京沈、深港等20多条线路还需投资8000多亿元。巨额建设资金主要依靠债务融资，负债率过高，还本付息压力巨大，如2010年还本付息额就高达1501亿元，而经营现金流仅有1587亿元。①

铁路仍然是制约我国经济社会发展的短板，铁路、高铁建设是必要的。但问题是，一段时间内政府财政资金有限、负债水平也不宜太高，有限的财政资金和负债空间要考虑到基本公共服务、民生等领域的投资。只有通盘考虑全社会对公共产品、准公共产品的需求，根据轻重缓急和包括负债空间在内的政府财政能力，妥善安排投资时序，才能取得经济社会活动的整体效率并防止出现大的风险。

部分地方政府较少考虑到当地公众对公共产品的实际需求，在公共设施建设上相互攀比、盲目超前。不少地方的政府投资对公众在民生领域的需求考虑较少，热衷于建设与群众需求无关或关系不大的面子工程、政绩工程，公共设施建设中追求所谓“城市名片”，在诸如主题广场、会展中心、体育馆、亮化美化工程建设中求新、求大、求洋，大拆大建，浪费资金。

政府财力不够，过大的基础设施建设资金只能依赖银行贷款。按照国家审计署数据，2010年底全国省、市、县三级地方政府性债务余额10.7万亿元，其中银行贷款约8.5万亿元。地方政府主要通过向银行负债建设基础设施和公共设

① 本章全国铁路投资数据来自大公国际，“中华人民共和国铁道部2011年度信用评级报告”（大公D〔2011〕477号（主）），其他数据和以下数据均根据上海清算所发布的“中华人民共和国铁道部2011年第四期超短期融资券募集说明书”中数据计算。2008～2010年铁道部总收入分别为5334亿元、5522亿元和6857亿元，逐年增长，但税后利润2008年亏损129.5亿元，2009年27.4亿，2010年为1500万元。净资产收益率分别为-1.31%、0.24%和0.00%。汇总近5年来的数据，2006～2010年，铁道部总资产翻了2.4倍，但负债翻了3.3倍，营业收入仅增长60%左右，净资产仅增长70%左右，净利润累计仅有17亿元。

施，再用卖地收入还债。这种投融资模式下，一旦房地产市场、土地市场下行，卖地收入和还款能力下降，地方政府就可能无力偿付银行贷款，财政风险就会转化为金融风险。这种还款能力与地价、房价联结起来的投融资模式，推动地价、房价上涨，并使中央政府抑制房地产价格过快增长的政策难以有效发挥作用。

五、长期存在的中小投资者融资困难未有改观

社区银行、村镇银行、小额贷款公司、农村资金互助社等中小金融机构数量有限，所能提供的融资规模相对中小企业的融资需求仍然是杯水车薪。部分中小企业从正规渠道难以筹集资金，只好转向高成本民间借贷，或是从国企“转贷”资金①，这既使企业在借贷市场上处于严重的不公平地位，也增大了金融风险。

金融市场中不同生产经营规模的借方对资金需求的规模有大有小，由生产经营信息披露成本、财务正规化程度、抵抗市场波动的能力等因素决定的风险也各不相同，这决定了金融市场中有不同规模的贷方来满足不同规模借方的借款需求，金融与实体经济在行业组织结构上的有效匹配，有利于从总体上减少资金借贷市场上的风险。但相关部门在金融机构发展上长期忽视中小借贷需求，不重视发展分散的、较不易通过计划手段控制的中小金融机构，经济中严重缺少为中小企业融资服务的中小金融机构。为了缓解中小企业融资难，政府不得不行政性地规定国有商业银行向中小企业提供贷款的比重，这无疑会增加大银行的成本，影响其市场竞争力。

如果从政府、国企、民企外资三类投资主体角度审视上述结构问题，三类投资主体投资职能模糊不清、交叉重叠是结构问题的基本特点，而出现这种情况的原因还在于三类投资主体所面对的体制机制政策环境。如果在科学确定三类投资主体投资职能的前提下，通过改革和相关政策措施，使三类投资主体职能归位、各司其职，投资结构领域多年存在的一些问题就可能得到根本改观。

---

① 以大型国有银行为主的银行结构，使国有大型企业很容易从国有大银行获取低成本贷款，再高价借给其他企业。2011 年 8 月 10 日《证券时报》报道，银监会主席刘明康在银监会三季度形势分析会上表示，约有 3 万亿元银行信贷资金流向了民间借贷市场。

附表 4-1 技术密集型与劳动密集型制造业投资占制造业投资比重（%）

	行业＼年份	2003	2004	2005	2006	2007	2008	2009	2010
技术密集型制造业投资占制造业投资比重	农药制造	0.3	0.3	0.4	0.4	0.4	0.3	0.4	0.3
	涂料、油墨、颜料及类似产品制造	0.6	0.5	0.5	0.5	0.6	0.6	0.6	0.6
	合成材料制造	2.5	2.1	2.0	1.2	1.1	0.9	0.8	0.9
	专用化学产品制造	1.4	1.2	1.6	1.8	2.0	2.2	2.5	2.6
	医药制造业	4.7	4.1	3.4	2.9	2.4	2.3	2.5	2.6
	化学纤维制造业	1.1	1.2	0.9	0.8	0.8	0.6	0.5	0.5
	稀有稀土金属冶炼	0.2	0.1	0.2	0.2	0.2	0.3	0.4	0.4
	有色金属合金制造	0.1	0.1	0.2	0.3	0.2	0.2	0.3	0.3
	锅炉及原动机制造	0.5	0.7	0.7	0.6	0.5	0.6	0.6	0.6
	金属切削机床制造	0.2	0.2	0.3	0.3	0.2	0.3	0.3	0.3
	金属成形机床制造	0.0	0.1	0.1	0.1	0.1	0.1	0.1	0.2
	轴承、齿轮、传动和驱动部件的制造	0.3	0.3	0.5	0.6	0.6	0.7	0.7	0.6
	风机、风扇制造	0.1	0.1	0.1	0.1	0.1	0.2	0.3	0.2
	专用设备制造业	3.2	3.2	3.8	4.1	4.8	4.9	5.2	5.6
	铁路机车车辆及动车组制造	0.1	0.1	0.1	0.1	0.1	0.1	0.2	0.2
	铁路专用设备及器材、配件制造	0.1	0.0	0.1	0.1	0.1	0.1	0.1	0.1
	金属船舶制造	0.2	0.2	0.4	0.5	0.7	1.0	0.9	0.6
	电机制造	0.3	0.4	0.5	0.5	0.6	0.6	0.8	1.0
	输配电及控制设备制造	0.7	0.9	1.1	1.3	1.3	1.4	1.5	1.6
	光纤、光缆制造	0.1	0.1	0.1	0.1	0.0	0.0	0.1	0.1
	通信设备、计算机及其他电子设备制造	7.2	7.0	6.0	6.4	5.9	5.3	4.5	5.2
劳动密集型制造业投资占制造业投资比重	农副食品加工业	3.7	3.7	4.4	4.5	4.6	4.4	4.8	4.9
	食品制造业	2.7	2.5	2.7	2.9	2.7	2.5	2.6	2.6
	饮料制造业	2.0	1.7	1.7	2.1	2.0	1.9	1.8	1.8
	纺织业	5.7	5.2	5.2	4.8	4.3	3.3	3.0	3.0
	纺织服装、鞋、帽制造业	1.9	1.8	1.9	2.1	2.1	1.9	1.8	1.9
	皮革、毛皮、羽毛（绒）及其制品业	0.9	0.8	1.0	1.1	1.0	0.9	0.9	0.9
	木材加工及木、竹、藤、棕、草制造	1.1	1.2	1.4	1.5	1.8	1.7	1.7	1.7
	家具制造业	0.7	0.7	0.9	1.0	1.1	1.1	1.1	1.1
	印刷业和记录媒介的复制	1.2	1.1	1.1	1.1	1.0	1.0	1.0	0.9
	文教体育用品制造业	0.4	0.4	0.4	0.5	0.5	0.4	0.4	0.4
	石油加工及核燃料加工业	3.0	4.4	3.9	3.6	4.0	3.9	3.1	2.7
	化学原料及化学制品制造业	5.5	6.6	5.9	5.7	5.9	6.2	5.9	4.7
	橡胶制品业	1.3	1.2	1.0	1.4	1.2	1.1	1.1	1.1
	塑料制品业	2.4	2.3	2.3	2.7	2.4	2.4	2.4	2.4
	非金属矿物制品业（剔除水泥、平板玻璃）	7.2	7.5	6.8	7.0	7.9	8.9	10.1	10.1
	黑色金属冶炼及压延加工业（剔除炼钢、钢压延）	13.1	12.2	11.3	8.7	7.4	7.0	5.6	4.7
	有色金属冶炼及压延加工业（剔除铝冶炼）	3.9	3.7	3.4	3.2	3.2	3.5	3.1	3.2
	金属制品业	2.6	2.9	3.7	4.2	4.5	4.7	4.8	4.9

续表

行业＼年份	2003	2004	2005	2006	2007	2008	2009	2010
技术密集型制造业投资占制造业投资比重	23.8	22.9	22.8	22.8	22.8	22.9	23.1	24.5
技术密集型制造业投资占城镇投资比重	5.6	5.7	6.2	6.4	6.9	7.1	7.0	7.6
劳动密集型制造业投资占制造业投资比重	41.9	42.3	43.9	46.4	47.6	46.1	45.6	44.9
劳动密集型制造业投资占城镇投资比重	9.8	10.5	11.9	13.1	14.4	14.4	13.8	13.9

注：劳动密集型制造业中的化学原料及化学制品制造业不包括农药制造、涂料油墨颜料及类似产品制造、合成材料制造、专用化学产品制造。

资料来源：相关年份《中国投资统计年鉴》。除有说明外，附表数据均来自相关年份《中国投资统计年鉴》或国家统计局，其中2010年数据为初步数。

附表4-2　2000~2010年直辖市和省会城市土地价格算术平均（元/平方米，地面价）

地区＼年份	2000		2001		2002		2003		2004		2005	
	综合	工业	综合	工业	综合	工业	综合	工业	综合	工业	综合	工业
东部	3730	626	3984	632	4237	641	4460	649	4660	657	4860	667
中部	1142	404	1175	410	1239	425	1330	431	1451	441	1522	445
西部	1329	391	1367	399	1436	413	1547	421	1676	430	1741	437
东北	1478	313	1511	317	1541	321	1587	320	1687	332	1745	338

地区＼年份	2006		2007		2008		2009		2010	
	综合	工业	综合	工业	综合	工业	综合	工业	综合	工业
东部	5223	697	6268	904	5996	812	6743	832	8180	928
中部	1620	464	1799	534	1852	555	1931	563	2113	592
西部	1830	448	2064	471	2099	519	2289	558	2678	583
东北	1844	346	2114	461	2184	464	2268	478	2392	502

注：包括深圳，不包括拉萨。

资料来源：直辖市及省会城市地价水平（年度数，中国城市地价动态监测），http：//www.landvalue.com.cn。

附表 4-3 两类行业区域投资比重（%）

年份		2003	2004	2005	2006	2007	2008	2009	2010
技术密集型制造业	东部	64.0	61.6	60.2	58.9	54.2	50.4	45.6	44.4
	中部	15.0	15.6	16.2	17.8	20.7	22.8	25.1	26.4
	西部	11.4	11.5	11.2	10.9	11.8	12.6	13.3	13.1
	东北	9.5	11.3	12.4	12.4	13.3	14.1	16.0	16.0
劳动密集型制造业	东部	62.9	61.1	58.0	53.6	48.9	44.4	41.3	39.4
	中部	15.4	16.3	17.5	19.5	23.0	25.8	28.0	30.6
	西部	14.1	14.6	14.4	15.7	16.7	17.3	17.4	16.6
	东北	7.6	8.0	10.0	11.2	11.5	12.4	13.2	13.4

附表 4-4 国有及国有控股投资占行业投资比重（%）

行业大类 \ 年份	2003	2004	2005	2006	2007	2008	2009	2010
城镇投资总计	64.3	57.8	51.5	48.0	44.5	43.0	44.6	42.3
采矿业	91.4	83.8	74.6	70.4	65.8	63.2	58.2	54.8
制造业	47.2	40.0	28.4	21.8	20.5	20.3	17.7	16.3
电力燃气及水的生产和供应业	88.3	81.1	77.7	77.8	78.0	77.8	79.3	76.3
建筑业	76.5	69.6	57.4	45.6	50.0	55.6	55.5	58.0
交通运输、仓储和邮政业	94.2	93.5	91.2	90.4	88.8	87.9	88.5	87.2
信息传输、计算机服务和软件业	83.3	79.2	76.4	66.6	65.3	62.2	72.4	69.4
批发和零售业	45.3	33.0	21.5	17.1	15.9	14.6	13.5	12.6
住宿和餐饮业	36.7	28.3	18.5	17.5	18.4	16.1	15.0	14.0
金融业	82.8	81.5	69.9	67.8	67.1	71.8	71.3	71.4
房地产业	28.9	22.4	18.3	18.9	17.5	17.5	20.3	20.3
租赁和商务服务业	71.5	53.4	44.7	46.2	51.3	46.4	51.3	49.5

注：20 个行业大类中公益性或准公益性行业未列入，它们是农业、科研技术服务和地质勘查业、水利环境和公共设施管理业、居民服务和其他服务业、教育、卫生社会保障和社会福利业、文化体育和娱乐业、新闻出版业、广播电视电影和音像业、公共管理和社会组织和国际组织。

附表 4-5 民营投资占全部城镇投资比重（%）

行业 \ 年份	2005	2006	2007	2008	2009	2010	2010 年比 2005 年提高
行业合计	17.8	20.9	23.5	24.9	26.0	27.0	9.2
石油和天然气开采业	0.3	0.3	0.4	1.4	0.6	1.5	1.2
黑色金属矿采选业	37.1	39.9	42.5	43.5	48.2	51.5	14.4
石油加工、炼焦及核燃料加工业	11.9	9.6	9.4	11.8	17.0	18.4	6.5
黑色金属冶炼及压延加工业	8.2	10.0	11.7	13.1	17.3	22.1	13.9
通用设备制造业	33.0	37.5	41.7	42.9	45.2	47.1	14.1
专用设备制造业	29.1	32.6	33.4	34.5	38.0	37.4	8.3
交通运输设备制造业	15.2	17.8	21.1	21.6	25.6	25.2	10.0
电气机械及器材制造业	25.6	31.4	32.4	32.9	37.1	36.7	11.1
通信设备计算机及其他电子设备制造业	7.5	9.0	9.5	11.9	15.5	15.8	8.4
电力、热力的生产和供应业	3.1	3.4	4.1	4.5	4.5	5.5	2.4
铁路运输业	0.9	1.3	0.7	0.4	0.7	1.0	0.1
道路运输业	2.3	2.7	3.4	4.9	4.6	4.7	2.4
水上运输业	4.7	4.3	7.1	9.4	10.2	11.4	6.7
航空运输业	4.3	2.8	3.3	1.4	5.5	3.8	-0.5
电信和其他信息传输服务业	0.7	1.3	0.7	1.2	1.7	1.7	1.1
银行业	11.7	15.9	16.9	15.8	16.2	12.6	0.9
证券业	1.0	6.2	16.2	10.7	3.0	4.0	3.0
保险业	8.1	9.1	4.9	16.5	8.7	11.0	2.9
新闻出版业	1.2	1.7	3.7	8.9	10.1	7.1	6.0
广播、电视、电影和音像业	4.7	4.3	4.3	7.0	9.7	11.0	6.3

附表 4-6 各区域民营投资占区内投资比重（城镇口径，%）

地区 \ 年份	2005	2006	2007	2008	2009	2010	2010 年比 2005 年提高
全国总计	17.8	20.9	23.5	24.9	26.0	27.0	9.2
东部	20.0	23.3	25.2	26.9	28.3	29.1	9.1
中部	18.7	23.1	27.7	30.1	31.8	33.5	14.9
西部	13.8	16.0	18.3	18.4	18.2	19.2	5.4
东北	17.4	20.0	23.6	25.7	28.5	29.1	11.7
31 个地区合计	18.2	21.3	24.0	25.6	26.7	27.8	9.6

附表 4-7 技术密集型与劳动密集型制造业净资产利润率（规模以上工业，%）

行业＼年份	2000	2001	2002	2003	2004	2005	2006	2007	2008	2009	2010
工业	8.89	8.54	9.6	12.1	13.2	14.4	15.8	18.1	16.8	16.7	21.1
食品加工业	8.07	9.70	9.7	12.0	12.9	17.1	19.2	23.5	24.4	24.6	31.2
食品制造业	8.58	9.23	9.5	11.5	11.0	14.4	16.3	18.9	19.9	23.7	28.9
饮料制造业	8.95	8.40	9.1	10.4	11.0	13.5	15.8	19.5	19.1	22.5	25.6
纺织业	7.78	6.55	8.1	8.6	8.1	10.9	12.0	14.0	14.5	15.6	21.0
服装及其他纤维制品制造业	11.76	12.31	12.3	13.1	12.9	15.0	15.0	17.5	18.8	21.6	24.9
皮革、毛皮、羽绒及其制品业	11.12	11.41	13.4	14.8	14.8	17.1	18.4	22.2	23.8	26.5	32.1
木材加工及竹、藤、棕、草制品业	7.44	6.94	7.6	8.9	10.4	13.6	15.9	20.2	21.1	22.5	27.4
家具制造业	10.04	10.03	9.8	10.7	13.1	14.1	14.8	14.9	16.2	18.7	23.1
印刷业、记录媒介的复制	10.89	10.81	10.6	11.4	11.8	10.9	12.0	14.2	15.0	16.2	18.5
文教体育用品制造业	10.08	9.95	10.8	11.2	9.7	11.1	10.6	11.5	10.5	14.5	18.6
化学原料及化学制品制造业	5.44	4.58	7.0	10.4	16.0	15.0	14.0	18.4	15.5	15.7	21.3
橡胶制品业	2.73	6.41	8.6	10.6	10.5	13.2	12.8	15.6	13.4	20.7	21.7
塑料制品业	8.44	9.27	9.9	9.7	10.4	11.0	12.2	15.4	16.2	17.2	21.6
金属制品业	7.86	9.15	10.5	13.2	14.0	15.7	16.1	17.3	18.2	18.0	23.2
劳动密集型制造业	7.66	7.69	11.1	13.5	13.3	13.1	14.7	17.6	17.7	19.0	24.0
医药制造业	11.34	11.37	11.8	13.1	12.1	12.7	12.4	16.5	19.4	19.8	21.5
化学纤维制造业	8.21	3.35	4.6	8.8	5.4	4.6	6.4	11.9	6.0	12.9	21.4
普通机械制造业	5.57	6.64	9.5	12.5	14.5	16.9	18.3	19.5	20.3	19.0	22.6
专用设备制造业	5.35	6.45	9.4	10.6	12.4	13.7	16.2	19.0	18.5	18.7	21.8
交通运输设备制造业	6.44	8.72	12.9	16.5	13.5	10.8	13.1	18.0	18.1	22.0	27.5
电气机械及器材制造业	9.87	10.18	11.2	12.8	13.8	14.8	16.6	19.2	20.7	21.4	23.3
电子及通信设备制造业	16.43	12.85	11.6	13.4	14.0	13.3	14.3	15.6	13.7	14.1	16.7
技术密集型制造业	9.67	9.57	9.0	10.8	12.4	13.9	14.6	17.8	17.5	18.9	22.3

附表 4–8　技术密集型与劳动密集型制造业净资产利润率（国有及国有控股工业，%）

行业＼年份	2000	2001	2002	2003	2004	2005	2006	2007	2008	2009	2010
工业	7.36	6.68	7.29	10.00	11.49	12.88	14.47	15.74	11.71	10.90	15.03
食品加工业	0.30	4.06	2.61	5.96	7.37	10.70	14.28	18.35	10.43	12.73	18.89
食品制造业	6.72	5.88	7.33	5.16	5.36	9.95	9.04	9.38	7.98	14.04	16.52
饮料制造业	10.96	9.06	8.78	11.18	9.38	11.91	13.54	18.49	19.54	19.77	22.93
纺织业	4.68	0.41	1.90	0.13	-6.21	-0.62	1.46	3.75	0.45	1.83	7.47
服装及其他纤维制品制造业	2.89	-0.59	1.32	1.83	3.16	3.26	6.21	10.76	12.62	16.45	14.19
皮革、毛皮、羽绒及其制品业	-16.24	1.84	-17.23	-10.21	0.81	5.76	17.15	13.60	18.48	14.72	13.26
木材加工及竹、藤、棕、草制品业	-1.95	1.65	0.86	1.67	2.02	3.31	3.07	6.83	7.29	5.84	14.05
家具制造业	2.44	0.85	0.92	0.45	17.23	16.96	19.10	29.55	27.98	33.92	42.78
印刷业、记录媒介的复制	7.84	8.08	7.36	8.42	9.43	5.83	8.13	12.72	13.43	11.98	14.49
文教体育用品制造业	3.56	5.44	7.75	4.25	4.20	4.74	4.88	6.45	3.98	7.83	13.67
化学原料及化学制品制造业	2.39	0.53	1.79	4.59	11.75	9.29	7.98	13.20	3.63	4.58	8.90
橡胶制品业	-3.99	0.58	0.23	5.00	3.02	6.32	5.05	8.53	2.18	16.93	12.74
塑料制品业	4.64	5.30	4.94	3.68	6.32	3.99	-7.19	6.65	14.13	9.29	12.93
金属制品业	1.34	3.04	2.37	5.37	7.92	8.19	10.89	12.89	12.82	13.28	17.33
劳动密集型制造业	3.81	2.84	3.42	5.19	8.59	8.43	8.14	12.99	7.26	8.65	12.67
医药制造业	9.73	9.22	9.25	11.33	9.52	10.12	9.08	12.00	14.59	15.67	17.07
化学纤维制造业	6.05	0.84	2.04	5.49	1.89	-0.57	2.24	3.77	-8.20	10.49	13.25
普通机械制造业	0.93	1.23	3.93	6.70	8.32	12.84	14.50	13.72	15.23	13.96	16.00
专用设备制造业	-0.54	-0.04	1.19	3.11	4.73	6.33	8.58	13.24	12.53	12.97	13.75
交通运输设备制造业	5.43	7.51	11.72	15.75	12.70	8.49	10.89	15.82	15.93	18.76	25.18
电气机械及器材制造业	3.74	3.09	2.48	2.49	7.67	12.18	13.28	16.56	14.61	17.33	16.39
电子及通信设备制造业	11.35	7.79	6.74	7.44	6.03	2.39	2.02	6.43	5.81	6.22	11.64
技术密集型制造业	5.85	5.67	7.43	10.22	9.27	7.74	9.53	13.34	13.30	15.17	19.43

附表 4-9

预算内资金占全部预算内资金比重（%）								
行业 \ 年份	2003	2004	2005	2006	2007	2008	2009	2010
农、林、牧、渔业	5.9	4.5	4.9	5.4	4.9	4.6	5.0	0.2
采矿业	0.7	1.1	0.6	0.7	0.9	0.9	0.7	0.0
制造业	5.2	3.2	3.6	3.5	2.6	3.3	3.0	0.2
电力生产	4.2	3.8	4.1	4.0	5.8	3.5	2.0	0.1
建筑业	1.8	1.5	1.3	1.3	1.4	2.0	2.0	0.1
运输	15.9	18.7	18.5	20.0	18.3	18.4	16.2	0.7
计算机服务和软件业	0.1	0.1	0.0	0.1	0.0	0.0	0.1	0.0
批发和零售业	0.2	0.2	0.1	0.1	0.3	0.3	0.3	0.0
住宿和餐饮业	0.2	0.3	0.2	0.2	0.2	0.2	0.1	0.0
金融业	0.2	0.1	0.1	0.2	0.1	0.1	0.2	0.0
房地产业	1.0	1.5	1.2	2.2	2.4	2.2	4.7	0.3
租赁和商务服务业	0.5	0.2	0.2	0.2	0.3	0.6	0.6	0.1
科研技术服务和地质勘查业	2.4	2.0	2.4	1.8	1.3	1.1	1.2	0.1
水利环境和公共设施管理业	24.1	21.3	21.3	21.2	23.1	25.7	25.1	1.2
居民服务和其他服务业	0.0	0.0	0.4	0.1	0.1	0.1	0.2	0.0
教育	5.7	5.5	5.0	4.9	5.0	4.9	6.1	0.3
卫生社会保障和社会福利业	1.6	1.8	1.9	1.9	1.5	1.8	3.2	0.2
文化、体育和娱乐业	2.1	2.1	2.2	2.6	3.2	2.7	2.3	0.1
公共管理和社会组织	11.1	16.2	15.8	13.3	11.7	10.8	8.0	0.4
教育卫生合计	7.2	7.3	7.0	6.8	6.5	6.8	9.3	9.2
竞争性行业合计	29.9	30.7	30.3	32.4	32.5	31.6	30.0	32.5
预算内资金占行业内全部投资资金来源的比重（%）								
行业 \ 年份	2003	2004	2005	2006	2007	2008	2009	2010
农、林、牧、渔业	26.3	19.8	21.2	21.4	18.3	15.3	17.0	14.5
采矿业	1.1	1.4	0.7	0.8	1.0	0.9	1.0	0.9
制造业	1.1	0.6	0.6	0.6	0.4	0.5	0.6	0.6
电力生产	4.7	3.0	3.1	3.5	5.9	4.3	3.3	3.2
建筑业	8.2	8.0	7.1	7.0	8.0	11.9	14.5	16.4
运输	15.4	17.4	17.2	17.5	15.9	15.3	14.7	13.0

续表

行业 \ 年份	2003	2004	2005	2006	2007	2008	2009	2010
计算机服务和软件业	3.6	5.4	1.6	2.5	0.7	1.3	4.9	2.4
批发和零售业	0.4	0.5	0.3	0.3	0.6	0.7	0.7	0.8
住宿和餐饮业	1.6	1.6	0.8	0.9	0.9	0.6	0.6	0.7
金融业	6.1	3.0	3.6	6.8	4.2	3.3	5.2	1.7
房地产业	0.2	0.2	0.2	0.3	0.3	0.4	0.8	0.9
租赁和商务服务业	3.6	1.8	1.5	1.5	2.0	3.3	3.5	5.5
科研技术服务和地质勘查业	20.0	17.7	20.5	17.4	12.7	11.0	11.7	12.3
水利环境和公共设施管理业	14.1	12.8	12.8	12.8	13.7	16.0	16.1	14.2
居民服务和其他服务业	1.8	1.2	11.4	2.0	3.4	3.4	4.9	2.9
教育	9.0	9.0	9.1	10.2	12.3	15.1	21.0	20.7
卫生社会保障和社会福利业	10.5	11.5	11.8	11.7	10.1	12.4	20.2	19.8
文化、体育和娱乐业	10.3	11.1	11.2	13.6	14.8	13.4	12.2	12.0
公共管理和社会组织	14.6	21.8	23.9	22.2	23.2	24.4	22.6	23.4
其中：教育卫生合计	9.3	9.5	9.7	10.6	11.7	14.2	20.8	20.4
其中：竞争性行业合计	2.1	1.9	1.9	1.9	1.8	1.9	2.1	2.0

注："竞争性行业"包括采矿业、制造业、电力生产、建筑业、运输（铁路、公路、水上、航空客货运输业以及通用航空服务）、计算机服务和软件业、批发和零售业、住宿和餐饮业。

附表 4-10 国有投资比重上升或投资比重 60%以上的行业（%）

行业 \ 年份	2003	2004	2005	2006	2007	2008	2009	2010
石油和天然气开采业	97.8	97.3	96.8	97.2	95.8	95.6	94.7	94.2
稀土金属矿采选	31.9	29.0	2.0	23.8	0.0	0.0	20.5	75.8
维纶纤维制造	88.0	56.1	65.8	73.2	68.7	89.4	70.5	89.5
铁路机车车辆及动车组制造	98.1	92.9	88.9	85.2	86.0	85.2	81.8	92.6
汽车整车制造	82.6	79.2	67.6	48.9	63.8	62.4	62.1	59.8
交通器材及其他交通运输设备制造	23.9	89.1	81.1	60.1	58.3	51.6	58.9	70.1
电力、热力的生产和供应业	88.2	80.8	78.1	78.6	79.3	79.3	80.5	77.6
土木工程建筑	90.9	87.4	81.4	71.4	78.4	80.6	77.8	78.8
铁路运输业	99.0	99.0	98.2	97.5	98.3	98.4	98.2	96.8

续表

行业 \ 年份	2003	2004	2005	2006	2007	2008	2009	2010
道路运输业	96.9	95.2	93.2	93.2	91.8	91.0	91.9	91.9
水上运输业	87.1	89.6	82.7	79.0	76.0	71.8	72.7	71.9
航空运输业	99.5	98.2	93.5	86.1	85.9	85.6	86.9	91.5
管道运输业	99.4	93.4	94.9	84.0	74.9	91.3	67.5	62.5
移动电信服务	69.3	64.4	62.8	51.3	51.0	53.4	74.4	70.8
图书零售	98.3	77.3	81.8	73.7	81.0	65.5	64.8	74.7
银行业	84.9	82.3	67.9	73.2	71.7	74.7	75.9	75.9
证券业	65.8	31.4	92.8	79.6	81.6	82.7	69.7	73.2
保险业	83.1	84.8	71.6	32.1	50.3	55.5	62.7	77.6
新闻出版业	99.1	94.7	94.9	95.0	83.9	81.0	82.5	90.0
广播、电视、电影和音像业	96.2	92.6	92.6	91.2	88.8	87.4	82.4	67.2

参考文献：

1. 祁玉清等：《中国投资30年》，经济科学出版社2010年版。

2. 胡永达：《产业政策有效性研究》，中国社会科学院研究生院投资系博士论文，2011年5月。

3. 各地“十二五”规划纲要。

第五章　投资区域结构变动趋势

内容提要： 1995 年以来，东部地区投资比重持续下降，内陆地区投资比重不断上升。分阶段看，2004～2012 年东部地区投资比重年均下降 1.6 个百分点，远高于1996～2003 年年均下降0.5 个百分点的幅度。从投资主体看，1996～2003 年，政府在内陆地区的投资比重大幅上升，而此时非国有投资在内陆地区的投资比重不断下降；2004～2012 年，非国有投资在内陆地区的投资比重快速上升。总体上看，非国有投资的区域结构变动时间滞后于国有投资 6～8 年。

从 2003 年前后开始，社会投资快速向内陆地区转移。原因是东部地区要素成本上升、投资发展空间受限，以及进入结构转型升级期，东部部分传统产业需要向区外转移；内陆地区市场需求快速增长，产业配套能力不断增强，交通等基础设施逐步完善，吸引东部地区部分产业向内陆地区转移。而中央政府多年来加大内陆地区基础设施建设，鼓励东部地区产业向中西部地区转移，以及内陆地区地方政府大力招引东部地区投资，对推动产业向内陆地区转移发挥了重要作用。

第一节　近年来我国区域投资结构总体变动趋势

一、“九五”时期开始东部地区投资比重持续加速下降

1995 年以来，我国投资的区域格局发生了巨大变化，内陆地区的投资比

重从过去大大低于东部地区转变为目前大幅度超过了东部地区（见表5-1、图5-1）。“八五”期间，东部地区（不包括广西和辽宁）的投资增速高于内陆地区（中部、西部和东北地区），而从“九五”时期开始，东部地区的投资增速则一直低于内陆地区。1996～2012年，东部地区投资年均增长16.4%，内陆地区年均增长21.6%，内陆平均地区比东部地区年均增速高5.2个百分点。内陆地区投资的更快增长，不仅使东部地区投资占全国的比重在1995年达到59.4%之后，除2003年外一直下降。从2007年开始，内陆地区的投资比重超过了东部地区。2012年，内陆地区的投资比重提高到58.9%，而东部地区的投资比重则下降为41.1%。2012年与1995年相比，东部地区比重下降了18.3个百分点，年均下降1.1个百分点，东部地区与内陆地区投资占全国投资的比重已完全互换。

表5-1 全社会投资区域增速与比重变动

时间 地区	年均增速（%）				主要年份比重（%）					
	“八五”	“九五”	“十五”	“十一五”	1990	1995	2000	2005	2010	2012
全国	35.1	10.5	21.9	25.7						
东部地区	39.3	8.7	21.1	20.5	51.3	59.4	54.8	52.4	42.7	41.1
中部地区	31.7	12.4	23.6	31.3	18.4	16.1	17.5	18.5	23.2	23.5
西部地区	31.3	14.9	23.6	28.5	18.2	15.7	19.2	20.3	22.8	24.0
东北地区	26.9	9.7	23.2	32.0	12.1	8.8	8.5	8.8	11.3	11.2
中西部和东北地区	30.4	12.9	23.5	30.3	48.7	40.6	45.2	47.6	57.3	58.9

资料来源：根据历年《中国统计年鉴》和《统计摘要2013》数据计算。

在1996～2012年投资区域格局变化上，以2003年为分界点，较为明显的分为两个阶段，东部地区的投资比重，在2004～2012年比1996～2003年的年均下降幅度更大。

1996～2003年，东部地区投资年均增长12.8%，内陆地区年均增长15.3%，增速相差2.5个百分点；2004～2012年，东部地区投资年均增长

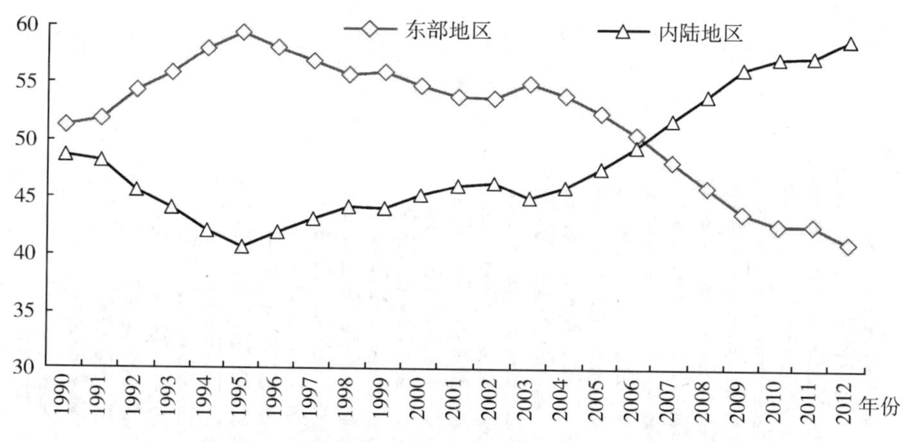

图 5-1 1990 年以来我国全社会投资的空间分布变动态势（%）

资料来源：根据历年《中国统计年鉴》和《中国统计摘要 2013》数据计算。

19.7%，内陆地区年均增长 27.5%，增速相差 7.8 个百分点。两个阶段中，东部地区与内陆地区投资增幅大小和增幅差异的不同，导致投资比重变化相差很大。1996～2003 年，东部地区投资比重的下降幅度较为平缓，8 年间仅下降 4.3 个百分点，年均下降幅度 0.5 个百分点。而 2004～2012 年，东部地区投资比重的下降幅度急剧加大，7 年间下降了 14.0 个百分点，年均下降 1.6 个百分点，大大高于 1996～2003 年的下降幅度。

二、“十一五”时期投资增速居前的均为内陆地区省份

在“十五”时期，地处东部地区的山东、江苏两个投资大省年均投资增速还处于全国前列，而在 2006～2012 年，东部地区几个投资大省的投资增速都很低，广东、浙江、北京、上海四省市年均增速位于全国后四位，山东、江苏也仅高于西藏而位于倒数第六和第七位。2006～2013 年，投资增速居于前十位的除海南外均为内陆省份（见图 5-2）。河南、辽宁两省 2005 年的投资规模还分别不到广东和浙江的 2/3，而在 2010 年时两省的投资规模均已超过广东、浙江，成为仅次于山东、江苏的第三大与第四大投资省份。

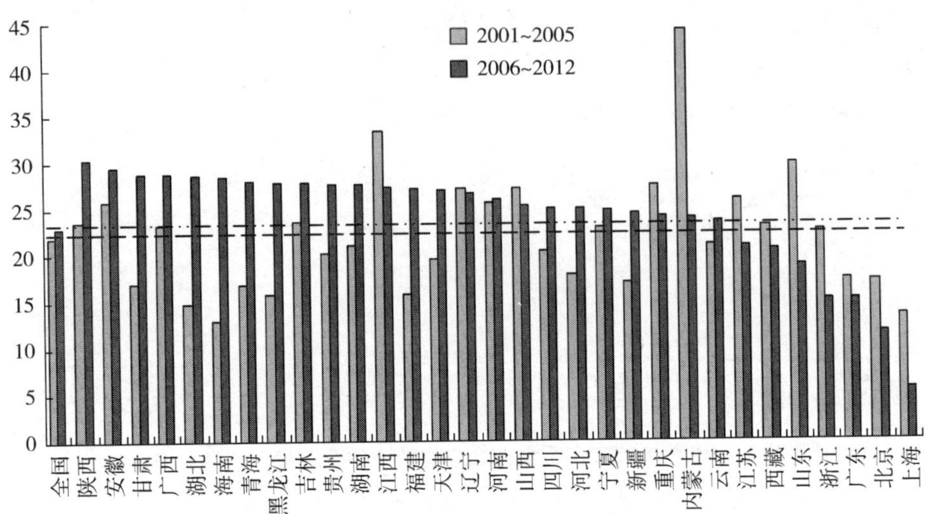

图 5-2 各省市区“十五”、2006～2012 年均投资增速比较（%）

资料来源：根据历年《中国统计年鉴》和《中国统计摘要 2013》数据计算。

三、区域投资结构与经济结构变动间存在时滞

1. 区域投资结构变动领先于区域经济结构的变动

各区域经济总量与投资总量的区域结构变化见图 5-3。比较（见图 5-3A 与图 5-3B）可以发现，1996～2006 年各区域经济总量占全国的比重，并未随投资比重变动而同向变动，而是呈相反方向变化。东部地区的投资比重 1995 年之后一直处于下降通道（仅 2003 年小幅提高），而其 GDP 比重在 20 世纪 90 年代一直处于上升状态，直到 2007 年才开始出现下降趋势，其滞后期为 12 年；中部、西部地区 GDP 占全国 GDP 的比重分别在 2004 年和 2007 年才开始出现止跌回升，比其投资比重出现明显回升的时间滞后 9 年和 12 年；东北地区 GDP 占全国 GDP 的比重到 2008 年才不再继续下降，比其投资比重从 2004 年开始稳定回升存在 4 年的滞后期。

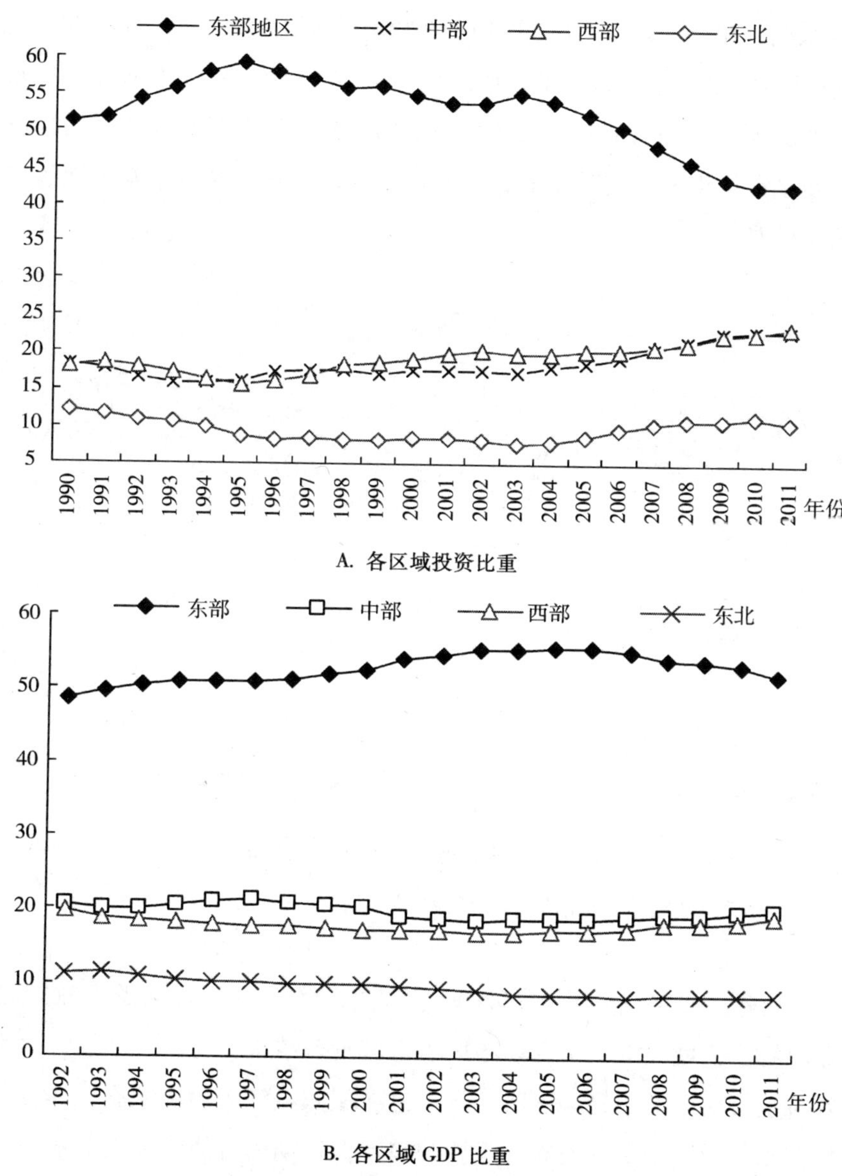

A. 各区域投资比重

B. 各区域 GDP 比重

图 5-3 各区域投资比重变化与 GDP 比重变化的比较（%）

资料来源：根据历年《中国统计年鉴》数据计算。

2. 区域投资比重与其投资效益呈反向变动

根据 ICOR（增量资本产出率）反映出的中部、西部和东北地区投资效益与东部地区投资效益比较的变化情况见图 5-4。从各区域投资效益对比看，在

1998 年以前，中部、西部和东北地区的投资效益相对好于东部地区，而中部与西部地区从 1998 年开始、东北地区从 2002 年开始，其投资效益则不如东部地区。也就是说，无论是东部地区还是中部、西部和东北地区，区域投资比重上升时期往往会出现投资效益的相对下降，而区域投资比重下降时期的投资效益则相对较高。

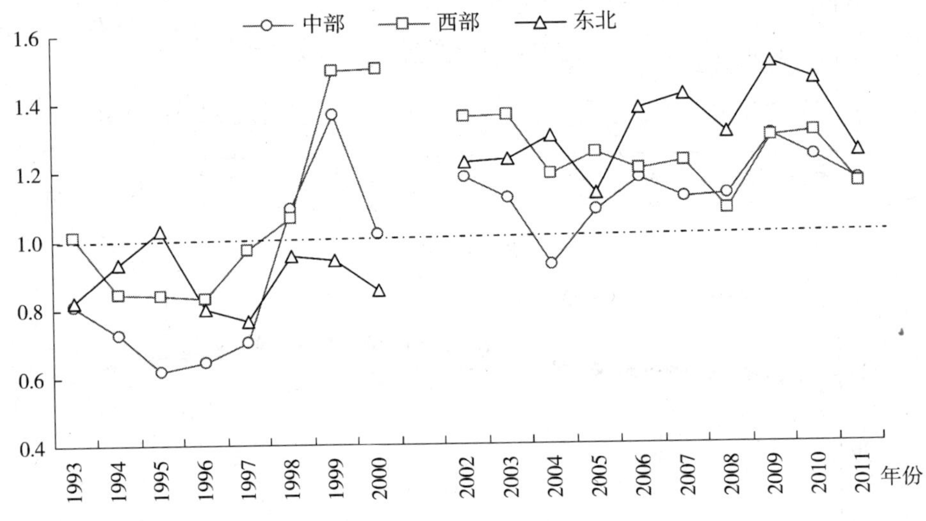

图 5-4 中部、西部、东北地区 ICOR 与东部地区 ICOR 比较

资料来源：根据历年《中国统计年鉴》数据计算。

从投资作为经济增长的“三驾马车”之一和投资的短期需求效应与长期供给效应看，区域经济结构变动滞后于区域投资结构变动、区域投资比重与其投资效益呈反向变动的趋势表明，要促进区域间经济的协调发展，加大落后区域的投资倾斜力度是不可或缺的重要政策，但短期内可能政策效应不明显，投资向内陆地区倾斜并不会立即引起经济总量同步增长，而从长期看投资倾斜则有明显效果，因而对于通过投资的区域结构调整以促进区域经济的协调发展，需要有更长远的战略性眼光，而不能过于关注短期效应。

第二节
投资区域主体结构变动分析

由于没有有关政府投资的统计数据，我们以固定资产投资资金来源中的财政预算内资金作为政府投资的一种替代，并从其在空间分布格局的变化分析政府投资对区域投资结构变化的影响。

在1996～2003年和2004～2011年两个时期，政府投资与企业投资的区域分布变动趋势并不一致。在1996～2003年政府投资向内陆地区大幅度倾斜之时，东部地区非国有投资占全国的比重却继续上升；而在2004～2011年政府投资小幅度向内陆地区倾斜时，东部地区非国有投资占全国的比重却出现了大幅下降，即企业投资大规模地转向内陆地区。

一、政府投资不断向内陆地区倾斜

改革开放后我国开始实施“效率优先”的区域发展战略，通过设立经济特区、沿海开放城市等政策以及国家投资布局重点东移，以推动东部沿海地区率先发展。东部沿海地区凭借政策东风，以及较好的经济基础、良好的地理区位、人口密集及与海外经济联系密切等优势，通过大量吸引外资、承接国际产业转移等，获得了经济的快速发展，从而导致沿海与内地经济发展的差距迅速扩大。1996年，上海人均GDP是贵州的10.6倍，广东、浙江是贵州的4.5倍。

为缓解地区发展差距不断扩大带来的矛盾和问题，国家从“八五”计划开始着手调整区域发展政策，“八五”计划纲要提出要促进地区经济朝着合理分工、协调发展的方向前进，“九五”计划建议提出“坚持区域经济协调发展，逐步缩小地区发展差距”，更加重视支持内地发展，实施有利于缓解差距扩大趋势的政策，并优先在中西部地区安排资源开发和基础设施建设项目。1999年开始倡导、2000年正式实施西部大开发战略，2003年后国家又相继实施振兴东北等老工业基地、中部崛起的战略。从“九五”时期开始，国家投资布局重点逐步向中西部地区转移，通过实施重点工程倾斜、中央财政转移支付，中央在中西部地区投入了大量建设资金，重点加快中西部能源、原材料工业基地和基础设施投资建设，仅2000～2010年西部大开发累计新开工重点工程就达到143项，投资总规模达2.9万亿元①。

一系列促进区域协调发展政策的实施，使内陆地区以国家预算内资金所表示的政府投资获得更快增长。在1996～2003年基本建设与更新改造投资（简称基建更改投资）的资金来源中，中部、西部和东北地区的政府投资（即国家预算内资金）分别年均增长18.5%、27.3%和21.9%，西部和东北地区政府投资的年均增速大大高于东部地区（15.1%）。政府投资在地域空间上的分布明显表现出向内陆地区尤其是西部地区倾斜的态势，东部地区政府投资占全国的比重持续下降。特别是西部大开发实施后，西部地区的比重从2000年开始急剧上升，由1999年为27.4%提高到2000年的32.0%，2002年和2003年分别达到44.3%和42.0%。2003年之后，东北老工业基地振兴、中部崛起战略的实施使中部和东北地区政府投资占全国的比重也明显提高，西部地区的比重仍占40%左右，而东部地区的比重则继续下降（见图5-5）。

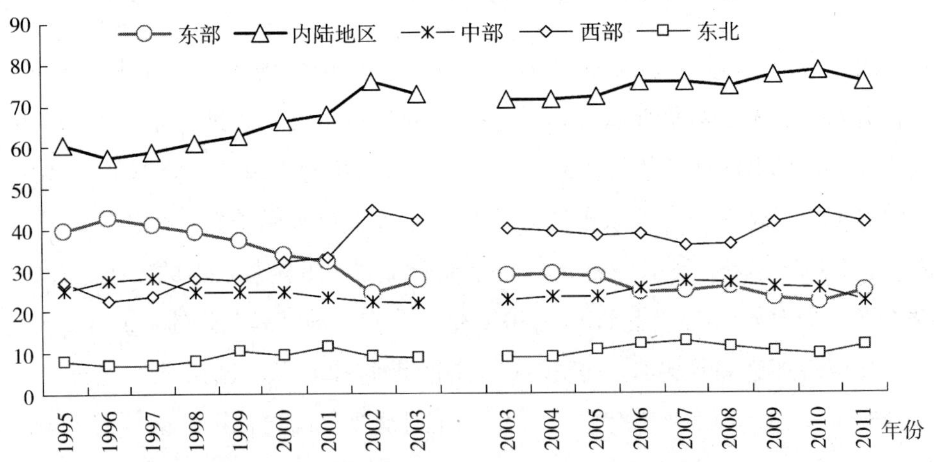

图5-5　1995～2011年国家预算内资金（政府投资）的区域分布变化（%）

注：1995～2003年为基建更改投资，2003～2011年为全社会投资。

资料来源：根据历年《中国统计年鉴》数据计算。

① 参见魏后凯、邬晓霞：《中国区域政策的演变与未来展望》，中国城市发展网，2011年7月12日。

分阶段看，东部地区政府投资占全部政府投资的比重在1996～2003年出现较大幅度下降，2002年比1996年下降18.5个百分点，年均下降幅度达到3.1个百分点；而在2004～2011年，东部地区政府投资占全国的比重下降比较缓慢，2011年仅比2003年下降3.9个百分点，年均下降幅度仅0.5个百分点。这与东部地区投资占全国总投资比重在1996～2003年缓慢下降、2003年之后急剧下降形成较大反差（见图5-1和图5-5的比较）。这表明，在1996～2003年时期政府投资大幅度向内陆地区倾斜之时，包括国有企业、民营企业和外资企业在内的企业投资却并没有大幅度向内陆地区倾斜；而在2003～2011年，内陆地区政府投资比重不如前一时期上升快①，但企业投资却大幅度地向内陆地区倾斜。

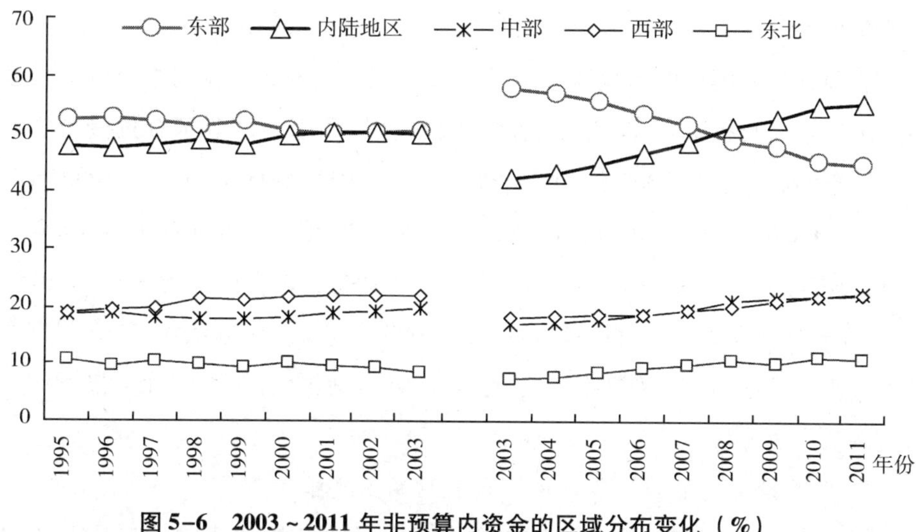

图5-6 2003～2011年非预算内资金的区域分布变化（%）

注：1995～2003年为基建更改投资，2003～2011年为全社会投资。

资料来源：根据历年《中国统计年鉴》数据计算。

从图5-6可以看出，投资资金来源中的非预算内资金，1996～2003年东

① 尽管这一时期中央政府投资可能更多向中西部和东北地区倾斜，但各地方政府投资东部可能比中西部和东北地区增长更快，从而表现为中央与地方政府合计在一起的政府投资在东部并没有出现大幅度下降。

部地区比重仅下降 2 个百分点，而 2004 ~ 2011 年东部地区比重则下降了 12.9 个百分点，下降幅度明显加大。2004 ~ 2011 年非预算内资金的区域分布与全社会投资（见图 5-1）、民营投资（见图 5-8）和外资（见图 5-10）的区域分布变动趋势相当一致。这表明，政府投资与企业投资在地域空间上的变动趋势，并不表现出完全的一致性，其原因我们将在后面作进一步分析。

二、非国有企业投资近年来大幅度向内陆地区倾斜

包括民营和外资在内的非国有企业是市场化的投资主体，其投资区位的选择完全取决于市场机制的作用，也在很大程度上反映了竞争性领域部分以市场为导向的国有企业的区域选择。非国有企业投资占全社会投资的比重已由 2003 年的 47.0% 提高到 2011 年的 64.3%①，因此非国有企业的投资区域格局变动在很大程度上决定我国全社会投资的区域结构变化。

从国有与非国有两大投资主体的区域结构变动看，非国有投资的区域变动幅度远大于国有投资（国有及国有控股投资）。东部地区非国有投资占全国非国有投资的比重已从 2003 年的 62.4% 下降为 2011 年的 45.6%，下降 16.7 个百分点，而同期东部地区国有投资占全国国有投资的比重则仅下降 10.9 个百分点；相应地，中西部和东北地区非国有企业投资占全国的比重则从 2003 年的 37.6% 上升到 2011 年的 54.4%。从 2008 年开始，内陆地区的非国有企业投资规模就已超过了东部地区，这也是 2008 年起内陆地区全社会投资超过东部地区的主要原因。

1. 民营投资是全国投资区域格局变动的主要推动力量

1995 年以来国家调整投资和产业布局政策，政府投资更多向内陆地区倾斜，尤其是大力加强中西部地区基础设施建设，大大改善了内陆地区投资环境、增强了产业配套能力，从而对企业投资的区域选择产生积极的导向作用。

从 2003 ~ 2011 年三类投资主体（国有及国有控股、民营、外商及港澳台商）投资增速看，民营投资年均增速远高于国有（包括国有控股）和外资，

① 非国有企业投资是指全社会固定资产投资中除国有及国有控股投资外的投资，包括民营投资和外资投资。

是我国投资增长的主导力量。2004～2011年民营投资年均增长30.3%，比同期国有和外资增速分别高12.6个和12.0个百分点，对同期全社会投资增长的贡献率达到62.6%（见表5-2），民营投资占全社会投资的比重由2003年的38.2%提高到2011年的58.1%（见图5-7），这表明，民营投资的空间分布变化，将对全社会投资的区域结构产生巨大影响。

表5-2　2004～2011年区域各类主体投资增速及对区域投资增长的贡献（%）

区域	年均增长率				贡献率		
	合计	国有及国有控股	民营	外商及港澳台	国有及国有控股	民营	外商及港澳台
全国	23.6	17.6	30.3	18.2	31.8	62.6	5.6
东部	19.7	13.6	25.6	15.0	25.2	66.5	8.3
中部	27.9	18.1	37.4	22.0	25.8	71.0	3.2
西部	26.2	22.2	31.4	28.6	45.5	51.3	3.2
东北	28.8	18.5	38.8	31.9	26.5	66.2	7.2
中西东北合计	27.3	20.2	35.3	26.7	33.9	62.1	4.0

资料来源：根据2003～2011年《中国固定资产投资统计年报》数据计算。

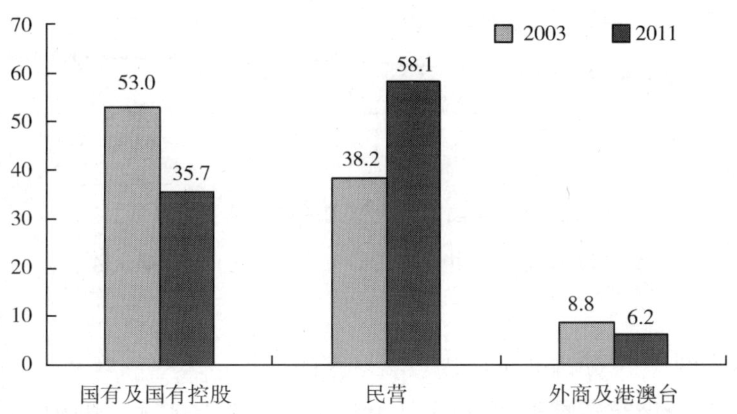

图5-7　2003年与2011年全社会投资主体结构比较（%）

资料来源：根据2003～2011年《中国固定资产投资统计年报》数据计算。

总体上看，我国东部地区民营经济最发达，民营投资曾主要集中在东部地区，2003 年东部地区民营投资占全国的比重达到 58.5%。但在 2003 年之后，内陆地区民营投资表现出比东部地区更快的增长趋势，2004 ~ 2011 年，中部和东北地区的民营投资年均增长率分别达到 37.4% 和 38.8%，远高于东部地区 25.6% 的年均增速（见表 5-2）；民营投资呈现出东部地区占全国的比重逐步下降、内陆地区所占比重逐年提高的趋势，且东部地区比重下降的趋势极为明显（见图 5-8）。2011 年与 2003 年相比，中部和东北地区民营投资占全国民营投资的比重分别提高 8.9 个和 4.5 个百分点，东部地区则下降 14.7 个百分点，超过同期全社会投资东部地区比重下降 12.2 个百分点的幅度。2007 年，内陆地区民营投资规模就超过东部地区，2011 年东部地区的比重为 43.7%，内陆地区比重为 56.3%。

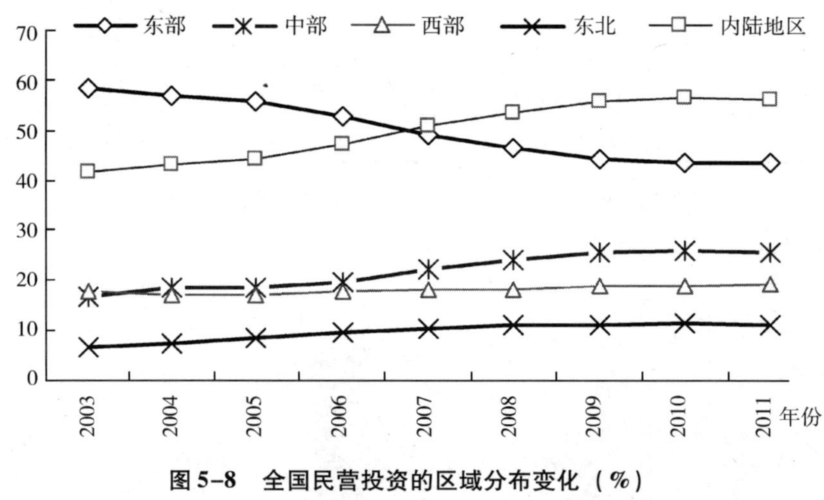

图 5-8　全国民营投资的区域分布变化（%）

资料来源：根据 2003 ~ 2011 年《中国固定资产投资统计年报》数据计算。

正是由于中部和东北地区民营投资的高增长，使民营投资对中部和东北地区全社会投资增长的贡献率达到 71.0% 和 66.2%，成为引领中部和东北地区全社会投资比重上升的主导力量。

相比较而言，西部地区的投资增长尽管也是民营投资发挥出更大作用，民营投资对西部地区投资增长的贡献率达到 51.3%，但国有及国有控股投资的贡献率也达到 45.5%，与中部和东北地区主要由民营投资拉动不同，西部地区投资增长表现为国有投资和民营投资“双轮”驱动。

不仅目前内陆地区民营投资规模已超过东部地区 30% 左右，而且仅就中部地区发展趋势看，其民营投资规模 2003 年还不到东部地区的 30%，2010 年和 2011 年则分别达到东部地区的 60.2% 和 58.8%，如果以此趋势继续下去，则在“十二五”期末时，中部地区民营投资的规模就有可能超过东部地区。

从“十一五”时期各省（市区）民营投资增速比较看，增长最快的省份都是内陆地区的省份，而增速最缓慢的则都是全国投资规模最大的东部地区省份，西藏、吉林、安徽、江西、湖北、广西、河南和黑龙江不仅增长最快，且“十一五”时期年均增速高达 40% 以上，上海、北京两市民营投资的增速最慢，上海年均增速仅为 6.7%，北京年均增速也仅 11.5%，浙江、广东、山东和江苏都低于全国平均水平（见图 5-9）。

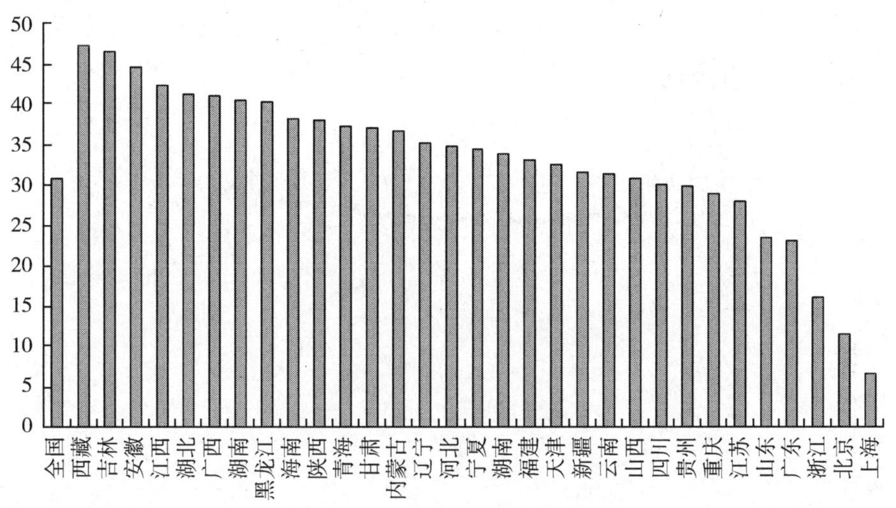

图 5-9　“十一五”时期各省市民营投资增速比较（%）

资料来源：根据 2003 ~ 2011 年《中国固定资产投资统计年报》数据计算。

2. 外资向内陆地区转移的趋势明显

外资（包括外商和港澳台商投资）在我国固定资产投资中所占比重并不高，比重最高的 1996 年也仅达到 11.8%，2001 ~ 2008 年平均占 9.3%，2011

年进一步下降为6.2%，对全国投资增长的贡献率也很低（2004～2011年仅5.6%），但与民营企业具有较强的地域性不同，外资企业在中国投资的区位选择较少受地缘因素的影响，更多考虑成本—收益、潜在市场规模、市场机会、交通条件、产业配套能力等市场因素，外资企业投资的区域结构变动，在很大程度上反映了市场力量对区域市场投向选择的影响和变动趋势，是观察我国企业投资区域选择和全国投资区域结构变动的一个重要指向器。

在2003年以前，外资不仅主要集中在东部地区，而且东部地区所占比重处于持续上升趋势，从1993年的69.8%提高到2003年的79.2%。2003年之后，随着西部和东北地区外资的高增长，外资的区域格局发生较大变化，东部地区外资占全国的比重急剧下降，中部、西部和东北地区的比重稳定上升（见图5-10）。2004～2011年，中部、西部和东北地区外资年均增速分别为22.0%、28.6%和31.9%，西部和东北地区增速是东部地区增速（15.0%）的近2倍和2倍以上。2011年东部地区外资占全国的比重下降到63.8%，比2003年下降15.4个百分点，而中部、西部和东北地区则分别提高2.8个、5.7个和7.0个百分点。

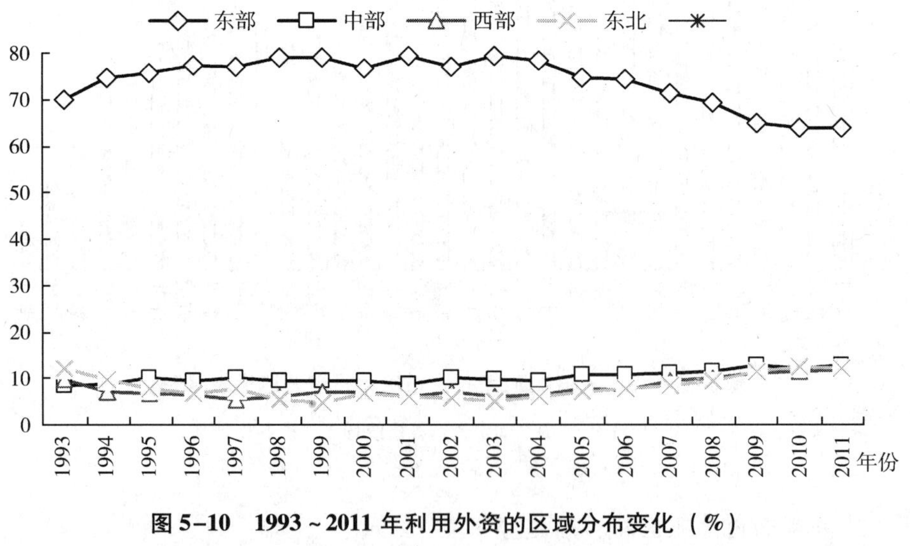

图5-10　1993～2011年利用外资的区域分布变化（%）

资料来源：根据历年《中国统计年鉴》数据计算。

尽管目前外资企业仍将东部地区作为主要投资地，但已开始将投资目光转向内地，在内陆地区加快投资布局的趋势极为明显，尤其是一些劳动密集型行业的企业大量将投资向中西部地区转移，如惠普、戴尔、富士康等企业从东部地区转向重庆、成都、郑州等地投资建厂。2000 年时，吸收投资投资最多的前 10 位省份除辽宁外均为东部地区省份，而 2011 时，四川、江西的外资投资规模进入前 10 位。进入“十一五”以来，外资投资增长最快的省份（不含西藏）除海南外均为内陆地区省份，浙江、山东、河北、广东、上海、北京的增速均低于全国平均增速（见图 5-11）。

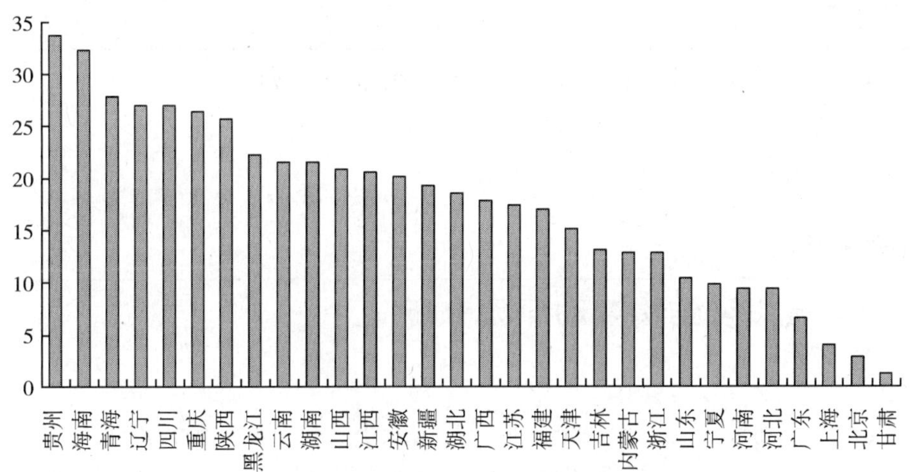

图 5-11　2006～2011 年各省市区利用外资增速比较（%）

资料来源：根据历年《中国统计年鉴》数据计算。

另外，从各区域内部的投资主体结构变动看，各区域国有投资（国有及国有控股投资）占本区域投资的比重都出现较大幅度下降，相应的非国有投资的比重都明显上升，但中部和东北地区非国有投资比重上升的幅度更大。2011 年，东部地区投资中非国有投资的比重为 69.9%，仅比 2003 年提高 15.7 个百分点；中部和东北地区投资中非国有投资的比重分别为 69.8% 和 69.0%，比 2003 年提高了 27.2 个和 29.2 个百分点。即到 2011 年时，中部和东北地区与东部地区一样，区域的全部投资中 2/3 都是非国有投资，且投资的所有制结构非常接近（见表5-3）。这进一步印证了内陆地区投资占全社会投资比重的上升，主要是市场力量所推动，是非国有投资比国有投资增长更快的结果。

表5-3 各区域内部投资主体结构的变化（%）

地区＼年份	2003		2011		非国有比重变动
	国有及国有控股	非国有	国有及国有控股	非国有	
东部	45.8	54.2	30.1	69.9	15.7
中部	57.4	42.6	30.2	69.8	27.2
西部	62.0	38.0	48.1	51.9	14.0
东北	60.2	39.8	31.0	69.0	29.2
中西东北	59.9	40.1	37.7	62.3	22.2

资料来源：根据2003～2011年《中国固定资产投资统计年报》数据计算。

第三节 区域投资结构变动原因分析

资本的逐利性决定了能使企业生产费用最小、投资收益最大的地区，就是企业最佳的投资生产场所，区域成本收益的差异是影响企业投资布局区位选择的最基本和关键因素。企业之所以选择某一区域而非另一区域进行投资生产，或将生产能力从一地迁往另一地，或是出于控制成本的目的，或是出于寻求新的市场机会、抢占新的市场或自然资源等战略需要，或是成本、市场、资源、环境等多因素综合考虑的结果，而这些因素最终都归结到成本与收益的比较，投资区位选择的最终目的只有一个，即投资收益最大化。

前述的实证分析表明，1995～2003年我国政府投资明显地向中西部和东北地区倾斜时，由企业主导的市场化投资却并未随政府投资投向的变动相应变动，而是继续将东部地区作为投资的区域重点；2003～2011年，东部地区政府投资占全国政府投资的比重下降幅度并不太大（仅3.9个百分点），但东部地区民营与外资占全国的比重却出现大幅下降（达16.7个百分点），非国有投资大规模向内陆地区倾斜。这种政府投资引导与企业投资区位选择在时序上的不完全一致性，是区域间要素报酬格局发生变化和企业投资的获利行为所决定，是市场机制在企业资源配置中发挥作用的必然结果。东部地区要素成本上升、进一步扩大投资的空间受到制约、经济结构开始进入转型升级阶段等多因素的作用，推动了东部地区产业对外转移速度加快，投资向区外转移。内陆地区随着经济发展带来市场潜在容量不断扩大，产业配套能力不断增强，基础设施条件逐步完善带来交易成本下降，使内陆地区吸引外来投资的要素报酬优势逐步积累，并在21世纪开始逐步显现出来，并对外部资本形成巨大吸引力，从而对有效承接东部地区产业转移、更大规模吸纳国际资本流入发挥了决定性作用，这既避免了东部地区制造业向东南亚国家等国外市场大规模转移现象的发生，也加快推动我国全社会投资不断向内陆地区倾斜的空间格局变化。中央政府多年来实施区域协调发展的战略和政策导向，以及地方政府加大引资力度、营造更好的投资环境等因素，也对促进投资在空间格局上逐步向内陆地区倾斜发挥了重要作用。总体来说，企业追求利润最大化的市场行为、东部地区的推力、内陆地区的拉力和政府政策效果积累等多重因素，共同构成了当前我国区域投资结构变动的基本动力。

一、东部地区产业出现对外转移的需要

改革开放以来我国以劳动力成本低廉的优势，承接了发达国家和地区大规模的产业转移。尽管广大中西部内陆地区拥有更加低廉的丰富劳动力，但当时外资生产的市场主要在海外和东部沿海地区，中西部地区的低工资优势被高昂的运输成本所抵消，因而东部地区凭借靠近市场的优越地理区位和较高的正外部性，承接发展了大量以劳动密集型产业为主的加工工业和以信息产业为代表的高科技产业生产制造环节，并带动了东部地区民营经济的快速发展。但随着传统资本的相对饱和与要素成本的上升，尤其是劳动力成本和土地价格的快速上涨，制造业大规模投资对土地资源的需求难以得到满足，投资利润空间被不断压缩，加之东部地区的经济发展开始进入结构调整升级转型时期，促使东部地区一些传统加工制造产业和资本需要寻找新的具有更低成本优势和土地资源丰裕的投资地，从而产生了产业对外转移的需要，这种产业转移需求的出现是

导致投资向内陆地区倾斜的关键因素。

1. 东部地区要素成本上升使低端产业投资利润空间受到挤压

从改革开放到2002年开始进入新一轮经济增长周期时，东部地区已经积累了大量投资，单位土地的资本积累量远远高于内陆地区。从规模以上工业固定资产积累看，截止到2010年底，东部地区以9.6%的国土面积和36.9%的人口，聚集了全国52.7%的固定资产原值和52.0%的固定资产净值，如果考虑到价格上涨和重置成本上升，东部地区资本存量占全国的比重可能更高。目前东部地区的年人均投资规模和单位土地投资强度远高于中西部和东北地区。大量资本向东部地区的聚集和积累，必然推动经营成本的提高和资源环境承载压力的上升，由产业聚集所带来的优势会逐步被成本上升所部分抵消。

以直辖市及省会城市的土地价格看（见表5-4），综合地价和工业地价水平最高的城市，都是地处东部地区的城市。2010年杭州的综合地价是西部地区最高的成都的3.5倍，是武汉的7.6倍、重庆的8.3倍；深圳、上海、北京的工业地价是武汉、成都、重庆的2~3倍多。

表5-4　直辖市及省会城市地价水平比较

城市＼年份	综合地价（元/m^2）			城市＼年份	工业地价（元/m^2）		
	2000	2005	2010		2000	2005	2010
全国	993	1468	3943	全国	451	469	772
杭州	12000	16622	20836	深圳	940	997	1871
深圳	3808	3994	13078	上海	1153	1160	1472
上海	6223	7723	11174	北京	714	811	1397
福州	1898	2696	9054	南京	878	981	1039
北京	3271	4549	8795	天津	545	632	756
南京	3647	5182	6340	兰州	685	699	737
成都	3736	5362	6037	武汉	497	597	730
昆明	1513	1719	5683	石家庄	609	620	668
天津	2462	3234	4844	济南	577	624	662
广州	2213	2666	4191	郑州	526	560	657
哈尔滨	2513	2693	3322	成都	585	585	656
贵阳	1486	2113	2770	长沙	338	385	646

续表

城市＼年份	综合地价（元/m²）			城市＼年份	工业地价（元/m²）		
	2000	2005	2010		2000	2005	2010
武汉	1467	1916	2742	西安	441	509	615
西安	1517	2040	2595	太原	412	422	611
重庆	1050	1520	2510	沈阳	413	453	594
合肥	1206	1700	2366	昆明	439	463	579
郑州	1139	1487	2299	福州	315	347	558
南宁	1292	1617	2192	重庆	351	494	557
济南	1283	1736	2150	广州	316	348	530
南昌	1043	1697	2071	哈尔滨	353	337	516
沈阳	1144	1503	2003	海口	293	286	504
海口	726	804	2001	杭州	493	483	483
长沙	982	1182	1901	乌鲁木齐	346	382	479
兰州	1237	1327	1852	南宁	320	343	438
长春	778	1040	1850	贵阳	373	403	431
乌鲁木齐	1080	1218	1594	南昌	209	256	427
石家庄	1053	1130	1489	西宁	290	380	419
太原	874	934	1262	合肥	269	274	408
呼和浩特	713	902	1237	长春	173	223	395
银川	604	774	1040	呼和浩特	239	285	378
西宁	396	563	681	银川	233	260	253

资料来源："中国城市地价动态监测"网（http：//www. landvalue. com. cn）。

根据《福布斯》对我国2010年GDP在436亿元以上的129个城市的调查，参考劳动力成本、办公用地租金、能源价格、税收成本和企业四险负担等5个指标对城市经营成本进行排序，城市经营成本最高的前10个城市除乌鲁木齐外，均为东部城市；在前25个经营成本最高的城市中，东部城市占16个；东部地区部分地市级和县级城市（如舟山、江阴）的经营成本都已经超过成都、重庆、武汉、郑州等中西部地区的大城市（见表5-5）。

表 5-5 2011 年《福布斯》中国大陆经营成本最高的 25 个城市

排名	城市	劳动力成本	办公成本	能源成本	税收成本	企业四险负担
1	上海	4	2	40	4	1
2	杭州	2	5	23	25	2
3	北京	1	1	104	3	13
4	天津	13	7	84	29	4
5	南京	13	9	59	28	8
6	深圳	7	3	4	21	129
7	广州	5	4	5	46	102
8	乌鲁木齐	13	18	128	23	40
9	宁波	9	11	23	36	106
10	青岛	27	17	46	64	8
11	沈阳	26	21	52	48	24
12	西安	6	30	85	49	48
13	大连	23	9	52	42	65
14	厦门	11	20	94	14	109
15	舟山	12	25	23	33	117
16	合肥	36	55	43	35	24
17	珠海	31	12	5	27	127
18	温州	10	57	23	86	14
19	济南	16	6	105	69	24
20	南宁	18	41	50	53	75
21	江阴	69	26	59	13	14
22	武汉	52	28	1	59	24
23	太原	17	15	117	50	65
24	郑州	33	18	115	47	24
25	哈尔滨	45	13	21	73	40

资料来源：“福布斯发布内地经营成本城市排行 京沪杭居前三”，新浪财经，2011 年 10 月 19 日。

东部地区过去在拥有市场和区位优势的同时，来自于广大中西部地区农村剩余劳动力的跨区域流动，也为其传统产业尤其是劳动密集型产业的发展提供了大量劳动力，从而成就了东部地区在国际竞争中的劳动力成本优势并使区位优势得到更加充分的体现。但是，随着第一代农村剩余劳动力从外出务工大军中的逐步退出，我国数量型的“人口红利”逐渐消失，以新生代农村青年组成的流动人口，2005 年前后开始逐渐成为我国外出务工群体的主体，新生代流动人口不再以养家糊口为外出务工目的，他们不仅对工资收入提出更高要求，对就业环境、居住条件、未来发展以及医疗保障、权益维护等方面也提出较高要求，这就使东部地区的企业用工成本大大提高。而且，农业税取消后农业收益的提高、中西部地区经济发展使在省内就近务工机会的增多和当地务工收入并不低，以及亲情、文化认同等因素的存在，使中西部地区农村剩余劳动力跨省、跨区域流动的机会成本大大提高，使东部地区不断出现“外来务工荒”现象。

经营成本上升、劳动力供给不足，再加上资本长期大量积聚导致土地资源供给日益紧张、环境承载压力日益加大等多种因素的交集，使东部地区原有吸引投资尤其传统低附加值的劳动密集型产业投资的各种优势被不断削弱，低附加值产业的投资收益不断被上升的成本所侵蚀、挤压，低端产业面临着被挤出和淘汰的命运，只有技术密集型的高附加值产业才能生存和发展。这促使东部地区一些企业特别是对工资成本与土地价格和数量极为敏感的加工制造企业，开始对外转移投资以寻求新的扩张基地。

2. 东部地区产业升级使低端产业市场空间受到挤压

各区域的产业结构总是处于不断变化之中，但一般都遵循着一定的规律，即随着经济发展，第一产业比重持续下降，第二产业、第三产业比重逐步提高；在工业化初期和中期，第二产业和第三产业比重一般都呈上升趋势，在工业化由中期向中后期过渡过程中，第二产业比重会继续上升，而第三产业比重可能会出现下降趋势；当经济发展进入工业化后期并向后工业化阶段迈进时，第二产业比重会出现下降，第三产业比重再度出现上升。

从我国各区域的经济发展阶段变化特征看，按照钱纳里的工业化模型，东部地区 2005 年已经总体上进入工业化中期①，2008 年后已迈进工业化后期，北京、上海以人均 GDP 衡量的经济发展水平已进入后工业化阶段；而中西部地区在 2002 年前后还处于工业化初期向工业化中期过渡的时期，2010 年才进入到工业化中期（见表 5-6 和附表 5-1）。

① 产值结构只是判断工业化进程的标准之一，还有城市化和就业结构，这里只是一个粗略分析。

表 5-6 各区域人均 GDP（美元）比较

地区＼年份	1996	2000	2002	2003	2004	2005	2008	2009	2010
东部地区	1025	1456	1836	2135	2550	2906	5378	5973	6847
中部地区	503	673	766	889	1083	1294	2568	2908	3581
西部地区	436	560	688	788	967	1135	2317	2677	3320
东北地区	799	1108	1291	1433	1636	1947	3742	4182	5067

资料来源：根据历年《中国统计年鉴》相关数据计算。

由于我国各区域经济发展水平和工业化进程的差异性，各区域产业结构呈现出不同变动方向。在 2002 年我国经济进入新一轮增长周期后，东部地区第二产业增加值比重继续上升，但到 2006 年达到顶点后则开始进入下降通道，而第三产业增加值比重在经过 2002 年后短暂下降后，2005 年开始进入上升通道（见图 5-12A）；中部、西部和东北地区目前第二产业增加值比重仍然继续保持上升趋势，第三产业增加值比重则不断下降，尤其中部和西部地区 2002 年以来第二产业增加值比重上升的趋势极为明显（见图 5-12B、图 5-12C 和图 5-12D）。即东部地区产业结构正向以第三产业为主的方向迈进，而内陆地区则仍处于以继续加快发展第二产业的结构为主的阶段。

不同发展阶段的产业结构演进方向，实际上是由经济发展水平决定的需求结构变动所决定。经济发展和收入水平提高，带来需求结构的升级变化，挤压市场已相对饱和的低端、成熟产品与服务的市场生存和发展空间，催生新产品和新技术发展，从而迫使相关产业通过转移存量资本的方式，寻求新的市场拓展空间。正是由于我国各区域处于不同的工业化阶段和三次产业结构的不同变动趋势，导致各区域结构调整升级的不同方向和投资产业结构的不同变动趋势。东部地区产业结构已由劳动密集型的成长初级阶段开始向知识、技术密集型的高级化阶段迈进，产业结构进入向轻型化、软性化、服务化方向调整的阶段，低端产业在市场空间的挤压和因成本上升而导致的对投资利润空间的挤压下，通过向其他区域和国家的市场转移、调整而寻求新的发展机遇。特别是全球金融危机发生后，国际市场需求出现萎缩，以及周边国家竞争加剧，促使东部地区结构转型、升级步伐加快，推动东部地区产业投资加快向其他地区转移。

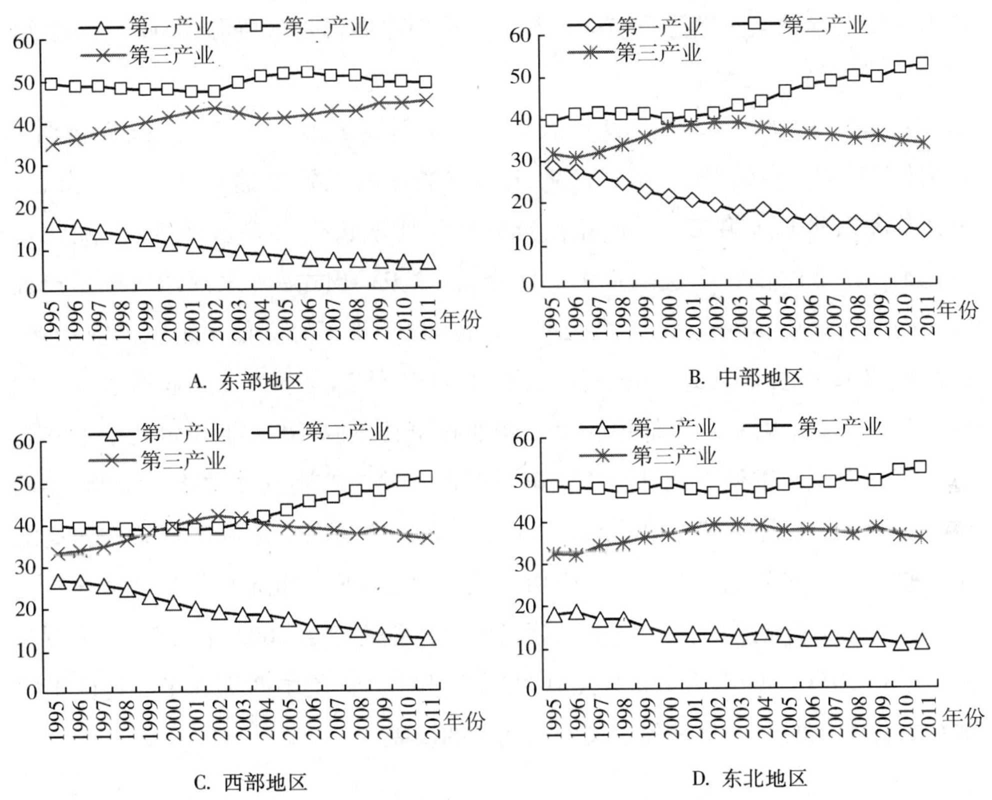

图 5-12　1995 年以来各区域三次产业增加值结构变动（%）

资料来源：根据历年《中国统计年鉴》相关数据计算。

如上海、北京近年来将发展战略重点转向现代金融、租赁与商务服务等生产性服务业以及高端制造业，广东近年来大力实施“腾笼换鸟”战略以推动结构转型升级，从而使东部地区开始主动将一些传统制造业，尤其是纺织服装、电子装配、汽车装配、有色金属等劳动密集型和高能源、高资源消耗型行业，向区域内不发达地区和中、西部地区转移，以便为“高端产业”的进入腾出发展空间。而中西部地区则仍然处于工业化加速推进的重要时期，需要继续加快重化工业的扩张发展，并拥有自然资源、巨大潜在市场和劳动力等承接产业转移的后发优势和广阔空间。正是在东部地区需要对外加快产业转移、内陆地区需要大力承接国内外产业转移尤其制造业转移的“一推一拉”的“双重”作用下，我国投资的区域结构出现了大规模向内陆地区倾斜的变动趋势，国内外资本在投资地域上重新进行空间选择，加大对中西部地区资源占有和市场扩张的“跑马圈地”进程。

在2001~2003年基建与更改投资中，东部地区第二、三产业投资分别年均增长25.6%、16.0%，第二产业比第三产业的投资增速高9.5个百分点；中西部和东北地区第二、三产业投资分别年均增长23.5%、18.6%，第二产业比第三产业的投资增速高4.9个百分点。2003年之后，东部地区第二产业投资增速在2006年前仍高于第三产业，但2007年开始则低于第三产业增速；中西部和东北地区第二产业投资增速除2009年外都高于第三产业增速（见图5-13）。2003年以来，东部地区第二产业投资比重从2007年开始处于下降趋势，第三产业比重处于上升趋势，第二产业与第三产业比重之差由2006年的6.4个百分点扩大到2011年的15.6个百分点，这与东部地区产业结构向高级化、软性化、服务化的发展方向密切相关；中西部和东北地区第二产业投资比重一直处于上升趋势，第二产业与第三产业比重之差由2003年的23.1个百分点缩小到2011年的7.7个百分点（见图5-14），这是中西部和东北地区继续加快重化工化的工业化进程在投资结构上的反映。

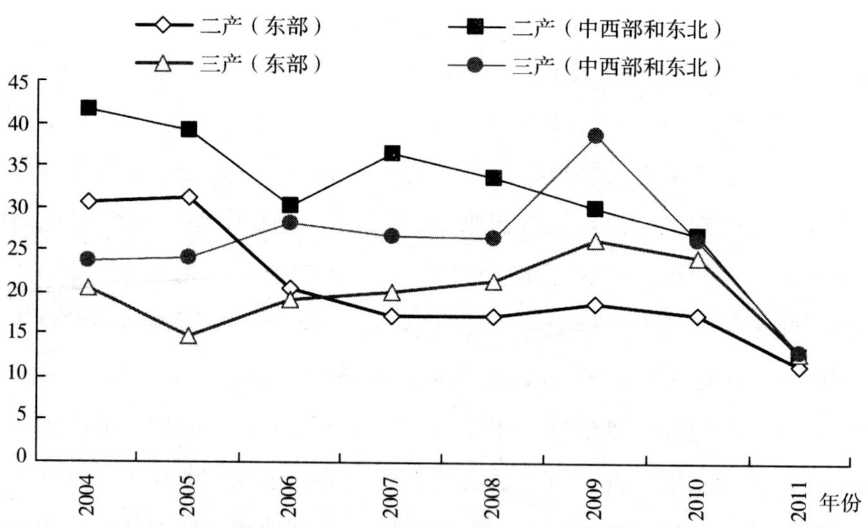

图5-13　2004~2011年东部、中西部和东北地区二、三产投资增速变化（%）

资料来源：根据历年《中国统计年鉴》相关数据计算。

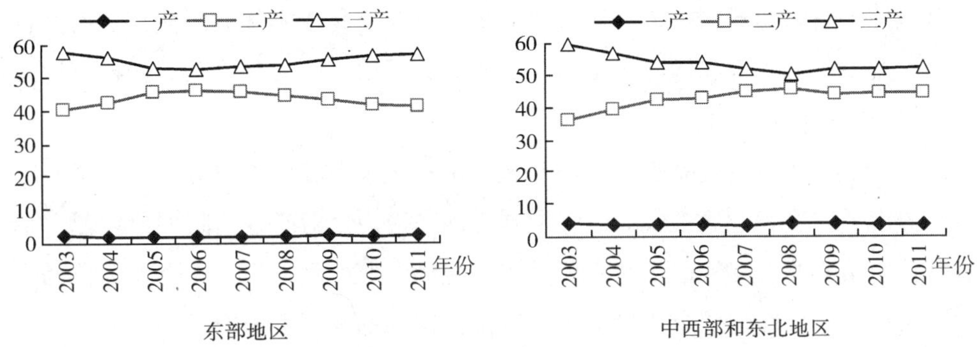

图 5-14　东部地区、中西部和东北地区的投资结构变化

资料来源：根据 2003～2011 年《中国固定资产投资统计年报》数据计算。

二、内陆地区逐步具备吸纳产业转移的能力

东部地区企业尤其是外资企业的投资与产业转移，并不限于仅在国内各区域间进行投资地的选择，而是以国际视野在内陆地区和全球范围内（尤其是越南等周边的东南亚国家）选择更为合适的投资和产业转移地。在面临国外尤其是周边国家竞争的情况下，内陆地区成为吸引国内外资本、承接东部地区和国际产业转移的有力接替区域，根本原因是内陆地区拥有日益扩大的市场需求，区域要素报酬优势日益显现。

1. 内陆地区经济发展推动其市场容量持续扩大和产业配套能力不断增强

对于以市场为导向的产业投资来说，企业更倾向于选择市场容量大且具有成长性的地区，以便更接近消费者和要素市场，减少运输成本，获得有关市场需求的信息。尽管内陆地区自然资源富集，劳动力资源丰富，相对东部地区来说一直拥有劳动力、能源矿产资源等要素供给的优势，也有较强的科技力量和一定的产业发展基础，但在改革开放后的 20 多年时间内，内陆地区的要素供给优势却并没有发挥出应有作用，企业投资不断地向东部地区集聚，关键是东部地区更接近海外市场，国内市场也集中于东部地区，使企业原材料供应和产品销售的运输成本更低，能更好地掌握市场供求信息。而当东部地区部分产业因市场和利润空间压缩而产生产业转移需求之时，内陆地区市场规模不断扩大、承接产业转移的配套能力不断增强，产业发展的市场空间增大，使劳动

力、土地、资源等要素成本和运输、市场信息等交易成本优势凸显，从而具备在国际竞争中对东部和国际产业转移形成强大吸引力，才是内陆地区投资比重不断快速提高的最根本原因。

一个地区社会消费品零售总额和最终消费规模及其增长态势，反映了一个地区的市场容量和企业投资的生存发展空间与潜力。对于一些附加值较低、不适宜长途运输的以本地市场为主要销售区域的企业产品来说，一个地区市场容量的大小和成长性，是企业投资布局以抢占市场的重要考虑因素。

尽管中西部和东北地区总体经济发展水平、人均社会消费品零售总额都不如东部地区，但中西部和东北地区人口规模大，且近年来中西部和东北地区经济发展速度与东部地区保持同步甚至高于东部地区，社会消费品零售总额增长快于东部地区，表现出良好的成长性。“十一五”期间，中部、西部和东北地区社会消费品零售总额分别年均增长 18.9%、18.7% 和 18.3%，高于东部地区 17.8% 的增速。2008 年中部、西部地区社会消费品零售总额规模都已超过 2000 年东部地区的规模，2011 年内陆地区一些省份的人均社会消费品零售额已经超过或接近部分东部地区的省份（见图 5-15 和图 5-16）。

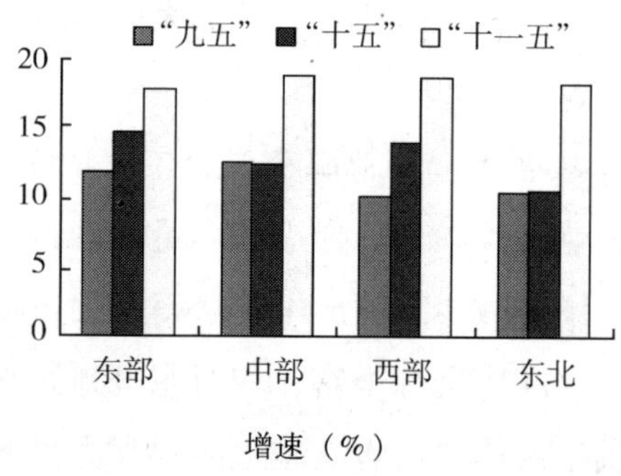

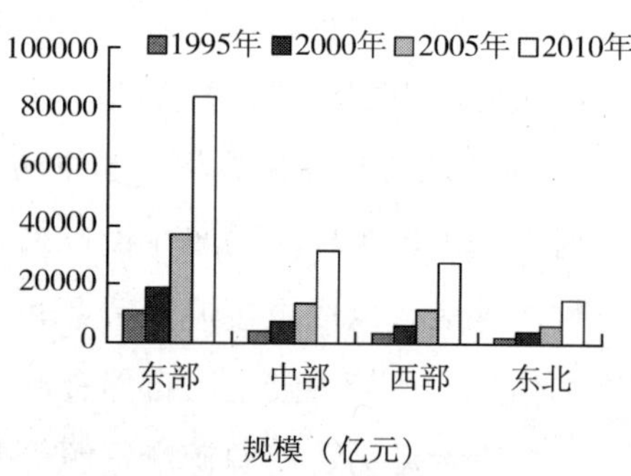

图 5-15　近年来各区域社会消费品零售总额增长速度与规模变化

资料来源：根据历年《中国统计年鉴》数据计算。

从最终消费需求看，“十五”时期内陆地区的年均增长率（11.4%）还低于东部地区 4.4 个百分点，而“十一五”时期内陆地区年均增长率比东部地区高出 0.1 个百分点，西部地区高 0.8 个百分点，市场消费需求呈加速扩大趋

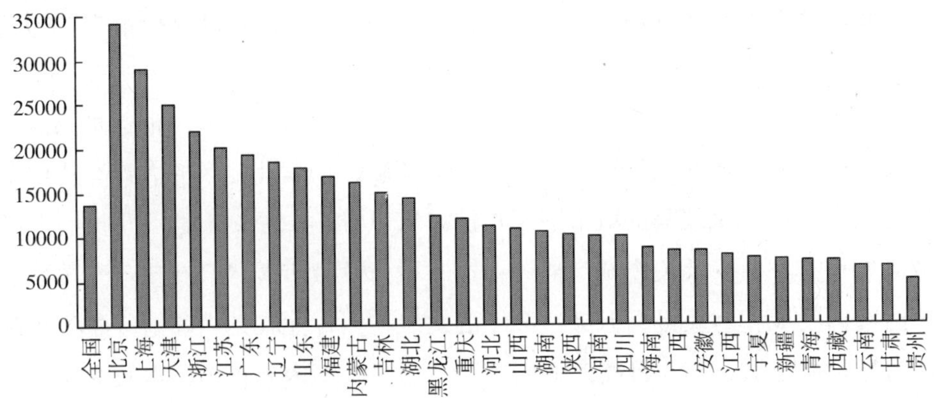

图 5-16　2011 年各省份人均社会消费品零售额比较（元/人）

资料来源：根据历年《中国统计年鉴》数据计算。

势。2008 年，中部地区、西部地区的最终消费需求均已超过了东部地区 2002 年的最终消费需求（见表 5-7）。

表 5-7　东部与内陆地区最终消费需求增长及比重变化

年份		2000	2002	2003	2005	2008	2010	增速（%）	
								"十五"	"十一五"
总量（亿元）	东部	24472	30996	35376	50944	81642	103180	15.8	15.2
	中部	11452	13781	15314	20129	30946	39936	11.9	14.7
	西部	10860	12639	13853	19406	31073	40811	12.3	16.0
	东北	5634	6764	7246	8390	12840	16731	8.3	14.8
	内陆	27946	33184	36414	47925	74859	97477	11.4	15.3
比重（%）	东部	46.7	48.3	49.3	51.5	52.2	51.4		
	内陆	53.3	51.7	50.7	48.5	47.8	48.6		

资料来源：根据历年《中国统计年鉴》数据计算。

尽管从市场规模总量看，中部、西部和东北各区域的消费需求总量目前仍不如东部地区规模大，但内陆地区的总消费需求与东部地区基本相当，而且内陆地区消费需求表现出更强劲的增长态势。对于任何企业来说，中西部和东北地区都已成为一个巨大的市场，足够大且仍在不断扩张的市场需求对东部地区内外资企业的产业转移都形成强大吸力，是吸引东部地区产业转移的根本动力所在。

我国内陆地区的许多大型、特大型城市和城市密集的区域，都曾是我国极为重要的工业制造业基地，拥有较好的工业基础，如东北地区的大连、沈阳及辽中南城市群、武汉及武汉城市圈、长株潭城市群、中原城市群、重庆、成都及成渝城市群、西安及关中城市群等，这些城市及城市群尽管在改革开放后的一段时间内发展相对缓慢，但经过多年的发展积累，尤其是内陆地区各省市区围绕区域性中心城市建立各类产业园区、大力吸引国内外资本，以及国家西部大开发、中部崛起和东北等老工业基地振兴和各类国家级区域发展规划等政策的实施，内陆地区以中心城市为主的区域性产业集群已初步形成集聚效应并具有爆发增长潜力，产业配套能力大大增强，从而对各类企业投资形成越来越大的投资吸引力，推动着企业投资不断向内陆地区转移。

内陆地区市场需求规模的不断扩大和产业配套能力增强，以及其所拥有的能源、矿产、土地等资源禀赋优势和成本优势，正对东部地区的产业转移形成强大拉力，东部地区产业转移已成为拉动内陆投资增长的重要力量。如安徽省是近年来投资增长最快的省份，而安徽省 2009 年利用省外资金 4640 亿元，2010 年更达到6864 亿元，占当年安徽省全社会投资的51.6%和59.5%，其中来自长三角地区的投资分别占 61.3%和 58%。①

2. 内陆地区基础设施的逐步完善为企业投资向内地转移创造了条件

健全完善的能源、交通、通信等基础设施条件，有利于降低企业生产和销售的运输成本与信息成本，从而有助于各企业间加强联系与协作，形成产业的集中与集聚，产生集群效益，提高投资收益。基础设施条件是影响企业投资区位选择的一个重要因素，基础设施越完善，对企业投资的吸引力越大。过去“三线”建设时期对中西部地区的大量政府投资，在改革开放初期并没有引导社会资本向这些地区集中，除缺乏产业配套、当地市场容量等因素外，一个重要原因就是交通不便、通讯不发达导致过高交易成本，阻碍企业的投资布局选

① 参见“2009 年安徽省利用省外资金以及第四季度相关活动开展情况”，国家发改委网站，2010 年01 月28 日；“2010 年安徽实际利用省外资金超6800 亿元”，《安徽日报》，2011 年3 月5 日。

择。“九五”时期开始国家将能源、交通、通信等基础设施的投资更多向中西部地区倾斜，大大改善了内陆地区的交通等基础设施条件。

1996～2003年基建与更改投资、2004～2011年全社会投资中的能源、交通、通信三个行业的投资，中西部和东北地区的投资年均增速都快于东部地区，东部地区的投资比重呈下降趋势，内陆地区尤其是西部地区的比重明显上升。2002年与1995年、2011年与2003年相比，东部地区比重分别下降9.5个和6.8个百分点，西部地区比重则分别上升9.6个和7.4个百分点，1996～2002年东部地区比重下降的幅度大于2004～2011年的下降幅度，西部与东部地区的比重之差由1995年的32.8个百分点缩小到2003年的18.3个百分点，2011年进一步缩小到4.0个百分点（见表5-8）。

表5-8　能源、交通、通信行业投资的区域分布变化

区域	年均增长（%）		比重（%）							
	1996～2003年（基建更改）	2004～2011年（全社会）	基建与更改投资				全社会投资			
			1995年	2000年	2002年	2003年	2003年	2005年	2010年	2011年
全部	13.9	17.7								
东部	12.6	15.3	51.9	45.7	42.4	44.1	44.9	44.5	38.5	36.6
中部	15.5	15.6	20.6	21.1	21.7	21.5	21.8	20.2	18.5	18.2
西部	20.5	21.3	19.1	25.1	28.7	27.8	26.6	28.7	32.4	32.6
东北	11.5	22.1	8.4	8.2	7.2	6.6	6.7	6.6	10.6	8.6

资料来源：根据历年《中国统计年鉴》相关数据计算。

正是由于基础设施投资不断向内陆地区倾斜，使内陆地区尤其是西部地区的基础设施条件逐步得到极大改善。以交通为例，西部地区铁路和高速公路与一、二级公路的路网密度都得到极大提高。在2001～2005年增加的全国铁路运营里程中，近1/3是西部地区增加的；2006～2010年增加的全国铁路运营里程中，西部地区占近一半（44.2%）。在1997年时，一些中西部地区的省份还没有高速公路，而在2001～2005年增加的全国高速、一级和二级公路里程中，西部地区占24.3%，2006～2010年增加的里程西部地区占30%（见表5-9）。

表 5-9 2000~2010 年间各区域铁路、公路路网密度变化情况

	铁路营业里程增加（公里）		铁路路网密度（公里/万平方公里）		
	2005 年比 2000 年	2010 年比 2005 年	2000 年	2005 年	2010 年
合计	16200	12655.8	89.1	116.1	137.3
东部	5568.2	3038.6	105.6	168.3	202.5
中部	4254.2	3317.0	128.5	169.9	202.2
西部	5033.9	5600.1	57.0	72.3	89.4
东北	1343.9	700.2	153.0	170.1	179.0
	高速、一级和二级公路里程增加（公里）		高速、一级和二级公路路网密度（公里/百平方公里）		
	2005 年比 2000 年	2010 年比 2005 年	2000 年	2005 年	2010 年
合计	127446	110098	2.9	5.1	6.9
东部	39983	41565	8.7	13.2	17.9
中部	41622	23350	4.4	8.4	10.7
西部	30927	32844	1.0	1.9	2.9
东北	14914	12339	2.6	4.5	6.1

注：不包括北京、上海、天津三大直辖市和西藏、青海、新疆三个省区。

资料来源：根据历年《中国统计年鉴》数据计算。

基础设施的完善是一个随投资的增加而逐步积累和改善的过程，当年的投资需要一个建设周期才能形成固定资本并发挥应有作用。由于东部地区的基础设施条件总体上一直优于内陆地区，1995 年以来内陆地区尤其是西部地区基础设施投资的快速增长，并不可能立即转化为支撑企业在内陆地区大规模投资的基础条件，但经过多年高强度的投资建设，数量的积累引起质的飞跃，尤其是铁路、干道公路在 1995~2003 年的 8 年左右时间里，经过从投资、开工建设到竣工、运营的完整建设周期，在中西部地区逐步形成了网络化、快速化的交通格局，从而使中西部地区的运输瓶颈制约得到缓解，即使在与东部地区相比不具备优势的情况下，也不再成为企业投资区域选择中一个难以逾越的约束条件。这也就是为什么民营和外资企业在东部地区投资的比重在 2003 年以前并没有出现明显下降、而在 2003 年之后内陆地区的比重却快速提高的基本原因。

3. 内陆地区投资比重上升主要得利益于东部地区制造业的加速转移

从世界产业结构调整和国际产业转移的一般规律看，在经济发展达到较高水平、工业化进入中后期阶段之后，结构变动的趋势都是第二产业比重下降、第三产业比重上升，制造业成为跨国、跨区域转移的主要行业。我国目前东部地区的结构调整升级和产业转移也符合国际一般规律和趋势，制造业是东部地区产业转移的主要产业，也是内陆地区招商引资、扩大投资规模的主要行业。我国制造业投资占全社会投资的1/4到1/3，制造业投资在空间格局上的变动并在2003年之后加速向内陆地区转移，是推动当前我国投资区域结构变动的主要行业。

在1996~2002年的基建更改投资中，东部地区投资占全国的比重仅下降4.4个百分点，且主要是电力、交通、社会服务业和机关团体四个行业的投资比重下降较大（见表5-10），这四个行业投资向中西部和东北地区倾斜是导致东部地区比重下降的主要因素，这与国家加大中西部地区能源、交通等基础设施投资建设的政策导向密切相关。而制造业投资东部地区占全国的比重，2000年比1995年上升了6.7个百分点，2002年比2000年仅下降0.7个百分点，即1996~2002年，东部地区制造业投资占全国的比重还提高了5.9个百分点，全国制造业投资仍在向东部地区集中。

表5-10　1995~2002年各行业投资（基建更改）区域比重变动

行业	2000年投资（亿元）	2000年与1995年相比（百分点）				2002年投资（亿元）	2002年与2000年相比（百分点）			
		东部	中部	西部	东北		东部	中部	西部	东北
合计	17513.9	-2.7	0.1	3.2	-0.6	22952.3	-1.7	0.7	1.7	-0.7
农林牧渔业	274.1	-10.1	3.0	13.8	-6.8	354.9	-8.6	1.6	6.6	0.3
第二产业	**7271.9**	**1.4**	**-0.9**	**-0.2**	**-0.3**	**9906.2**	**-0.1**	**0.4**	**1.4**	**-1.7**
采掘业	846.2	2.4	-9.2	-3.8	10.6	1029.6	4.7	3.7	-2.9	-5.6
制造业	3279.3	6.7	-1.3	-3.1	-2.3	5621.6	-0.7	0.9	1.2	-1.4
电力煤气水	2883.2	-2.2	-0.5	2.3	0.3	2919.7	-4.4	-0.2	6.1	-1.4
建筑业	263.3	-18.9	4.1	9.7	5.1	335.4	-7.9	4.9	5.0	-2.1

续表

行业	2000年投资（亿元）	2000年与1995年相比（百分点）				2002年投资（亿元）	2002年与2000年相比（百分点）			
		东部	中部	西部	东北		东部	中部	西部	东北
第三产业	**9964.1**	**-8.4**	**2.0**	**6.0**	**0.4**	**12691.2**	**-2.7**	**0.8**	**1.9**	**0.0**
地勘水利管理	578.0	-0.4	-6.1	7.5	-1.1	721.5	-5.9	-1.4	8.5	-1.1
交通仓储邮通	4593.8	-9.8	1.7	8.7	-0.6	5111.1	-2.7	1.3	2.2	-0.7
批零贸易餐饮	350.3	-12.4	1.5	5.8	5.1	475.7	-0.1	0.1	-2.2	2.2
金融保险业	96.5	-5.3	4.0	0.1	1.3	85.2	7.8	-5.2	-2.2	-0.4
房地产业	184.0	-29.9	5.9	17.5	6.5	210.4	-5.6	1.2	-1.4	5.8
社会服务业	1836.6	-4.8	1.3	2.0	1.5	2813.5	-7.1	2.2	4.6	0.3
卫体社会福利	238.0	0.2	1.9	2.0	-4.2	374.6	-3.1	2.9	0.1	0.1
教文艺广	857.0	0.3	0.4	-0.4	-0.4	1209.7	-4.2	0.9	2.3	1.0
科研技术服务	136.6	-2.0	2.0	-3.0	3.1	164.0	-3.3	-0.2	3.6	-0.1
机关社团	928.4	-12.8	4.6	4.5	3.7	1284.2	-0.3	1.0	-1.0	0.3
其他	164.8	-6.6	-1.8	14.7	-6.3	241.3	3.0	-0.4	-5.3	2.7

资料来源：根据历年《中国统计年鉴》数据计算。

2003年之后，占东部地区1/3投资规模的制造业占全国制造业投资的比重大幅度下降，由2003年的64.9%下降到2011年的45.3%，下降了19.6个百分点（见表5-11），年均下降2.5个百分点，并由此拉动东部地区第二产业投资占全国的比重下降15.2个百分点（贡献度），拉动东部地区投资占全国总投资的比重下降6.6个百分点（贡献度），即东部地区投资占全社会总投资比重2011年比2003年下降的12.5个百分点中，有一多半（52.9%）是因东部地区制造业投资比重下降而引起，这表明制造业投资向内陆地区的转移，是推动当前我国投资区域结构变动的关键因素。房地产业投资的区域格局变化，是推动全国投资区域结构变动的另一个重要因素，但对拉动东部地区投资占全国比重下降的贡献度仅2.4个百分点，对东部地区投资比重下降的贡献率为19.4%，远低于制造业的作用。

表 5-11　2003～2011 年全社会投资各行业的区域比重变动

行业/区域	2011 年投资额（亿元）	2011 年比重（%）				与 2003 年相比比重变动（百分点）			
		东部	中部	西部	东北	东部	中部	西部	东北
合计	311485.1	42.6	23.2	23.6	10.7	**-12.5**	5.8	3.7	3.0
第一产业	**8758**	**27.4**	**25.4**	**30.0**	**17.3**	**-8.8**	**3.9**	**1.3**	**3.6**
第二产业	**132477**	**40.8**	**25.9**	**22.1**	**11.2**	**-16.9**	**8.6**	**4.9**	**3.4**
采掘业	170251	15.4	30.5	40.4	13.7	**-13.6**	8.1	9.4	-3.8
制造业	11747	45.3	26.9	16.9	10.9	**-19.6**	11.4	4.3	4.0
电力煤气水产供	102713	32.5	17.5	40.0	10.0	**-10.2**	-4.2	10.2	4.3
建筑业	14660	25.1	14.2	44.9	15.8	**-29.9**	-3.6	29.2	4.3
第三产业	**3357**	**44.8**	**20.9**	**24.4**	**9.9**	**-9.5**	**3.7**	**3.3**	**2.6**
交通运输仓储邮政	28292	40.3	20.2	31.3	8.2	**-4.1**	-3.2	5.8	1.6
信息传输计算机软件	2174	51.1	14.5	24.0	10.4	**-0.4**	-1.8	0.7	1.5
批发和零售业	7439	40.8	24.9	21.0	13.3	**-7.2**	5.7	-0.3	1.7
住宿和餐饮业	3957	44.4	24.9	19.6	11.1	**-1.5**	7.3	-5.1	-0.7
金融业	639	46.1	23.5	19.4	11.1	**1.8**	4.2	-6.1	0.1
房地产业	81686	48.3	20.0	21.8	9.9	**-12.0**	4.9	4.4	2.8
租赁商务服务	3383	50.7	17.7	16.2	15.4	**-12.8**	2.5	2.3	8.0
科究技术服务地勘	1680	55.7	17.4	16.8	10.1	**-6.1**	7.5	-3.0	1.6
水利环境和公共设施	24523	39.0	23.1	27.8	10.1	**-15.9**	8.8	2.1	5.0
居民和其他服务	1443	53.4	18.1	13.0	15.5	**6.3**	1.1	-19.6	12.3
教育	3895	38.3	24.4	29.5	7.9	**-12.5**	5.2	7.4	-0.2
卫生社保社会福利	2330	37.9	27.4	26.4	8.3	**-9.3**	5.0	2.1	2.2
文化体育和娱乐业	3162	50.3	19.6	19.9	10.1	**-6.1**	4.4	0.9	0.8
公共管理和社会组织	5648	35.3	21	34.7	9.0	**-15.2**	2.49	15	-2.3

资料来源：根据历年《中国统计年鉴》数据计算。

从各省（市区）制造业投资增速和比重变化看，2004～2011 年年均增速处于前 6 位且增速超过 40% 的都是内陆地区省份（分别为河南、江西、吉林、广西、重庆和安徽，不含西藏），而处于增速后 6 位的除山西外都是东部发达地区省份（分别为广东、浙江、北京、海南、上海），增速最高的河南省年均增速达到47.0%，而最低的上海市年均增速仅6.2%。2004～2005 年山东、广东、海南年均增长超过35%，而2006~2011年三省年均增速仅分别16.0%、12.0%和4.1%（见图5-17）。2011年与2003年相比，上海、山东、广东、浙江制造业投资占全国制造业投资的比重分别下降4.1个、4.1个、4.1个和7.1个百分点，是比重下降幅度最大的省份，而比重上升最多的河南、江西、安徽、辽宁和湖北分别提高4.5个、2.4个、2.4个、1.9个和1.7个百分点（见图5-18）。

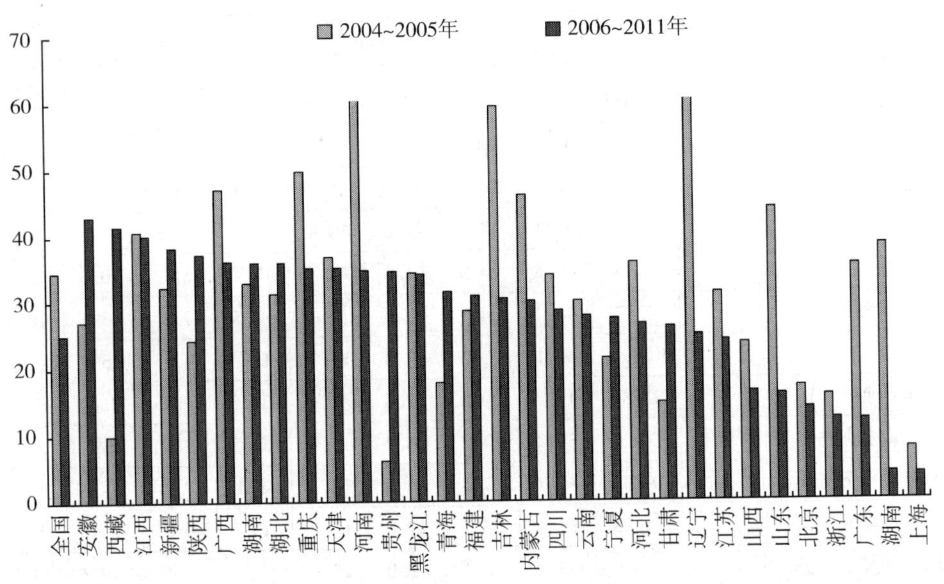

图5-17 各省市区2004~2011年制造业投资年均增速分阶段排序情况

资料来源：根据2003~2011年《中国固定资产投资统计年报》数据计算。

可以看出（见图5-17和图5-18），河南、安徽、江西、湖北、湖南、广西、重庆以其特有的区位优势，成为承接东部发达地区制造业转移受益最多的省份。2011年，河南、安徽、湖北、江西的制造业投资规模已经超过广东、浙江。河南投资规模由2003年仅为浙江、广东的28%和37.6%增长到2011年分别超过浙江、广东75.5%和74.7%，安徽投资规模由2003年仅为广东的29.3%增长到2011年超过广东12.2%。

新疆、青海、宁夏、云南、贵州、甘肃、山西等中西部地区经济发展水平

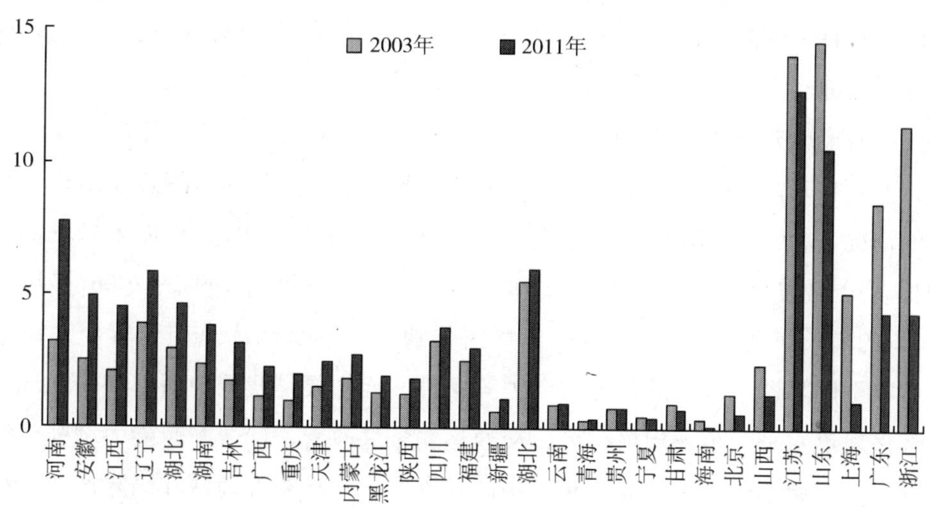

图 5-18　各省市区制造业投资比重变动排序（2011 年与 2003 年对比）

资料来源：根据 2003 ~2011 年《中国固定资产投资统计年报》数据计算。

较低、地理区位条件较差的省份，则在发达地区的产业转移中没有获得多少收益，云南、贵州、甘肃、山西的制造业投资的增速还不及全国平均水平，2011 年与 2003 年相比，制造业投资占全国的比重还有所下降或持平。

尽管 2011 年与 2003 年相比，其他行业投资东部地区占全行业的比重下降幅度很大，但或因投资规模较小从而对全社会投资区域格局变化影响有限，如建筑业、租赁商务服务分别下降了 29. 9 个和 12. 8 个百分点；或因与制造业投资的区域转移密切关系，如采掘业、电力煤气水的生产与供应业分别下降 13. 6 个和 10. 2 个百分点，就是面向内陆更为丰富的能源和矿产资源而转移相应加工制造业，从而引发对当地自然资源和能源需求增加与资源产业投资的快速增长。

4. 近年来 FDI 更快地流向内陆地区进一步表明了内陆地区的综合优势

FDI（外商直接投资）在全球范围内寻找投资转移地，发展中国家和地区间也采取各种措施展开竞争，以吸引更多 FDI。我国一直是发展中国家利用 FDI 最多的国家，但也面临发展中国家尤其是周边东南亚国家的竞争。

随着我国东部地区经营成本上升、土地供给紧张等因素影响，东部地区 FDI 开始寻找新的投资地进行产业转移，除了向内陆地区转移外，也谋求向周边国家转移，内陆地区与周边国家形成了吸引东部地区和国际投资与产业转移的竞争局面。面对一些外资为寻求更低廉的劳动力而向越南等周边国家迁移，在国内曾产生外资流失潮的担忧。但实际上，曾经的担心不仅没有大规模发生，而且在对内外资企业实行统一企业所得税率等外资优惠政策逐步减少和取消的情况下，我国FDI在2007、2008、2010年还出现了1995年以来少见的高增长（分别增长18.6%、23.6%和17.4%），大大超过1994~2006年年均6.6%的增长速度。FDI进入我国的增速加快，并不是因为东南亚等周边国家没有吸引国际资本流入的低廉劳动力等条件，而主要是我国中西部和东北地区在经济发展水平、市场规模扩展、交通运输条件改善、产业配套能力增强等综合性优势开始逐步显现，成为吸引国内外资本、承接东部地区和国际产业转移的有力接替区域。尤其是相对于东南亚国家来说，我国中西部和东北地区拥有更具吸引力的投资设厂条件，即不断扩大的市场规模，这在市场需求成为全球经济最稀缺资源的情况下，是成为吸引国内外资本大量流入内陆地区而未大规模地向国外转移的最关键因素。

可以看出（见表5-12），2007年以来，东部地区FDI增速较低，但中西部和东北地区的FDI却高速增长，西部和东北地区2007~2008年年均增长分别达到37.2%和30.7%，中部地区也达到22.8%，内陆地区FDI占全国的比重由2002年的19.9%提高到2006年的25.3%，2010年进一步提高到38.9%。

表5-12　近年来我国各区域FDI增速及比重变动比较

年份 地区	增速（%）				比重（%）				
	2007	2008	2009	2010	2006	2007	2008	2009	2010
东部	17.6	11.1	3.0	9.5	74.7	71.2	67.9	65.1	61.1
中部	43.1	17.3	10.6	22.6	11.3	13.1	13.2	13.6	14.3
西部	32.0	59.6	20.1	40.1	5.7	6.1	8.4	9.4	11.3
东北	42.7	28.9	21.8	30.3	8.3	9.6	10.6	12.0	13.4

资料来源：根据历年《中国统计年鉴》数据计算。

三、政府政策对区域投资结构改变发挥了推动作用

政府政策在投资区域结构变动中的作用，表现在三个方面，一是政府投资的区域投向影响，二是政府区域政策对改变区域发展预期的影响，三是地方政府参与招商引资活动、加快推进产业配套能力建设、提高行政效率等吸引投资的影响。

1. 中央政府提前在基础设施建设投资上向内陆地区倾斜，为内陆地区抓住东部地区产业转移的机遇创造了有利条件

政府投资作为全社会投资的一部分，其区域分布本身就是全社会投资区域格局变动的一个因素。更为重要的是，中央政府在20世纪90年代中后期就将政府投资重点投向中西部地区，并以交通、能源和基础原材料工业为投资重点，这在当时并没有对社会投资产生明显的引导作用，也曾引起一些疑惑，认为在当时投资资金还相当稀缺的情况下，政府投资应投向效率更高的东部地区而不是效率较低的中西部地区。但从现在来看，正是当初中央政府的高瞻远瞩，提前进行战略布局，将政府投资重点及时转向中西部地区，以加强中西部地区的基础设施建设，才为当前中西部地区承接东部地区产业转移奠定的良好的基础条件，政府投资对社会投资的引导作用开始逐步显现和发挥。

基础设施国民经济的“先行官”，是一个地方经济发展的基础条件，但投资规模大，建设周期长，投资回报率低、回收期限长，社会资本往往不愿介入，而落后地方政府却又没有足够的财力，如果完全依靠地方政府财政资金进行建设，则经济发展的基础设施瓶颈制约就会长期得不到缓解。从“九五”时期开始，中央政府投资就不断地向中西部地区倾斜，重点加大对中西部地区能源、交通等基础设施建设的投资力度，特别是应对亚洲金融危机的财政政策和西部大开发战略的实施，中西部地区获得了大量中央政府的基础设施建设投资。这些基础设施建设投资不仅大大缓解了中西部地区经济发展的瓶颈制约，促进了内陆地区的经济发展，而且尤为重要的是，当东部地区因成本上升和产业转型升级产生产业对外转移的需求时，中西部地区的基础设施因多年中央投资的积累而形成较强的供给能力，为中西部地区抓住东部地区产业转移的机遇

创造了极为有利的条件。

从过去我国企业投资开始大幅度向内陆地区倾斜时期大约滞后于政府投资6~8年时间的历史趋势来看，这段时间正是中西部地区基础设施的投资建设期，投资作为“流量”不断积累，逐渐形成相对完全的交通等基础设施“存量”并在产业转移机遇期到来时发挥基础性作用，从而显示出“九五”时期开始的中央政府投资向中西部地区倾斜是一个极具战略性的举措，否则中西部地区将可能因基础设施的瓶颈制约而丧失抓住东部地区产业转移的机遇。

2. 政府政策引导企业投资向内陆地区转移

（1）中央政府通过严控土地“闸门”，进一步加剧了东部地区土地供给的紧张局面，促进东部地区加快产业结构调整步伐，对部分需要占用大量土地资源的产业产生“挤出效应”，促使其逐步向中西部地区转移。

（2）中央政府通过不断调整区域发展政策，实施西大开发、中部崛起、东北老工业基地振兴等战略，对区域发展实施更具针对性的政策指导，建立国家级开发区、设立国家综合配套改革实验区、批复国家级区域规划等，使内陆地区的基础设施更加完善，地方经济的集聚性不断提高，产业发展的定位更加明确，从而引导企业投资向内陆地区转移。

（3）对中西部地区承接产业转移从财税、金融、投资、土地等方面给予必要的政策支持，尤其是加大对中西部地区中央财政转移支付和新增建设用地年度计划指标的支持力度，进一步改善中西部地区交通基础设施条件，增强了中西部地区提高承接产业转移的配套能力和对转移资本的吸引力。

3. 地方政府大力参与招商引资活动助推产业加快转移

转型体制下，地方政府在推动地方经济发展中发挥着重要作用。尽管在产业转移过程中，企业的自主选择发挥着主导作用，但各级地方政府通过改善基础设施条件、提高行政效率等措施，在招商引资、承接东部地区产业转移中扮演着重要角色，对加快产业转移、推动内陆地区投资比重快速提高发挥了重要作用。

为了抓住产业转移机遇，争取外来投资，各地政府纷纷采取“大招商、招大商”的战略，建立项目库进行项目招商，政府还直接组织长三角、珠三角甚至境外招商洽谈会，与东部地区广泛开展经济交流与合作，采取合作建厂、共建产业园等方式吸纳东部产业转移。

为了吸引外省市和国外企业投资落户，各地方政府在引资竞争中不仅提供各种优惠条件，还通过加大基础设施投资建设力度、优化空间规划、维护市场秩序、健全制度、提高行政办事效率以及为企业培训员工、成立外来投资服务中心为外来投资提供高效优质服务等方式，不断改善和优化地方投资软硬环境，从而增强了内陆地区对外来投资的吸引力。

为引进和争取到具有带动作用的龙头大项目，提高大项目落户可能性，地方政府还围绕大项目开展产业链招商，引进龙头项目的上下游相关配套项目，以产业集聚效应放大承接产业转移的规模，形成产业链“抱团”转移的格局，这对扩大产业转移规模发挥了重要的促进作用。如成都为争取富士康项目，引进接洽耗时 5 年，期间省、市领导多次前往富士康总部进行商谈、沟通；重庆为引进全球最大笔记本电脑生产基地，市长带队前往新加坡惠普亚太地区总部、美国惠普总部进行沟通、交流。惠普落户重庆后，全球笔记本电脑配套商和产业链上下游相关服务商也开始纷纷向重庆集聚与惠普进行配套。重庆在抓住东部地区产业转移的机遇中，不仅成为“外资西进、内资西移”的产业承接高地，而且顺应了新一轮产业转移不再是单纯工厂迁移而是更多地采取跨国并购、产业链整体转移等新兴方式，突破产业梯度转移模式，通过引进电子信息产业等高端产业，在承接产业转移中实现产业结构的调整。

正是内陆地区在东部地区出现产业转移趋势时，地方政府间通过改善投资软硬环境展开激烈的引资竞争，不仅对东部地区需要对外转移的产业形成巨大拉力，在“一推一拉”的双重力量作用下加速了东部地区的产业转移，而且对一些在东部地区与内陆地区间寻求投资机会的国内外、省内外企业也产生很强吸引力，从而促进了全社会投资加速向内陆地区的倾斜。

第四节 结论与政策含义

一、结论

通过对1995年以来我国固定资产投资的区域格局变动及动因分析，可以得出以下几点结论：

（1）1995年以来，我国固定资产投资的空间格局发生了根本性变化。包括中部、西部和东北地区在内的内陆地区的投资，从2008年起超过东部地区，2011年内陆地区投资规模超过东部地区34.8%，与1995年投资的空间分布正好相反。

（2）1996～2003年东部地区投资比重下降比较缓慢，而2003年后东部地区投资比重呈现出快速下降趋势，投资向内陆地区加速转移的趋势十分明显。与此同时，1996～2003年政府投资向内陆地区大幅度倾斜时，非国有投资却继续向东部地区集中，而2003年后政府投资区域分布变化不大，非国有投资大幅度向内陆地区转移。1995年以来我国投资区域格局变动以2003年为分界点，形成前后两个特征极为鲜明的变动阶段。

（3）在投资区域格局的变化中，非国有资本发挥着更为重要的作用。2004年我国非国有投资占全社会投资的半壁江山，比重达到51.6%，2011年进一步提高到64.3%，非国有投资的区域格局变动在很大程度上决定了全社会投资的区域结构变化。2004～2011年，内陆地区非国有投资增速大大高于东部地区，内陆地区非国有投资占全国比重迅速提高，2008年起内陆地区非国有投资规模超过东部地区，这是自2008年起内陆地区全社会投资超过东部地区的主要原因。

（4）制造业投资是推动我国投资区域结构变动的主要行业。2003年以前制造业向东部地区集中。2003年之后则加速向内陆地区转移，对2004～2011

年投资向内陆地区倾斜的贡献率达到52.9%。

（5）安徽、河南、辽宁、吉林、陕西、江西、四川、湖北、广西、湖南等地理区位和产业发展基地较好的省份，是“十一五”以来承接东部产业转移较多的省份，而甘肃、山西、宁夏、青海、贵州、云南、新疆等省（区）的投资比重变动较小甚至下降。

（6）投资区域格局变动，由企业追求利润最大化行为所带来，是市场机制在资源配置中发挥作用的必然结果。企业选择投资区域，或是为了控制成本，或是寻求新的市场机会或资源等战略需要，或是成本、市场、资源、环境等多因素的综合考虑，而这些因素最终都归结到成本与收益的比较。

（7）东部地区产业对外转移的需要，是投资区域格局发生根本性变动的重要原因。如果东部地区没有转移低端产业的需要，投资大幅度向内陆地区倾斜的格局就难以发生。传统产业的相对饱和与劳动力、土地价格快速上涨等因素导致的要素成本上升，使低端产业的投资利润空间被不断压缩；东部地区经济发展和收入水平提高带来消费结构升级，进而推动产业结构转型升级，一些低端、成熟产业竞争力下降、市场生存和发展空间受到挤压，促使低附加值产业对外转移。

（8）内陆地区逐步具备吸纳产业转移的能力是根本原因。东部地区资本在内陆地区和全球范围内（尤其是越南等周边的东南亚国家）选择更为合适的投资地时，内陆地区经济发展推动市场容量持续扩大、产业配套能力不断增强、基础设施日益完善推动运输成本相对下降，以及资源、人力成本优势等内在因素，是吸引企业投资加快向内地转移的根本原因，内陆地区的综合优势避免了东部地区产业尤其是制造业向东南亚国家大规模转移现象的发生。

（9）从20世纪90年代中期开始，中央政府提前在基础设施建设投资上向内陆地区倾斜，极大地改善了内陆地区的基础设施环境，为内陆地区抓住东部地区产业转移的机遇创造了有利条件；西部大开发、中部崛起、东北老工业基地振兴等战略的实施等，使内陆地区经济的集聚性不断提高，产业发展定位更加明确，从而引导企业投资向内陆地区转移。

（10）内陆地区政府大力开展招商引资活动，加大基础设施投资建设力度，提高行政办事效率，以及为企业投资提供较好的配套服务等，改善了内陆地区的投资软硬环境，降低了企业投资的各种障碍和隐性成本，对吸引东部地区产业向内陆地区转移也发挥了积极作用。

二、政策含义

从对投资区域格局变动趋势和特征、原因和动力的剖析中，可以得到以下一些政策含义：

（1）在市场经济条件下，区域间投资结构的变动有其自身规律。各区域间经济社会发展水平决定的投资收益和要素成本影响企业的投资区域选择，是企业基于市场、成本、资源、投资环境等多种因素和自身发展需要的综合结果。在投资区域格局变动中，企业始终是主体，政府只能是发挥引导作用而不能越位替企业进行市场决策。为什么1996年后政府投资重点投向中西部并在2003年后对企业投资向中西部地区倾斜转移产生了明显作用，而改革开放前政府投资大量投向中西部地区，在改革开放后并没有出现企业投资向中西部地区转移的现象，关键原因是在这两个时期，各区域间经济发展水平、发展阶段的差异以及要素成本与交易成本的比较优势不同，从而对企业投资的区域选择。这也表明政府的投资引导作用的发挥需要相关条件的配合。

（2）基础设施建设适度超前，营造有助于吸引投资的良好环境。面对地区间经济社会的发展差距，政府不可能完全依靠财政资金解决发展不平衡问题。政府应该根据地区间在劳动力状态、资源储备、区位条件、市场环境、技术水平等方面存在的位势差，依照地区间结构升级、产业转移的规律，通过提前加强落后地区交通、能源等基础设施的投资建设力度，为落后地区承接发达地区资本转移创造条件、提前做好准备。

（3）我国产业转移进入加速时期，政府政策应该顺势而为。一方面，要继续实施有利于促进产业转移的政策，主要是在土地、税收等方面实施差别化政策，推动东部地区加快产业转移，化解东部地区资源环境紧张的压力。另一方面，东部地区产业转移不会无限持续下去，中西部地区应加大投资环境改善力度，尤其是推进体制改革、行政效率、市场秩序等软环境建设，增强投资吸引力。

（4）依托城市密集区域，发挥产业的集聚效应。从目前内陆地区投资增长和产业转移趋势看，一些区位条件好、城市密集的省份，获得产业转移的投资比较多。因此，应在内陆地区的区域发展政策上采取非均衡策略，促进中西部地区“块状”经济的形成与发展，继续培育区域性增长极，做大区域性核心区，推动产业在城市密集区集聚。

（5）要把承接产业转移与经济发展方式转变结合起来。目前东部地区的资本和产业向内陆地区转移，主要以低端制造业为主，新增投资多是出于占领新市场的布局考虑，一些占地多、污染大的企业纷纷转向中西部地区。因此，要防止地方政府为引资而引资，对投资不加选择。要吸取东部地区的教训，在引资中严把土地、环保关，把扩大投资规模、承接产业转移与发展方式转变结合起来。

附表 5-1　钱纳里模型的工业化阶段划分标准

工业化阶段	前工业化阶段	工业化阶段			后工业化阶段	
时期	初级产品阶段（1）	工业化初期（2）	工业化中期（3）	工业化后期（4）	发达经济初级阶段（5）	发达经济高级阶段（6）
1995 年（美元）	610 ~ 1220	1220 ~ 2430	2430 ~ 4870	4870 ~ 9120	9120 ~ 14600	14600 ~ 21900
2004 年（美元）	720 ~ 1440	1440 ~ 2880	2880 ~ 5760	5760 ~ 10810	10810 ~ 17290	17290 ~ 25940
2009 年（美元）	763 ~ 1526	1526 ~ 3025	3025 ~ 6104	6104 ~ 11445	11445 ~ 18312	18312 ~ 27468

资料来源：转引自王辉、王春明《关于河南工业化发展阶段的研究》，河南省工业和信息化厅网站 2011 年 9 月 14 日。

参考文献：

1. 向军、尹志力、何江宁、祖明远：《在更大范围更深层次承接产业转移》，《四川日报》，2011 年 6 月 8 日。

2. 杨上广：《产业转移规律、企业区位选择和中西部地区产业承接策略研究》，《中国经济》2011 年第 4 期。

3. 张鲁青、桑百川：《我国东部、中西部及周边国家 FDI 区位优势比较》，《国际经济合作》2009 年第 12 期。

4. 张涛、伏玉林：《我国东部地区产业升级对中西部发展的激励》，《区域经济》2010 年第 5 期。

第六章　投资的所有制结构变动与政策建议

内容提要：总体上看，我国投资领域的国退民进趋势明显，其中制造业的国退民进特征最为显著。投资领域的“国退民进”既没有改变国有经济行业分布过宽的状况，也没有改变国有经济在资本动员方面的优势地位，以至于市场的强烈感受是“国进民退”，即国有经济市场话语权增强，民营经济发展环境趋紧、发展空间缩小等。要改变市场力量上的“国进民退”，就必须深化改革，因为实践证明单纯依靠促进民间投资政策效果有限。

第一节　引　言

开展固定资产投资所有制结构研究的目的，一是从规范经济学出发，研究国有企业在什么意义上是一种必要的存在，什么样产业和部门必须以国有企业的方式开展生产经营活动，国有企业有效性的前提又是什么。二是从实证经济学出发，研究现实中的国有企业定位，相关的国有投资状况，以及国有投资究竟在我国改革和发展中会趋于一个什么样的位置（国有企业产值在某一产业中的比重最终会趋于一个什么样的均衡值，在什么条件下，当允许私人企业进入时，国有企业产值的相对比重会急剧下降，在什么条件下，国有企业在某产业的相对优势会继续得以保持）。

实证研究主要以 2003 年以来的投资所有制结构状况为研究对象，分析探讨我国投资所有制结构现状和变动趋势。2002 年 11 月，党的十六大提出建立国有资产管理体制，中央政府和省市两级地方政府分别设立国有资产管理机构代表国家履行出资人职责。2003 年 3 月，国务院国有资产监督管理委员会（国资委）正式成立，并代表国家履行出资人职责，将关系国民经济命脉和国家安全的大型国有企业、基础设施和重要自然资源等纳入管辖范围。2003 年 10 月，党的十六届三中全会提出政府公共管理职能和国家资产出资人职能分开的要求，督促企业实现国有资产保值增值，防止国有资产流失，建立国有资本经营预算制度和企业经营业绩考核体系。2004 年 6 月，全国各省成立了与国资委相应的国有资产管理机构，截至 2007 年底，全国地市级国有资产监管机构与组织体系的组建工作基本完成。以国资委为首的国有资产管理体系的建立，深刻影响着国有企业的改革和发展，也必然对国有企业投资产生较大影响。

第二节 投资所有制结构研究的理论依据

一、与国有经济定位相关的理论

从发达国家看，国有经济基本定位于在市场失效的领域发挥作用。尽管发达市场经济国家，特别是欧洲的发达市场经济国家，既有经济危机和战后经济恢复时期的国有化经历，也有 20 世纪 70 年代后期以来的国有经济私有化过程——发达市场经济国家放松了对自然垄断行业的管制，通过对政府投资与民间资本准入重新界定，在自然垄断行业中寻求民间资本的介入，引入适度竞争，降低收费水平，提高服务质量，增进社会福利水平，但关于国有企业地位和作用的理论从未发生本质上的改变。

与国有经济定位相关的理论依据主要有：一般均衡理论、产业组织理论、公共产品理论、外部性理论等、不完全市场理论。

1. 一般均衡理论

根据一般均衡理论，完全竞争市场结构可以产生一个社会福利最大化的市场结果，该社会福利等于消费者剩余与企业利润的总和。在完全竞争市场中，生产者以利润最大化为目标，消费者以效用最大化为目标。一般均衡理论不涉及企业的所有权问题，但它阐明了竞争的意义。如果国有企业的存在妨碍了竞争，那么国有企业私有化就是有意义的，通过国有经济私有化促进现实市场向完全竞争市场的转化和逼近，以实现社会福利最大化。从英国20世纪70~80年代私有化过程看，最早开始私有化的产业和部门主要是制造业和金融部门，接着是通讯、能源、交通和公用事业等战略性部门的私有化。

2. 产业组织理论

产业组织理论研究不完全竞争市场中的企业行为和市场构造。产业组织研究的标准方法是分别从结构、行为和绩效入手研究问题。市场结构影响并进而决定了卖方与其他卖方、买方以及潜在的市场进入者之间的交互影响，市场结构也从生产某种产品的可能数量的角度，对产品进行了界定。市场行为指的是，一个给定市场结构下的企业行为，也就是企业如何决定它们的价格政策、销售以及推广活动。最后，绩效指的是市场互动的福利方面。也就是说，为了确定的绩效，衡量市场中的交互作用是否会导致合意的结果，或者是否会出现某种失灵，因而需要政府进行干预。从市场均衡的角度看，产业组织理论研究的是局部均衡问题。换句话讲，它只研究单个市场或市场体系中一组市场，不考虑市场之间的相互作用。垄断是一种最极端的不完全竞争市场状况。根据形成原因的不同，垄断可分为自然垄断和行政垄断。

传统意义上的自然垄断与规模经济密切相关。对于企业而言，除了技术等因素的作用，即使在相同的条件下，单位生产成本也可以随着产量的增加而趋于下降，原因在于当企业产量不断扩大时，原先的固定成本被逐渐摊薄。这在固定成本投资较大的企业表现得尤为明显。当长期平均成本随着产量的增加而降低时，规模经济就出现了。当社会对某些行业的长期平均成本的下降速度与降低幅度提出要求时，这个行业往往就是自然垄断的。主流经济学认为，自然垄断是一类主要的市场失灵，需要政府对其进行干预，即进行所谓的“规制”——行政机构制定并执行的直接干预市场机制或间接改变企业和消费者供需决策的一般规则或特殊行为（史普博，1999）。

20 世纪 80 年代以前，各国对自然垄断产业的规制主要采取的是两种模式，一是国家垄断经营模式，通过政府对自然垄断企业的全面控制，回避了投资者与消费者之间的紧张关系。国家垄断经营作为一种特殊的规制框架，不仅是当时社会主义国家典型的制度特征，而且很多发达资本主义国家，如法国和英国（私有化改革前）也采用了这种模式。二是“私有经营+政府规制”模式，即由私有企业垄断经营，同时设立专门的机构对其进行规制，美国、加拿大等国家在自然垄断领域采取的正是这种所谓的“规制资本主义”。然而，上述两种模式的运作效果并不理想，自然垄断产业的规制实践远比理论复杂。正如著名的“马歇尔冲突”（Marshall's Dilemma）所指出的，集中生产的规模效应和分散经营的竞争效应总是难以兼顾。垄断会带来低效率，缺乏竞争压力使得自然垄断企业出现了内部的 X—非效率，造成产品和服务质次价高、供给不足等问题。不仅如此，斯蒂格勒等人提出的规制俘获理论还认为，政府甚至会被企业所俘获，规制者维护的更多是垄断企业的利益，此外，规制的失灵还导致政府和消费者承担了过高的规制成本。总之，消费者的福利并没有在政府规制下得到充分的保障，这一切似乎都背离了政府对自然垄断产业进行规制的初衷。

电力、电信、铁路、自来水、煤气等自然垄断产业作为具有特殊经济属性和关系国计民生的重要产业一直广受关注，由于具有规模经济或范围经济明显、投资巨大、资产专用性强等特点，市场机制往往难以实现资源的有效配置。为了保证资源的配置效率，往往由政府赋予某个企业法定的垄断经营权力，而对其他的企业实行进入规制；同时，为了防止垄断企业制定垄断高价损害消费者的福利，政府还对垄断企业实行价格等方面的规制。

虽然在理论上可以用规模经济或范围经济来界定自然垄断，但是某个产业或者某个产业的某个环节的自然垄断性质并不是一成不变的，总体而言，自然垄断特性有不断弱化的趋势。随着经济发展水平的不断提高，以及经济全球化进程的加快，对自然垄断产品或服务的市场需求的大幅度增加，社会最优产量提高，原来的自然垄断产业或者某些环节不再具备自然垄断的特征。另外，随着现代科学技术的飞速发展，生产成本函数发生变化，改变了社会最优产出水平和企业的最优规模，从而使得自然垄断的边界逐渐缩小。这构成了对自然垄断产业进行规制改革的客观条件。

3. 公共产品理论

根据公共经济学理论，社会产品分为公共产品和私人产品。按照萨缪尔森在《公共支出的纯理论》中的定义，纯粹的公共产品或劳务是这样的产品或劳务，即每个人消费这种物品或劳务不会导致别人对该种产品或劳务的减少。而且公共产品或劳务具有与私人产品或劳务显著不同的三个特征：效用的不可分割性（如国防、外交、治安）、消费的非竞争性（边际生产成本为零）和受益的非排他性（不可避免地会出现“搭便车”现象）。而凡是可以由个别消费者所占有和享用，具有竞争性、排他性和可分性的产品就是私人产品。介于二者之间的产品称为准公共产品。

公共产品的特性决定，不是私人部门，而是政府部门承担并通过税收履行纯公共产品供给职责。准公共品是具有部分公共产品特性的产品，其主要特性：一是具有局部排他性，如收费公路通过收费站的设立将不付费者排除在受益范围之外；二是有限的非竞争性，在一定的消费容量下，每个消费者都不会影响他人的消费，但是一旦超过临界点，非竞争性就会消失，拥挤就会出现，如市内道路、用电、用水等；三是消费数量的非均等性，如每个用水户获得的效用数量是各不相同的。所以准公共品可以定价，经济主体按照商业原则和实际需求做出生产或消费的决策和选择。只要预期可以获利，经济主体就会生产和提供该种产品，因而可以利用市场机制由私人部门来供给。

4. 外部性理论

对某些产品来说，与之相关的成本或收益并不取决于那些对产品作出生产或消费决策的人或组织。当处于决策之外的人受到决策的影响时，溢出效应就产生了。溢出效应又被称作外部性。使决策之外的人受益的外部性为正外部性，反之为负外部性。正外部性为社会效益，政府应该在相关生产或服务中发挥重要作用，如医疗卫生、教育等。

5. 不完全市场理论

不完全市场指的是即使需求方愿意支付高于生产成本的价格，私人部门也不愿意提供相关的产品和服务。许多经济学家认为私人部门在提供保险和贷款方面做得很差，保险市场和资本市场具有不完全市场特征。此外，互补市场也有不完全市场特征。如城市改造需要多部门协调合作，而较高的交易成本使得难以仅凭市场机制实现各部门之间的协调配合，从而要求政府在其中发挥充分的作用。

二、小结：市场经济条件下国有投资及国有经济的理论范围

由上述可知，理论上，国有经济和国有投资的范围：一是具有自然垄断特征的行业和部门，但需要强调的是，由于技术进步，属于自然垄断的行业和部门已经减少；二是属于公共产品的行业和部门，与自然垄断部门相似，技术进步也增加了准公共产品市场化的可行性，即 ·定的制度下，由市场主体承担准公共产品的生产和供给；三是具有明显正外部性的部门和领域。

第三节
与不同所有制经济主体投资范围相关的方针政策

一、我国对民间、国有及政府投资的相关规定

1. 国务院关于投资体制改革的决定

根据《国务院关于投资体制改革的决定》（国发〔2004〕20 号），投资体制改革的指导思想和主要目标包括：确立企业在投资活动中的主体地位，落实企业投资自主权；合理界定政府投资范围，规范政府投资行为，政府投资主要用于关系国家安全和市场不能有效配置资源的经济和社会领域，包括加强公益性和公共基础设施建设，保护和改善生态环境，促进欠发达地区的经济和社会发展，推进科技进步和高新技术产业化；营造有利于各类投资主体公平、有序竞争的市场环境，促进生产要素的合理流动和有效配置，能够由社会投资建设的项目，尽可能利用社会资金建设。

2. 国务院关于鼓励和引导民间投资健康发展的若干意见

《国务院关于鼓励和引导民间投资健康发展的若干意见》（国发〔2010〕13号）明确界定了政府投资的范围、国有资本的投资方向选择以及鼓励和引导民间投资健康发展的政策措施。政府投资主要用于关系国家安全、市场不能有效配置资源的经济和社会领域。对于可以实行市场化运作的基础设施、市政工程和其他公共服务领域，应鼓励和支持民间资本进入。国有资本要把投资重点放在不断加强和巩固关系国民经济命脉的重要行业和关键领域，在一般竞争性领域，要为民间资本营造更广阔的市场空间。鼓励和引导民间资本进入法律法规未明确禁止准入的行业和领域；积极推进医疗、教育等社会事业领域改革。将民办社会事业作为社会公共事业发展的重要补充，统筹规划，合理布局，加快培育形成政府投入为主、民间投资为辅的公共服务体系。

3. “十二五”规划的相关要求

《我国国民经济和社会发展“十二五”规划纲要》再次重申，“十二五”期间，要“完善投资体制机制，明确界定政府投资范围，规范国有企业投资行为，鼓励扩大民间投资，有效遏制盲目扩张和重复建设”。

二、与国有企业投资相关的制度演进

1. 国有企业改革历程

改革开放以来，国有企业改革一直是我国经济体制改革的中心环节。1995年9月，中共中央十四届五中全会通过的《关于制定国民经济和社会发展“九五”计划和2010年远景目标的建议》提出，要着眼于搞好整个国有经济，通过存量资产流动和重组，对国有企业实施战略性改组，搞好大的，放活小的。1999年9月，中共中央十五届四中全会进一步集中讨论国有企业改革和发展问题，通过的《中共中央关于国有企业改革和发展若干重大问题的决定》指出：推进国有企业改革和发展是一项重要而紧迫的任务；要适应经济体制与经济增长方式两个根本性转变和扩大对外开放的要求，到2010年，基本完成国有企业战略性调整和改组，形成比较合理的国有经济布局和结构，建立比较完善的现代企业制度，经济效益明显提高，科技开发能力、市场竞争能力和抗御风险能力明显增强，使国有经济在国民经济中更好地发挥主导作用。

在坚持继续调整国有经济布局和结构改革的基础上，2002 年，党的十六大提出了深化国有资产管理体制改革的重大任务，并明确了国有资产管理体制改革的重大原则，主要是“国家统一所有、中央政府和地方政府分别代表”、“三分开、三统一、三结合”。“三分开”即政企分开、政资分开、所有权与经营权分开；“三统一”是权利、义务、责任相统一；“三结合”即管资产、管人、管事相结合。

党的十七大报告提出，要深化国有企业公司制、股份制改革，优化国有经济布局和结构，增强国有经济活力、控制力、影响力。在操作层面上，国有企业通过联合、兼并、改组等多种方式逐步向关系国民经济命脉的重要行业和关键领域集中，而在一般竞争性行业中则逐步退出。

党的十八大报告明确指出，要毫不动摇巩固和发展公有制经济，推行公有制多种实现形式，深化国有企业改革，完善各类国有资产管理体制，推动国有资本更多投向关系国家安全和国民经济命脉的重要行业和关键领域，不断增强国有经济活力、控制力、影响力。毫不动摇鼓励、支持、引导非公有制经济发展，保证各种所有制经济依法平等使用生产要素、公平参与市场竞争、同等受到法律保护。

2. 国有企业定位及国有经济范围

1999 年，《中共中央关于国有企业改革和发展若干重大问题的决定》指出，从战略上调整国有经济布局，是推进国有企业改革和发展必须坚持的指导方针之一。从战略上调整国有经济布局，要同产业结构的优化升级和所有制结构的调整完善结合起来，坚持有进有退，有所为有所不为。目前，国有经济分布过宽，整体素质不高，资源配置不尽合理，必须着力加以解决。在社会主义市场经济条件下，国有经济在国民经济中的主导作用主要体现在控制力上。国有经济的作用既要通过国有独资企业来实现，更要大力发展股份制，探索通过国有控股和参股企业来实现；国有经济在关系国民经济命脉的重要行业和关键领域占支配地位，支撑、引导和带动整个社会经济的发展，在实现国家宏观调控目标中发挥重要作用；国有经济应保持必要的数量，更要有分布地优化和质的提高；在经济发展的不同阶段，国有经济在不同产业和地区的比重可以有所差别，其布局要相应调整。国有经济需要控制的行业和领域主要包括：涉及国家安全的行业，自然垄断行业，提供重要公共产品和服务的行业，以及支柱产业和高新技术产业中的重要骨干企业。其他行业和领域，可以通过资产重组和结构调整，集中力量，加强重点，提高国有经济的整体素质。

2006年，国务院办公厅转发国资委《关于推进国有资本调整和国有企业重组指导意见》（国办发〔2006〕97号），根据该指导意见，国有经济应对关系国家安全和国民经济命脉的重要行业和关键领域保持绝对控制力，包括军工、电网电力、石油石化、电信、煤炭、民航、航运等七大行业。这一领域国有资本总量增加、结构优化，一些重要骨干企业发展成为世界一流企业。其中，对于军工、石油和天然气等重要资源开发及电网、电信等基础设施领域的中央企业，国有资本应保持独资或绝对控股；对以上领域的重要子企业和民航、航运等领域的中央企业，国有资本保持绝对控股；对于石化下游产品经营、电信增值服务等领域的中央企业，应加大改革重组力度，引入非公经济和外资，推进投资主体和产权多元化。国有经济对基础性和支柱产业领域的重要骨干企业保持较强控制力，包括装备制造、汽车、电子信息、建筑、钢铁、有色金属、化工、勘察设计、科技等九大行业。其中，机械装备、汽车、电子信息、建筑、钢铁、有色金属行业的中央企业要成为重要骨干企业和行业排头兵企业，国有资本在其中保持绝对控股或有条件的相对控股；承担行业共性技术和科研成果转化等重要任务的科研、设计型中央企业，国有资本保持控股。到2010年，以上领域要拥有一批对行业发展有较强影响力和带动力的重要骨干企业，其中石油石化、电信、电力、冶金、航运、建筑等行业的重要骨干企业发展成为世界一流企业，汽车、机械、电子行业的重要骨干企业为成为世界一流企业打下坚实基础。

国资委主要通过“四个集中”增强中央企业的控制力：推动国有资本向关系国家安全和国民经济命脉的重要行业和关键领域集中，向国有经济具有竞争优势的行业和未来可能形成主导产业的领域集中，向具有较强国际竞争力的大公司大企业集团集中，向企业主业集中。同时，要合理收缩中央企业的分布范围，将国有资本重点投向特定产业链中的基础产业、基础服务、基础设施以及基础原材料、基础元器件和关键技术领域，使国有资本在跨区域、跨流域的基础设施建设、重要矿产资源、能源开发等方面发挥重要作用。

中央企业根据业务范围大体分布在三个领域：关系国家安全和国民经济命脉的关键领域，基础性和支柱产业领域，其他行业和领域。关系国家安全和国民经济命脉的关键领域主要包括军工、电网电力、石油石化、电信、煤炭、航空运输、航运等行业；国有经济在这一领域要保持绝对控制力，国有资本总量增加、结构优化，其中重要骨干企业发展成为世界一流企业，由国有资本保持独资或绝对控股。基础性和支柱产业领域包括装备制造、汽车、电子信息、建筑、钢铁、有色金属、化工、勘察设计、科技等行业；国有经济要对这一领域的重要骨干企业保持较强控制力，国有资本比重适度下降，国有经济影响力和带动力增强，行业内有较强影响力和带动力的重要骨干企业由国有资本绝对控股或有条件地相对控股，同时汽车、机械、电子行业的重要骨干企业要为成为世界一流企业打下坚实基础。其他行业和领域主要包括商贸流通、投资、医药、建材、农业、地质勘查等行业；国有经济要在这一领域保持必要影响力，表现为国有资本对一些影响较大的行业排头兵企业，以及具有特殊功能的医药、农业、地质勘查企业保持控股，其他中央企业在市场公平竞争中优胜劣汰，数量明显减少。

三、小结：现行方针政策的主要特点

固定资产投资方面，出台了“鼓励和引导民间投资健康发展”的政策措施。

国有经济改革方面，明确提出“从战略上调整国有经济的布局，坚持有进有退，有所为有所不为”。具体政策措施充分体现“有进有退”要求，但缺乏对“有所不为”的明确要求。如国有经济在关系国家安全和国民经济命脉的关键领域要保持绝对控制力，国有资本总量增加、结构优化；国有经济要对基础性和支柱产业领域的重要骨干企业保持较强控制力，国有资本比重适度下降；国有经济要在其他行业和领域保持必要影响力。

与理论上国有投资和国有经济分布的合理范围相比，我国的政策规定并不仅仅考虑经济因素，国家安全和产业重要性也是选择国有投资和国有经济分布范围的重要依据。由于加入了安全和重要性因素，我国的国有投资和国有经济分布的合理范围远比理论上的更为宽泛。

第四节 投资所有制结构变动状况

2002 年 11 月，党的十六大提出建立国有资产管理体制，中央政府和省市两级地方政府分别设立国有资产管理机构代表国家履行出资人职责。2003 年 3 月，国务院国有资产监督管理委员会正式成立，并代表国家履行出资人职责。以国资委为首的国有资产管理体系的建立，深刻影响着国有企业的改革和发展，也对投资所有制结构变动产生深远影响，因此，我们主要以 2003 年以来的投资所有制结构变动趋势揭示固定资产投资领域的“国退民进”状况。由于相关统计数据在 2006 年有明显变化，考虑到数据的连续性和可比性，这里实际分析的是 2006 ~ 2010 年的情况。

一、从投资规模上看，“国退民进”特征显著

2006 年以来，在国内投资占比上升的过程中，国有控股投资占比下降，私人控股投资占比上升。

2006 ~ 2010 年，国内资本投资占城镇固定资产投资的比重由 89.4% 上升到 93.4%，4 年间增加了 4.0 个百分点（见图 6-1）。国内资本投资增速高于港澳台及外商投资增速是造成上述状况的主要原因。而国内资本投资增速之所以较高，一是因为人口红利期的高储蓄率，二是因为“百年一遇”的全球金融危机削弱了发达国家对外投资能力，而同期我国中央政府实施的 4 万亿元投资计划，大大激励了国内投资增长。

在国内资本投资占比上升的过程中，国有控股投资占比下降，私人控股投资占比不断上升，显示了固定资产投资领域发生的“国进民退”过程。2010 年，私人控股投资占城镇固定资产投资的比重（43.6%）首次超过了国有控股投资占比（42.3%）（见图 6-2）。

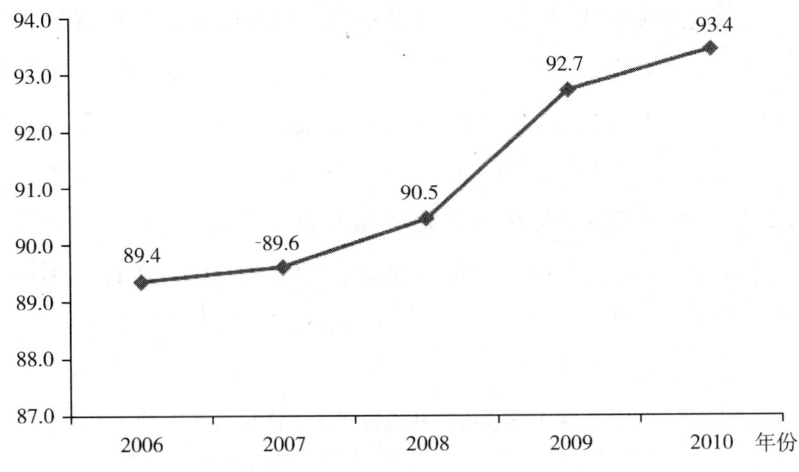

图 6-1　国内资本投资占城镇固定资产投资的比重（%）

资料来源：《中国统计年鉴》，2007～2011 年。

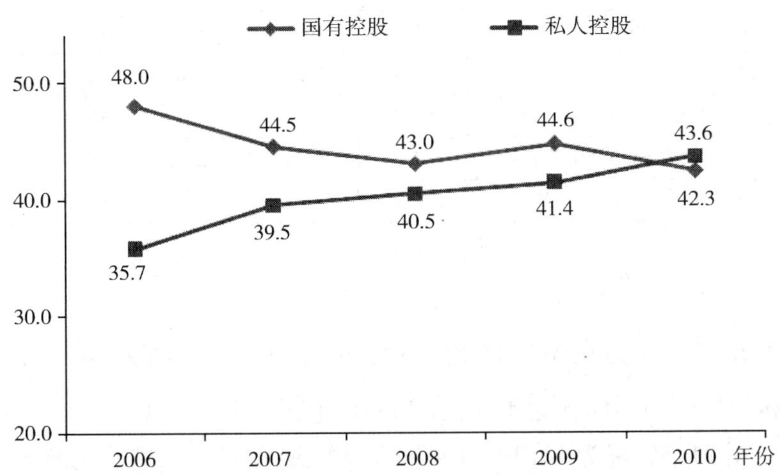

图 6-2　国有、私人及集体控股投资占城镇固定资产投资的比重（%）

资料来源：《中国统计年鉴》，2007～2011 年。

二、分行业看，制造业投资"国退民进"最为明显

从国有控股投资、私人控股投资占行业固定资产投资比重的变化看，2006～2010 年，国民经济 19 个大行业中，大部分表现为"国退民进"（见表 6-1 和

图6-4)，只有建筑业出现明显的“国进民退”，国有控股投资占建筑业投资的比重由45.6%上升至58.0%，私人控股投资占建筑业投资的比重由38.5%降为29.5%（见表6-1)。此外，虽然除了建筑业，还有部分行业出现私人控股投资占行业投资比重下降、国有控股投资占行业投资比重的上升的情况，如房地产业、居民服务和其他服务业、租赁和商务服务业，但由于国有控股投资占行业投资比重的上升主要发生在应对全球金融危机时期，因此，不足于说明该行业存在“国进民退”趋势。

表6-1 国有及私人控股投资占城镇固定资产投资的比重（%）

年份	房地产业		居民服务和其他服务业		租赁和商务服务业		建筑业	
	国有控股投资	私人控股投资	国有控股投资	私人控股投资	国有控股投资	私人控股投资	国有控股投资	私人控股投资
2006	18.9	60.5	25.4	52.8	46.2	35.0	45.6	38.5
2007	17.5	61.7	28.5	55.2	51.3	32.0	50.0	33.3
2008	17.5	56.3	20.6	61.6	46.4	36.3	55.6	32.0
2009	20.3	54.8	27.3	55.3	51.3	32.9	55.5	31.7
2010	20.3	55.6	34.3	48.1	49.5	30.9	58.0	29.5

资料来源：《中国统计年鉴》，2007~2011年。

在投资出现“国退民进”的行业中，制造业表现得最为突出。2006~2010年，制造业投资中，私人控股投资占比由52.8%上升至69.0%，国有控股投资占比由21.8%降为16.3%（见图6-3、图6-4)，大部分制造行业处于私人控股投资主导的状况。2010年，私人控股投资占比在60%以下的制造业部门只有烟草制品业（2.9%)，通信设备、计算机及其他电子设备制造业(37.5%)，石油加工、炼焦及核燃料加工业（42.4%)，黑色金属冶炼及压延加工业（52.7%)，交通运输设备制造业（53.3%)，工艺品及其他制造业(55.3%)（见表6-2)。

统计数据显示，私人控股投资占比相对较低的制造业部门，通常是国有控股投资占比相对较高的部门（见表6-2、表6-3)。2010年，国有控股投资占

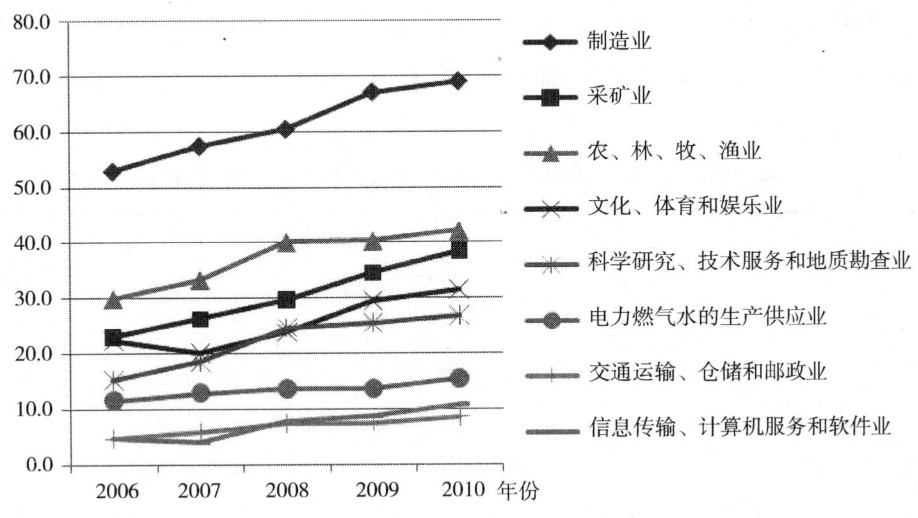

图 6-3 制造业等行业投资中的私人控股投资比重（%）

资料来源：《中国统计年鉴》，2007～2011 年。

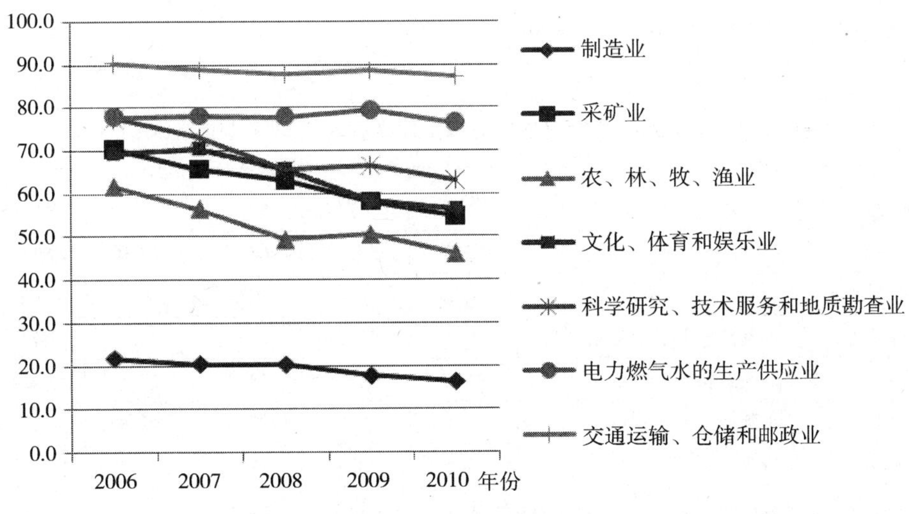

图 6-4 制造业等行业投资中的国有控股投资比重（%）

资料来源：《中国统计年鉴》，2007～2011 年。

行业投资比重仍在 20% 以上的制造业部门是：烟草制品业（95.7%），石油加工、炼焦及核燃料加工业（44.5%），黑色金属冶炼及压延加工业（37.9%），工艺品及其他制造业（31.9%），交通运输设备制造业（31.3%），有色金属冶炼及压延加工业（26.5%），化学原料及化学制品制造业（25.4%），通信设备、计算机及其他电子设备制造业（21.8%）。

表 6-2　2010 年国有控股投资占行业投资比重在 20%以上的制造业部门（%）

年份 行业	2006	2007	2008	2009	2010
制造业	**21.8**	**20.5**	**20.3**	**17.7**	**16.3**
烟草制品业	95.1	94.9	94.3	94.9	95.7
石油加工、炼焦及核燃料加工业	68.2	67.6	62.9	52.7	44.5
黑色金属冶炼及压延加工业	57.8	62.4	64.7	50.2	37.9
工艺品及其他制造业	23.0	20.4	25.6	25.3	31.9
交通运输设备制造业	30.0	32.2	30.5	29.9	31.3
有色金属冶炼及压延加工业	38.6	32.6	35.4	29.7	26.5
化学原料及化学制品制造业	26.8	27.2	25.2	27.1	25.4
通信设备、计算机及其他电子设备制造业	15.1	13.9	13.9	17.1	21.8

资料来源：《中国统计年鉴》，2007 ~ 2011 年。

表 6-3　2010 年私人控股投资占行业投资比重在 60%以下制造业部门（%）

年份 行业	2006	2007	2008	2009	2010
制造业	**52.8**	**57.3**	**60.4**	**67.0**	**69.0**
烟草制品业	2.2	3.4	4.2	4.3	2.9
通信设备、计算机及其他电子设备制造业	18.3	20.7	27.3	38.7	37.5
石油加工、炼焦及核燃料加工业	26.0	26.2	28.2	37.5	42.4
黑色金属冶炼及压延加工业	27.5	28.2	27.5	42.0	52.7
交通运输设备制造业	37.6	43.8	47.5	51.4	53.3
工艺品及其他制造业	50.1	51.2	52.1	56.1	55.3

资料来源：《中国统计年鉴》，2007 ~ 2011 年。

三、基础设施投资由国有部门主导，民营投资作用有待提高

统计数据显示，2006 ~ 2010 年，国有控股投资占三大基础设施领域投资

的比重略有下降，但仍高达83%以上；私人控股投资占三大基础设施领域投资的比重有所提高，但刚刚超过10%（见表6-4）。可见，尽管从中央到地方出台了一系列鼓励和引导民间投资发展的政策措施，但效果尚不显著。

表6-4　基础设施投资的所有制结构（%）

行业 \ 年份		2006	2007	2008	2009	2010
电力燃气水的生产供应业	国有控股	77.8	78.0	77.8	79.3	76.3
	私人控股	11.5	12.9	13.6	13.6	15.4
交通运输、仓储和邮政业	国有控股	90.4	88.8	87.9	88.5	87.2
	私人控股	4.8	5.9	7.5	7.6	8.6
水利、环境和公共设施管理业	国有控股	89.9	87.9	87.1	86.5	85.7
	私人控股	5.9	6.1	6.6	6.7	7.6
合计	**国有控股**	**86.0**	**84.9**	**84.3**	**84.8**	**83.1**
	私人控股	**7.4**	**8.3**	**9.2**	**9.3**	**10.5**

资料来源：《中国统计年鉴》，2007～2011年。

四、东中部地区投资所有制结构相近，西部地区国有投资占比较高

2010年，东北、东部、中部、西部地区国有投资占全社会固定资产投资的比重分别为30.0%、26.1%、29.0%和41.0%。除了西部地区，其他地区在国有投资份额上的差距不大，东北地区比东部地区仅高1个百分点，中部地区则比东北地区高了2.9个百分点。

此外，从2003以来，各地区国有投资份额的变动情况看，东部地区降幅最小，只有8.3个百分点，中部地区降幅最大，在13个百分点以上（见表6-5）。

表6-5　不同地区国有投资占全部固定资产投资的比重（%）

地区 \ 年份	2003	2004	2005	2006	2007	2008	2009	2010
东北地区	42.2	38.4	36.8	32.4	30.8	29.8	29.8	30.0
东部地区	33.8	30.3	30.5	26.2	24.8	25.4	28.9	26.1

续表

地区 \ 年份	2003	2004	2005	2006	2007	2008	2009	2010
中部地区	43.4	39.1	36.9	34.5	30.9	29.5	31.0	29.0
西部地区（不含西藏）	51.2	47.4	45.6	41.7	38.6	38.9	42.1	41.0

资料来源：《中国统计年鉴》，2004～2011年。

分省看，国有投资占比排在最后三位的省份分别是山东、河南和江苏省。2010年，按注册类型分的国有投资占全社会固定资产投资的比重，山东、河南和江苏省分别为14.6%、16.2%和17.5%。国有投资占比没有出现下降或持续下降趋势的是两个直辖市——上海和天津市。2003年以来，上海市国有投资占比总体呈现上升趋势，2008年比2003年提高近12个百分点，2009年国有投资占比达47%，比2003年高近16个百分点。2006年以来，天津市国有投资占比总体持续上升，2010年国有投资占比达39.1%，比2006年提高8个百分点以上（见图6-5）。上述状况表明，国有投资占比较低的省份并没有出现在长三角、珠三角、环渤海的核心地区——上海市、广东省和天津市，不仅如此，上海、天津两市国有投资占比还出现了逆大势而行的局面。

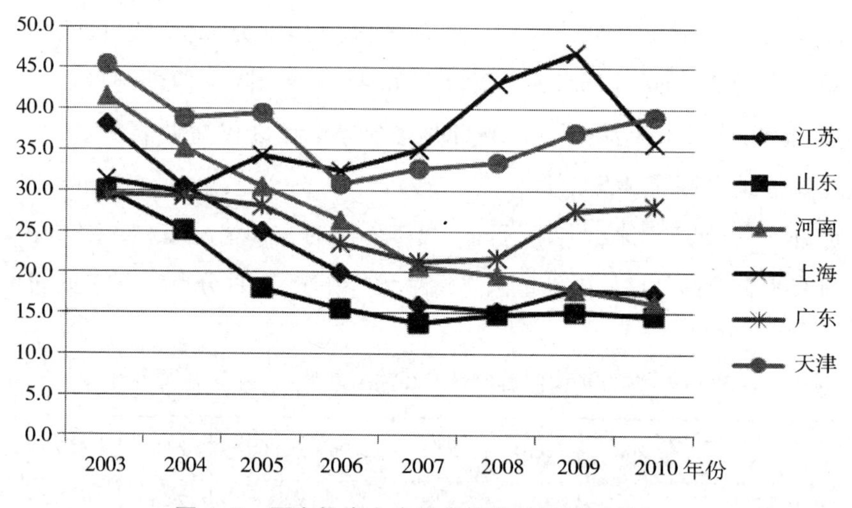

图6-5 国有投资占全社会投资的比重（%）

资料来源：《中国统计年鉴》，2004～2011年。

第五节 对投资所有制现状的思考及相关政策建议

一、投资领域的“国退民进”没有改变国有经济行业分布过宽的状况

投资领域的“国退民进”不仅没有改变国有经济行业分布过宽的情况，而且伴随国有企业改革的“抓大放小”，39个工业行业都出现了单个国有及国有控股企业平均资产规模优势不断扩大（见图6-6），相对于私营控股等非国

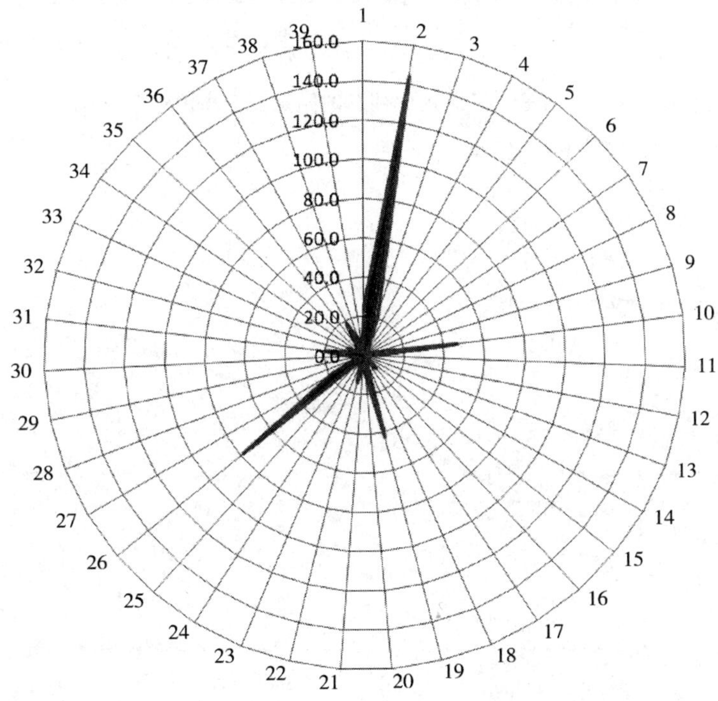

图6-6　39个工业行业单个国有及国有控股企业平均资产规模变动状况（亿元）

资料来源：《中国统计年鉴》，2007～2011年。

有工业企业，国有及国有控股工业企业资产规模优势进一步提高的情况（见图6-7、图6-8、表6-6）。换句话讲，尽管国有控股投资占比持续下降，国有及国有控股工业企业在资产、负债及所有者权益规模上仍居强势地位。以至

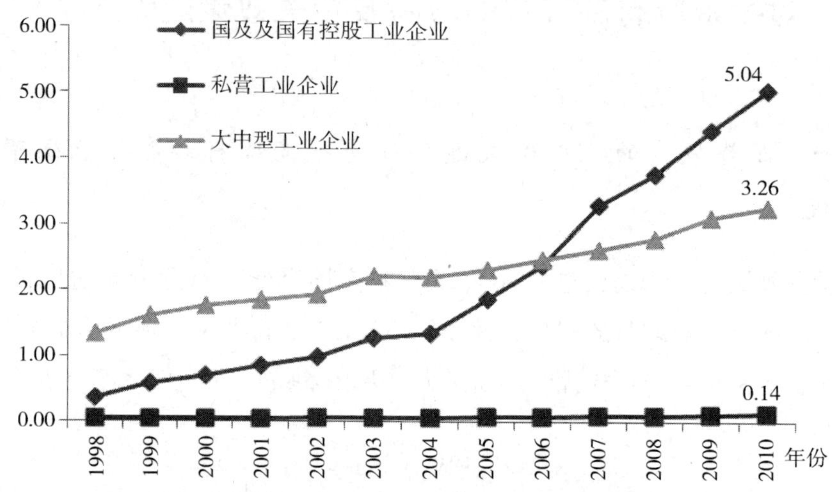

图6-7 平均每个工业企业拥有的固定资产净值规模（亿元）

资料来源：《中国统计年鉴》，2007~2011年。

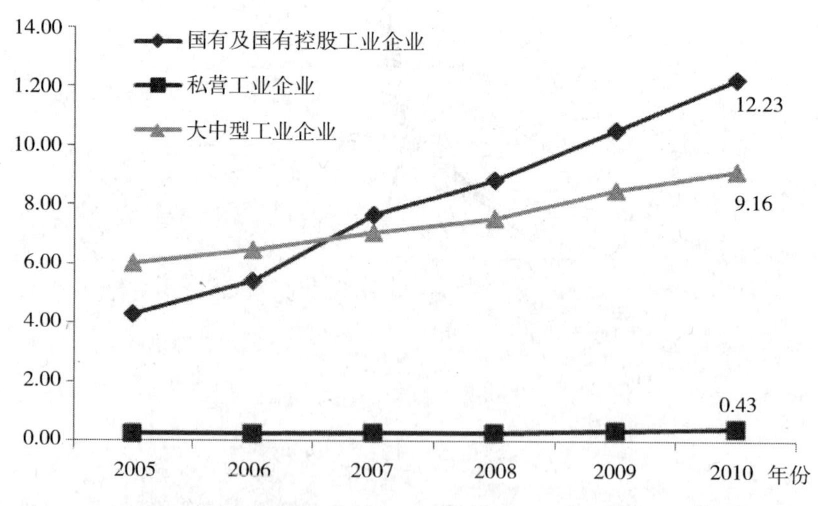

图6-8 平均每个工业企业拥有的资产规模（亿元）

资料来源：《中国统计年鉴》，2007~2011年。

于在中央和地方政府积极引导和鼓励民营经济、民营投资健康发展的政策背景下，市场上仍强烈地感受到“国进民退”，即国有经济市场话语权增强，民营经济发展环境趋紧、发展空间缩小等。

表 6-6　国有及国有控股、私营工业企业主要指标（2010 年）

	国有及国有控股工业企业①	私营工业企业②	①/②
企业个数（个）	20253	273259	0.07
工业总产值	185861	213338.6	0.87
资产总计	247759.9	116867.8	2.12
流动资产总计	90810.23	61798.67	1.47
固定资产原价	165601	56459.89	2.93
固定资产净值	102013.1	38241.49	2.67
负债合计	149432.1	64068.41	2.33
流动负债合计	97364.41	54642.1	1.78
所有者权益	98085.57	52295.51	1.88

资料来源：《中国统计年鉴》（2011 年）表 14-6、表 14-10。

二、要改变目前市场力量上的“国进民退”，就必须深化改革，改变单纯依靠促进民间投资政策效果有限的状况

1. 继续从战略上调整国有经济布局

从投资领域看，要真正落实《国务院关于鼓励和引导民营投资健康发展的若干意见》（国发〔2010〕13 号），就必须调整国有经济布局，只有国有经济真正“有所不为”了，民营经济才可能获得更大的投资和发展空间。而目前出现的“企业个数的减少，投资比重上的退出，单个企业资产规模的扩大”，只会压制民营经济做大做强的自主性和能动性，既不利于社会主义市场经济体制的完善，也不利于国民经济的稳定健康发展。

2. 进一步深化基础产业和基础实施领域改革

无论是鼓励和引导民间资本进入基础产业和基础设施领域、市政公用事业领域、社会事业领域，还是鼓励和引导民间资本进入其他领域，都需要通过推

进和深化相关领域的体制改革，才能改变目前存在的阻碍民营投资进入的“弹簧门”、“玻璃门”状况。

3. 继续贯彻落实鼓励和引导民营投资发展的相关政策措施

为贯彻落实《国务院关于鼓励和引导民间投资健康发展的若干意见》提出的各项政策措施，2010 年 7 月，国务院办公厅发出了《关于鼓励和引导民间投资健康发展重点工作分工的通知》（国办函〔2010〕120 号），进一步明确了部门和地方的主要工作任务。从当前情况看，应在明确工作分工的基础上，提出并改进具体实施办法，营造一个有利于民营投资健康发展的市场环境。

参考文献：

1. 天则经济研究所研究报告：“国有企业的性质、表现与改革”。

2. 李青原、潘雅敏、陈晓：“国有经济比重与我国地区实体经济资本配置效率”，《经济学家》2010 年第 1 期。

3. 平新乔：“论国有经济比重的内生决定”，《经济研究》2000 年第 7 期。

4. 马甜：“转型期自然垄断产业民营化进程与全要素生产率的变动——以中国电力产业为例”，《当代财经》2010 年第 2 期。

5. 剧锦文：“转轨背景下国有经济的功能及其战略重组”，《当代经济管理》2010 年第 1 期。

6. 郝书辰、蒋震：“国有资本产业分布问题研究述评及其理论含义”，《山东经济》2010 年第 1 期。

7. 周小川：“对国有企业资本回报问题的看法”，2005 年 12 月 11 日在“2005 中国企业领袖年会暨《中国企业家》杂志 20 周年庆典”上的讲话。

8. “江苏 2007 改革新进展系列之三：江苏国有企业改革情况”，国家发展改革委网上资料。

9. “2008 年青岛经济体制改革工作重点之一：进一步完善国有资产管理体制”，国家发展改革委网上资料。

第七章　近年来投资资金来源结构变动特征与未来变化趋势

内容提要："十一五"时期全社会投资到位资金状况较好，比"十五"时期增加1.26倍，年均增长26.6%。影响"十二五"时期融资结构的主要因素是：财税体制改革增强公共领域财政资金供给能力，金融体制改革提升直接融资比重，扩大民间投资改善投资资金来源结构，提高利用外资质量和水平影响境外资金来源等。未来应通过体制机制改革和政策配套，为各类投资主体营建良好的融资环境，规范融资行为，促进各类投资主体有效履行其投资职能。

第一节　"十五"时期以来投资资金来源结构变动特征

一、总体情况

"十一五"时期，全社会投资到位资金101.3万亿元，比"十五"时期增加1.26倍，年均增长26.6%；与同期投资完成额相比，投资到位资金高出9万多亿元，幅度为9.76%，增速也高出1.1个百分点。从各年情况来看，无论从总量上看，还是从增速上比较，大多数年份全社会固定资产投资到位资金高于同期完成投资，说明"十一五"时期固定资产投资资金到位情况良好（见表7-1）。

表 7-1 2001～2010 年全社会固定资产投资资金来源与投资完成情况比较（亿元，%）

年份	投资资金来源		投资完成额	
	金额	增速	金额	增速
2001	37987	14.7	37214	13.0
2002	45047	18.6	43500	16.9
2003	58616	30.1	55567	27.7
2004	74565	27.2	70477	26.6
2005	94442	26.7	88774	26.0
“十五”时期	310657	——	295532	20.2
2006	118957	26.0	109998	23.9
2007	150804	26.8	137324	24.8
2008	182915	21.3	172828	25.9
2009	249695	36.5	224846	30.1
2010	310872	24.5	278140	23.8
“十一五”时期	1013243	26.6	923136	25.5

资料来源：根据相关年份《中国统计摘要》有关数据整理而成。

投资资金来源主要包括国家预算内资金、国内贷款、利用外资、自筹资金和其他资金等几种途径。其中，国家预算内资金是政府参与投资建设的重要资金来源和调控手段，投资规模、方向和领域均由政府掌握。2003 年以来，国家预算内资金占比基本上保持在 4% 左右，2008 年底以来出台的 4 万亿元投资计划，使政府投资比重明显上升，2009 年、2010 年分别比 2008 年上升了 0.8、0.4 个百分点，充分发挥了“四两拨千斤”的作用。

国内贷款占全部资金来源比重，2003 年以来呈现逐年下降趋势，但下降的幅度不大，而 2009 年、2010 年其比重却有所上升，这与 2008 年底以来应对国际金融危机而实施的适度宽松货币政策有很大关系。2009 年、2010 年金融机构人民币新增贷款分别为 9.59 万亿元、7.95 万亿元，分别比此前 5 年（2004～2008 年）平均水平高出 2.32 倍、1.75 倍。

“十五”时期以来，我国利用外资规模持续增长，2007 年、2008 年均超过 5000 亿元，分别比“十五”初期（2001 年）增长了 1.97、2.07 倍；2009

年、2010 年受国际金融危机冲击的影响较为严重，利用外资额分别比 2008 年下降了 13.5%、5.4%，比重也分别下降了 1.1、1.3 个百分点。总体上看，我国经济持续平稳较快发展，是稳定和吸引外资的最有力保障。“十一五”时期，我国利用外资规模超过 2 万亿元，达 24428 亿元，比“十五”时期增长了 78.6%。

企业自筹资金是全社会固定资产投资资金的重要来源，其比重呈逐年递增趋势，“十五”、“十一五”时期比重分别累计上升 5.7、4.0 个百分点。这说明，随着近年来经济平稳较快增长，尤其是个体、私营等非公有制经济蓬勃发展，积累了大量民间资本，这些民间资本是企业自筹资金的重要来源之一（见表 7-2）。

表 7-2　“十五”时期以来全社会固定资产投资资金来源情况（亿元，%）

年份	合计	预算内资金		国内贷款		利用外资		自筹资金		其他资金	
		金额	比重	金额	比重	金额	比重	金额	比重	金额	比重
2001	37987	2546	6.7	7240	19.1	1731	4.6	19903	52.4	6567	17.3
2002	45047	3161	7.0	8859	19.7	2085	4.6	22814	50.6	8128	18.0
2003	58616	2688	4.6	12044	20.5	2599	4.4	31450	53.7	9835	16.8
2004	74565	3255	4.4	13788	18.5	3286	4.4	41273	55.4	12964	17.4
2005	94442	4049	4.3	16124	17.1	3973	4.2	54878	58.1	15418	16.3
“十五”时期	310657	15699	5.1	58055	18.7	13674	4.4	170318	54.8	52912	17.0
2006	118957	4672	3.9	19591	16.5	4334	3.6	71077	59.7	19284	16.2
2007	150803	5857	3.9	23044	15.3	5133	3.4	91373	60.6	25396	16.8
2008	182915	7955	4.3	26444	14.5	5312	2.9	118510	64.8	24694	13.5
2009	250230	12686	5.1	39303	15.7	4624	1.8	153515	61.3	40103	16.0
2010	310334	14673	4.7	47023	15.2	5025	1.6	197552	63.7	46061	14.8
“十一五”时期	1013239	45843	4.5	155405	15.3	24428	2.4	632027	62.4	155538	15.4

资料来源：根据相关年份《中国统计摘要》有关数据整理而成。

二、主要行业资金来源结构特征

从 2010 年不同行业固定资产投资资金来源比较中发现，国家预算内资金是基础设施、社会事业固定资产投资资金的重要来源，2010年占比分别为11.6%、17.7%，而在其他行业中占比均在5%以下；国内贷款，除了在基础设施、生活性服务业固定资产投资资金来源中占比较高（2010年分别为30.1%、15.7%）外，在其他行业中占比大体为8%~11%；自筹资金是采矿业、制造业、传统产业、生产性服务业固定资产投资资金的主要来源，占比均超过70%，基础设施、社会事业、生活性服务业中自筹资金占比略低，分别为49.1%、64.0%、44.1%；利用外资，在2010年传统产业、制造业固定资产投资资金来源中占比分别为2.8%、3.4%，在其他行业中占比均在3%以下。具体来讲：

（1）采矿业。在采矿业中，自筹资金占据了其固定资产投资资金来源的大部分，且近年来自筹资金占比呈上升趋势，2010年超过8000亿元，占比达84.0%，比2005年上升8.5个百分点；其次是国内贷款，占比13.9%，超过10%；国家预算内资金和外资占比很小，仅为1%左右。

（2）制造业。自筹资金占比明显上升，2010年接近6.5万亿元，占比超过80%，比2005年上升了11.3个百分点；而利用外资占比明显下降，2010年利用外资超过2600亿元，占比仅为3.4%，比2005年下降了8.1个百分点；国内贷款规模较快增长，2010年超过8000亿元，占比略超10%。

（3）基础设施。主要包括电力、燃气及水的生产和供应业，交通运输、仓储和邮政业，水利、环境和公共设施管理业。近年来国内贷款和自筹资金占比合计约占80%，其中2010年分别融资19573亿元、31956亿元，分别比2005年增长1.7倍、2.1倍；国家预算内资金支出规模和占比稳步增长，2010年分别为7579亿元、11.6%，分别比2005年增长2.5倍、上升1.6个百分点。

（4）社会事业。主要包括教育、卫生、社会保障和社会福利业，文化、体育和娱乐业。在社会事业固定资产投资资金来源中，国家预算内资金支出和占比均呈明显上升趋势，2010年分别为1532亿元、17.7%，分别比2005年增长3.6倍、上升7.7个百分点；银行贷款，尽管规模上2010年比2005年增加60.1%，但占比下降了6.2个百分点；自筹资金规模较快增长，2010年超过5500亿元，比2005年增长1.6倍，占比大体保持在60%以上，2005年和2010年分别为63.8%、64.0%；外资和其他资金规模相对较小，占比合计

10%以下。

（5）生产性服务业。主要包括信息传输、计算机服务和软件业，批发业，金融业，租赁和商务服务业，科学研究、技术服务和地质勘查业。自筹资金是生产性服务业固定资产投资的主要资金来源，2005年、2010年分别为2695亿元、7869亿元，占比分别为81.7%、82.7%，均超过80%；其次是国内贷款，但占比仅8%；排在第三位的是国家预算内资金，占比5%以下。

（6）生活性服务业。主要包括居民服务和其他服务业，房地产业，住宿和餐饮业，零售业。2010年，生活性服务业固定资产投资资金来源合计超过9万亿元，其中自筹资金和其他资金是主要来源，为74143亿元，占比超过80%；其次是国内贷款，占比15.7%；国家预算内资金和外资规模相对较小，占比均在1%左右。

（7）传统产业。自筹资金是传统产业投资资金的主要来源，近年来占比呈上升趋势。2010年自筹资金规模超过6.5万亿元，占比高达83.9%，比2005年上升了11.0个百分点；其次是国内贷款，占比有所下降，2010年贷款规模8132亿元，占比为10.3%，比2005年下降1.9个百分点；利用外资占比明显下降，2010年仅为2.8%，比2005年下降6.5个百分点；预算内资金占比在0.5%以下（见表7-3）。

表7-3　主要行业投资资金来源结构比较（亿元，%）

类别	年度	合计	国家预算内资金		国内贷款		利用外资		自筹资金		其他资金	
			金额	比重	金额	比重	金额	比重	金额	比重	金额	比重
采矿业	2005	3404.5	22.5	0.7	471.8	13.9	47.1	1.4	2570.5	75.5	292.6	8.6
	2010	9880.7	86.1	0.9	1018.2	10.3	88.6	0.9	8302.7	84.0	385.0	3.9
制造业	2005	20956.7	130.3	0.6	2482.2	11.8	2415.6	11.5	14987.6	71.5	941.0	4.5
	2010	78485.0	474.8	0.6	8112.8	10.3	2657.6	3.4	64956.4	82.8	2283.5	2.9
基础设施	2005	21696.9	2164.0	10.0	7301.4	33.7	452.4	2.1	10330.3	47.6	1448.8	6.7
	2010	65130.2	7579.3	11.6	19573.1	30.1	400.0	0.6	31956.4	49.1	5621.4	8.6
社会事业	2005	3316.4	333.0	10.0	538.6	16.2	39.3	1.2	2115.3	63.8	290.2	8.8
	2010	8634.7	1531.7	17.7	863.1	10.0	53.5	0.6	5523.1	64.0	663.2	7.7

续表

类别	年度	合计	国家预算内资金		国内贷款		利用外资		自筹资金		其他资金	
			金额	比重	金额	比重	金额	比重	金额	比重	金额	比重
生产性服务业	2005	3298.6	119.7	3.6	238.9	7.2	52.8	1.6	2695.1	81.7	192.0	5.8
	2010	9512.9	448.9	4.7	758.7	8.0	96.2	1.0	7869.3	82.7	339.8	3.6
生活性服务业	2005	24323.0	68.4	0.3	4128.3	17.0	342.7	1.4	9155.8	37.6	10627.9	43.7
	2010	90097.5	838.6	0.9	14130.3	15.7	985.7	1.1	39723.7	44.1	34419.2	38.2
传统产业	2005	20978.5	55.0	0.3	2559.6	12.2	1942.9	9.3	15295.0	72.9	1126.0	5.4
	2010	78936.3	132.6	0.2	8131.7	10.3	2174.9	2.8	66231.1	83.9	2266.0	2.9

资料来源：根据相关年份《中国统计年鉴》有关数据整理而成。

从发展趋势看，第一，基础设施和社会事业作为准公共产品或公共产品，具有较强的外部性，在不断健全公共财政体系、促进基本公共服务均等化背景下，中央和地方财政将继续加大对基础设施建设和社会事业发展支持力度，国家预算内资金支出和占比均将呈稳步上升趋势。第二，目前采矿业、制造业发展方式粗放的问题并没有明显改善，“十二五”时期各金融机构按照科学发展观根本要求，采取区别对待、有保有压的原则，把支持节能减排和淘汰落后产能作为加强银行审贷管理的重要参照依据，这会对投资资金来源结构产生一定影响。第三，进一步拓宽民间投资的领域和范围，《国务院关于鼓励和引导民间投资健康发展的若干意见》于2010年5月正式出台，鼓励和引导民间资本进入法律法规未禁入的基础产业、基础设施、公用事业、金融服务和商贸流通等行业和领域，参与国有企业改革，发展战略性新兴产业，这些行业和领域民间投资的增长将会对资金来源结构产生一定影响。

三、地区资金来源结构特征

改革开放以来，东部沿海地区经济发展水平、市场发育程度、对外开放水平等方面在全国处于率先发展地位。从该地区投资资金来源看，国家预算内资金占比最低，2005年分别比东北、中部、西部地区低2.7、3.0、5.6个百分点，2010年分别低1.6、3.0、6.6个百分点，而利用外资、其他资金比重却一直明显高于其他三个地区，其中2010年利用外资比重分别比东北、中部、西部地区高0.9、1.6、1.9个百分点，其他资金比重分别比东北、中部、西部地区高8.6、5.9、2.4个百分点（见表7-4）。

表7-4　不同地区固定资产投资资金来源情况比较（亿元，%）

年份	地区	总额	预算内资金		国内贷款		利用外资		自筹资金		其他资金	
			金额	比重	金额	比重	金额	比重	金额	比重	金额	比重
2005	东部	50551	997	2.0	8736	17.3	3050	6.0	28732	56.8	9036	17.9
	东北	7899	374	4.7	934	11.8	184	2.3	5323	67.4	1084	13.7
	中部	16621	825	5.0	2715	16.3	453	2.7	10533	63.4	2095	12.6
	西部	17869	1365	7.6	3440	19.3	263	1.5	10034	56.2	2767	15.5
2010	东部	134699	3030	2.2	21256	15.8	3370	2.5	83132	61.7	23911	17.8
	东北	33772	1277	3.8	3782	11.2	531	1.6	25070	74.2	3114	9.2
	中部	66855	3490	5.2	7837	11.7	625	0.9	46967	70.3	7937	11.9
	西部	69003	6039	8.8	11250	16.3	419	0.6	40675	58.9	10619	15.4

资料来源：根据2006年、2011年《中国统计年鉴》有关数据整理而成。

在实施中部崛起、西部大开发战略的政策背景下，中、西部地区国家预算内资金占比呈明显上升趋势，2010年比2005年分别上升了0.2、1.2个百分点，而国内贷款、利用外资比重显著下降，2010年与2005年相比，中部地区分别下降了4.6、1.8个百分点，西部地区分别下降了3.0、0.9个百分点，原因是银行贷款的逐利性、综合投资环境等因素所引致。从自筹资金占比看，中、西部地区比重均呈上升趋势，但2010年中部要比西部高出11.4个百分点，这说明中部地区经济发展水平、民间资本总量均高于西部地区。

与其他三个地区相比，东北地区的一个突出特点是国内贷款占比最低，而自筹资金占比最高。这是因为，东北地区作为老工业基地，从20世纪80年代以来改革开放相对滞后，相当部分国企缺乏活力、效益较差，一些资源型城市经过多年大规模开发后面临资源枯竭问题，再加上观念、体制、机制等多方面因素，导致东北地区金融生态环境相对较差。据中国社科院金融研究所2005年10月发布的《中国城市金融生态环境评价报告》称，长春、哈尔滨和沈阳分别位于第42、43和45位；2009年8月份发布的《2008～2009年度中国地区金融生态环境评价报告》中，黑龙江、吉林、辽宁分别位于第24、21和12位。

第二节 "十二五"时期影响投资资金来源结构变化的主要因素

"十二五"时期，世界经济处于后国际金融危机时代，经济全球化、科技进步和产业升级仍是世界经济增长的重要源泉，但不确定不稳定性因素较多，我国发展的外部环境更趋复杂。从国内看，工业化、信息化、城镇化、市场化、国际化是推动经济增长的重要动力，但体制性缺陷和结构性矛盾仍是经济社会发展面临的主要障碍。因此，如何围绕推动科学发展这个主题和加快转变经济发展方式这条主线，始终坚持市场化改革方向，进一步深化财税、金融、投融资和其他方面体制改革，加快转变政府职能，推动以行政主导型资源配置方式向市场主导型资源配置方式的转变，从制度上更好地发挥市场在资源配置中的基础性作用，既要进一步解决政府"缺位"、"越位"和"错位"问题，也要更好地克服"市场低效"和"市场失灵"问题，是"十二五"时期面临的重大任务，这也将对全社会固定资产投资资金来源结构产生较大影响。

一、财税体制改革

"十二五"时期，将进一步围绕推进基本公共服务均等化和主体功能区建设，调整优化财政支出结构，完善转移支付制度，规范地方政府投融资行为，健全公共财政体系，使得落后地区、重点领域、薄弱环节、亟待扶持的产业等获得的国家财政预算内资金数额和比重均会上升。

科学合理健全的财税体制，能够充分调动中央和地方两个积极性，正确引导地方政府和市场主体行为，对于调整优化投融资结构、加快转变经济发展方式至关重要。"十一五"时期，经济平稳较快增长带来了财政收入稳定增长，国家财政实力明显增强，2010年全国财政收入突破8万亿元，达到83080亿元，比“十五”期末的2005年增长1.6倍。与此同时，通过积极推进省直管县和乡财县管财政管理体制改革、全面取消农业税、统一内外资企业所得税制度、顺利推进成品油税费改革等一系列措施，中央和地方政府之间、政府与企业和个人之间的分配关系进一步规范，中央政府宏观调控能力和地方政府提供基本公共服务能力明显提高。但也应看到，与构建有利于加快转变经济发展方式的财税体制目标相比，与“十二五”规划纲要提出的重大政策导向要求相比，现行财税体制还存在一些突出问题，主要表现在：政府间事权和支出责任划分还不够清晰，省以下财政体制尚需进一步完善，地方税收体系建设相对滞后，转移支付制度亟待进一步健全，预算完整性和透明度有待提高等，如果这些问题得不到及时有效解决，财政政策在调整优化投资结构、推动产业结构优化升级和区域协调互动发展、推进基本公共服务均等化等方面的调控作用将受到较大的不利影响。相应地，对这些领域进行固定资产投资，其资金来源之一的国家预算内资金无论是在规模上，还是在结构和比例上，均将不同程度地受到制约和影响。

一般地，财政支出投向主要集中在非竞争性、非排他性的公共领域。以2010年为例，全国财政支出主要投向教育、一般公共服务、社会保障和就业、农林水事务、城乡社区事务、国防、公共安全、交通运输、医疗卫生等领域，占比合计超过70%。从中央与地方财政支出结构比较来看，二者之间存在一定差异，中央财政支出主要投向国防、科学技术、国债利息支出、一般公共服务、交通运输、公共安全、粮油物资储备和金融监管支出等，占比合计接近80%，其中国防财政支出比重超过30%；地方财政支出主要投向教育、一般公共服务、社会保障和就业、农林水事务、城乡社区事务、医疗卫生、公共安全、交通运输等领域，占比合计超过75%（见表7-5）。

表7-5 2010年财政支出结构情况（亿元，%）

类别	全国		中央		地方	
	金额	比重	金额	比重	金额	比重
总计	89874.16	100	15989.73	100	73884.43	100
一般公共服务	9337.16	10.39	837.42	5.24	8499.74	11.50

续表

类别	全国		中央		地方	
	金额	比重	金额	比重	金额	比重
外交	269.22	0.30	268.05	1.68	1.17	0.00
国防	5333.37	5.93	5176.35	32.37	157.02	0.21
公共安全	5517.7	6.14	875.2	5.47	4642.5	6.28
教育	12550.02	13.96	720.96	4.51	11829.06	16.01
科学技术	3250.18	3.62	1661.3	10.39	1588.88	2.15
文化体育与传媒	1542.7	1.72	150.13	0.94	1392.57	1.88
社会保障和就业	9130.62	10.16	450.3	2.82	8680.32	11.75
医疗卫生	4804.18	5.35	73.56	0.46	4730.62	6.40
环境保护	2441.98	2.72	69.48	0.43	2372.5	3.21
城乡社区事务	5987.38	6.66	10.09	0.06	5977.29	8.09
农林水事务	8129.58	9.05	387.89	2.43	7741.69	10.48
交通运输	5488.47	6.11	1489.58	9.32	3998.89	5.41
资源勘探电力信息等事务	3485.03	3.88	488.38	3.05	2996.65	4.06
商业服务业等事务	1413.14	1.57	139.79	0.87	1273.35	1.72
金融监管支出	637.04	0.71	488.16	3.05	148.88	0.20
地震灾后恢复重建支出	1132.54	1.26	37.9	0.24	1094.64	1.48
国土气象等事务	1330.39	1.48	176.39	1.10	1154	1.56
住房保障支出	2376.88	2.64	386.48	2.42	1990.4	2.69
粮油物资储备管理等事务	1171.96	1.30	495.12	3.10	676.84	0.92
国债付息支出	1844.24	2.05	1508.88	9.44	335.36	0.45
其他支出	2700.38	3.00	98.32	0.61	2602.06	3.52

资料来源：《中国统计年鉴（2011）》。

从未来发展趋势看，社会保障和就业、农林水事务、医疗卫生、环境保护、保障性住房建设等领域均属于公共领域，是政府财政的支出范围。但目前这些领域固定资产投资资金来源中财政支出占比明显偏低，而民间资本因其盈利性较差，一般也不愿介入。因此如何使国家财政预算资金在这些领域的投资中发挥更大作用，产生“四两拨千斤”的政策效果，是未来迫切需要解决的重大问题。具体来说，未来将加强以县医院为龙头、乡镇卫生院和村卫生室为基础的农村三级医疗卫生服务网络建设，完善以社区卫生服务为基础的新型城市医疗卫生服务体系。以解决饮用水不安全和空气、土壤污染等损害群众健康的突出环境问题为重点，加大环境保护力度，并坚持保护优先和自然修复为主，从源头上扭转生态环境恶化趋势。加快构建以政府为主提供基本保障、以市场为主满足多层次需求的住房供应体系。加强以农田水利设施为基础的田间工程建设，实施全国新增千亿斤粮食生产能力规划，加强粮食物流、储备和应急保障能力建设。加快农业科技创新，推进农业技术集成化、劳动过程机械化、生产经营信息化，发展高产、优质、高效、生态、安全农业等，这些领域的基础设施和公共服务体系建设必将要求更多的财政资金投入。

另外，统筹谋划人口分布、经济布局、国土利用和城镇化格局，实施区域发展总体战略和主体功能区战略，促进区域间生产要素合理流动和产业有序转移，实现基本公共服务均等化，是"十二五"规划纲要确立的重大任务之一。"十二五"时期，中央财政要逐年加大对农产品主产区、重点生态功能区特别是中西部重点生态功能区的转移支付力度，增强基本公共服务和生态环境保护能力，省级财政要完善对下转移支付政策。实行按主体功能区安排和按领域安排相结合的政府投资政策，按主体功能区安排的投资主要用于支持重点生态功能区和农产品主产区的发展，按领域安排的投资要符合各区域的主体功能定位和发展方向。

需要指出的是，1994 年实行分税制改革，对于理顺中央与地方的分配关系，调动中央、地方两个积极性，增强宏观调控能力等方面发挥了积极作用，但也带来了一些新情况新问题。比如，地方政府财权和事权明显不对称，体现基本公共服务均等化目标的一般性转移支付规模过小，对财政困难地区财力补偿能力有限等。2010 年，财政转移支付总量超过 2.5 万亿元，达到 25606.6 亿元，比实施分税制改革当年（1994 年）增长了 54.5 倍，也比"十一五"初期的 2006 年增长了 1.8 倍。从近年情况看，中央财政支付占中央财政总收支、地方财政总收入的比重均在40%以上（见表7-6），说明中央财政转移规模已经偏大，且中央对地方的财政转移支付已经成为地方财政收入来源的比较稳定的重要渠道。目前，中央转移支付总量占中央、地方财政总收支的比重较高，但一般性转移支付规模和比例均明显偏低，2010 年一般性转移规模仅为 14624. 8 亿元，占 GDP 的比重仅为 3. 67%。这部分从中央财政收入增量中拿出来的转移支付资金，相对于各地区巨大的财政均衡支出缺口而言，支持力度明显不足，对于平衡各地区财力、实现公共服务均等化的作用仍然十分有限。

表 7-6 1994 年及“十一五”时期财政转移支付情况（亿元，%）

年份	转移支付总量	转移支付 占 GDP 比重	转移支付 占中央财政收入比重	转移支付 占地方财政收入比重
1994	461. 2	0. 96	15. 87	19. 95
2006	9143. 6	4. 23	44. 70	49. 96
2007	13991. 2	5. 26	50. 42	59. 35
2008	18663. 4	5. 94	57. 11	65. 14
2009	23679. 0	7. 06	65. 97	72. 68
2010	25606. 6	6. 43	60. 29	63. 06

资料来源：历年财政部预算执行情况报告。

1998 年住房保障体制改革以来，土地财政收入快速增加，逐渐成为地方政府进行投资建设的重要资金来源途径之一。“十一五”时期是全国土地出让收入增长较快的一个时期，2010 年达到 29109. 9 亿元，占全国、地方财政收入的比重分别为 35. 0%、71. 7%（见表 7-7），这与房地产市场需求旺盛、价格大幅上涨等因素有较大关系。但是，“十二五”时期国家将继续对房地产市场调控保持高压态势，地价涨势可能明显趋缓，由此可能导致土地出让收入增速下降，地方政府利用土地出让收入进行基础设施和公共服务体系建设的资金来源会受到影响。与此同时，2010 年 6 月以来，为有效防范财政金融风险，中央开始全面清理、规范地方政府投融资平台债务，加强对融资平台公司的融资管理和银行业金融机构等的信贷管理，坚决制止地方政府违规担保承诺行为，预计“十二五”时期地方政府融资平台公司运作不规范、举债融资规模迅速膨胀的势头将得到遏制，地方政府尤其是市县政府举债融资搞建设将进一步规范。

表 7-7　"十一五"时期全国土地出让收入及占比情况（亿元，%）

年份	全国土地出让收入	全国财政收入	土地出让收入占全国财政收入的比重	地方财政收入	土地出让收入占地方财政收入的比重
2006	7677	38760	19.8	18304	41.9
2007	13000	51322	25.3	23573	55.1
2008	10375	61330	16.9	28650	36.2
2009	14240	68477	20.8	32581	43.7
2010	29110	83080	35.0	40610	71.7

资料来源：历年财政预算执行报告及《中国统计摘要（2011）》。

二、金融市场化改革

为了抑制价格总水平的不断上涨，央行多次存贷款基准利率（见图 7-1）、调整存款准备金率和实行差别准备金率（见图 7-2）、灵活开展公开市场操作等，引导金融机构合理把握信贷投放总量和节奏，支持经济发展方式转变和结构调整。"十二五"时期，货币政策基调由"适度宽松"转为"稳健"，目前已先后几次上调存款准备金率、存贷款基准利率等，部分行业和企业贷款条件更加严格，尽管银行贷款规模继续保持增加，但贷款增长速度与前两年相比，可能有所放缓，在一定程度上影响部分行业固定资产投资资金来源中贷款的规模和比例。

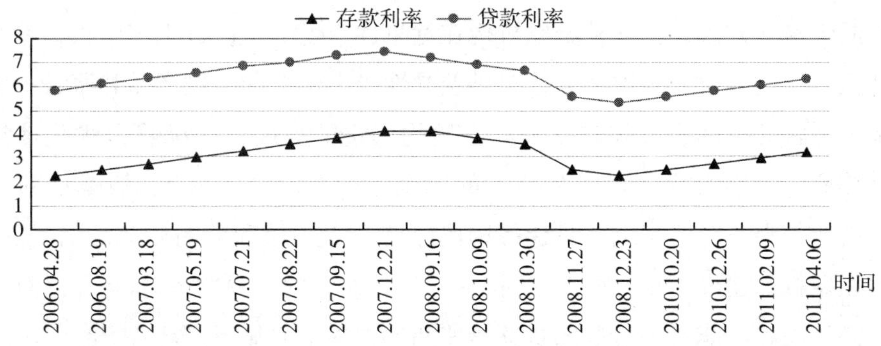

图 7-1　"十一五"时期以来央行历次调整一年期存贷款基准利率情况（%）

资料来源：中国人民银行网站。

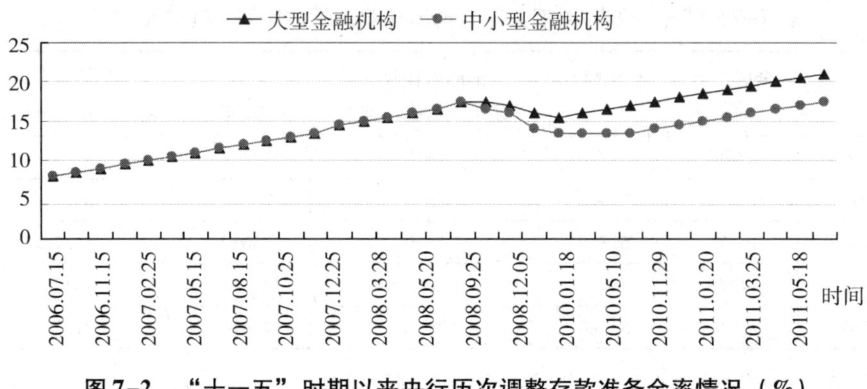

图 7-2 "十一五"时期以来央行历次调整存款准备金率情况（%）

资料来源：中国人民银行网站。

根据央行历年货币政策报告显示，在金融机构新增人民币贷款中，国有行业银行贷款比重最大，其次是股份制商业银行，二者比重合计一般在 60% 左右，尤其是 2009 年已接近 70%；再次是政策性银行、农村金融机构和城市商业银行，各自比重大体在 8% ~15%；最后是外资金融机构，贷款比重在 5% 以下（见表 7-8）。这里需要指出的是，由于商业银行逐利本性所致，大中型商业金融机构一般不愿意贷款给中西部地区、"三农"、中小企业特别是小微型企业，它们往往缺乏必要的抵押担保、市场风险较高、盈利前景不明朗、交易成本高等，进行投资建厂很难从银行筹集到足够的贷款额度，相当一部分投资资金是依靠民间借贷或其他途径加以解决。"十二五"时期，将进一步推进利率市场化改革，通过采取市场定价、扩大利率浮动范围、逐步放开替代性金融产品价格等方式，让各种金融机构在竞争性市场中行使自主定价权，针对不同地区、行业和企业发展特点，提供差异性、多样性的金融产品和服务；进一步加大金融支持发展方式转变和经济结构调整的力度，继续着力优化信贷结构，按照"区别对待、有保有控"的原则，加大对"三农"、战略性新兴产业、就业、中小企业、灾后重建等国民经济重点领域和薄弱环节的信贷支持，这些领域投资建设中银行贷款占全部资金来源中的比重将有所上升，而高耗能、高污染和产能过剩行业的贷款增速和比重均呈明显下降趋势。

表 7-8 2005~2009 年各金融机构新增人民币贷款情况

年份		政策性银行	国有商业银行	股份制商业银行	城市商业银行	农村金融机构	外资金融机构
2005	金额（亿元）	3379	7621	5965	1832	3451	421
	比重（%）	14.9	33.6	26.3	8.1	15.2	1.9
2006	金额（亿元）	3418	12199	7358	2733	4277	969
	比重（%）	11.0	39.4	23.8	8.8	13.8	3.1
2007	金额（亿元）	4280	13055	7716	2978	5085	1704
	比重（%）	12.3	37.5	22.2	8.6	14.6	4.9
2008	金额（亿元）	5917	18022	11479	3952	5908	628
	比重（%）	12.9	39.3	25.0	8.6	12.9	1.4
2009	金额（亿元）	9496	41021	22283	7920	9727	18
	比重（%）	10.5	45.3	24.6	8.8	10.8	0.0

资料来源：央行历年第四季度货币政策报告。

2004 年 6 月推出中小板，2006 年 1 月中关村科技园区非上市股份公司开始进入证券公司代办股份转让系统报价和交易，2009 年 10 月推出创业板，至此逐步形成场内市场和场外市场，主板、中小板和创业板分工协调发展的多层次资本市场新格局。“十一五”时期，采取了完善新股发行制度、股权分置改革、开展证券公司综合治理和上市公司专项治理、加强证券市场制度建设、大力发展多元化机构投资者等一系列重大措施，直接融资市场建设取得明显进展。但总体上看，目前仍然是以银行信贷的间接融资为主，这种融资结构在宏观层面上使风险过度集中在银行体系，加大了潜在的金融风险隐患；在微观层面上不利于平衡企业资产负债水平，影响企业经营效益和财务审慎性。

直接融资有了较快发展：

（1）股票市场融资规模总体上呈不断增加趋势。“十一五”时期，我国境内外股票市场融资额达 36890 亿元，比“十五”时期增长 4.3 倍，占全社会固定资产投资额的比重略有上升，从 2.36% 升至 4.00%。其中，2010 年境内外股票融资额达12638.6亿元，比股票市场成立之初的1992年、“十五”期末的2005年分别增长了133.3倍、5.71倍，但占全社会固定资产投资额的比重仍处于较低水平，仅为4.54%（见表7-9）。我们直观地看出（见图7-3），大多数年份融资额占全社会固定资产投资的比重在5%以下，即使是比重最高的2007年也仅为6.32%，与银行贷款规模和比重相比明显偏低。这里需要指出的是，2007年上证综合指数（收盘）达5262点，创下了1992年股票市场成立20多年来的历史高点，股市财富效应吸引了大量城乡居民储蓄从银行转移到股市，相应地部分企业从银行贷款转向股市获得更多的直接融资。

表7-9 “十五”时期以来境内外股票融资额及占比情况

年份	境内外股票融资额（亿元）	全社会固定资产投资额（亿元）	境内外股票融资额占全社会固定资产投资额的比重（%）
2001	1252.3	37213.5	3.37
2002	961.8	43499.9	2.21
2003	1357.8	55566.6	2.44
2004	1510.9	70477.4	2.14
2005	1882.5	88773.6	2.12
“十五”时期	6965.3	295531	2.36
2006	5594.3	109998.2	5.09
2007	8680.2	137323.9	6.32
2008	3852.2	172291.1	2.24
2009	6124.7	224846	2.72
2010	12638.6	278140	4.54
“十一五”时期	36890	922599.2	4.00

资料来源：《中国证券期货统计年鉴（2010）》。

（2）债券市场呈现出蓬勃发展的良好势头，债券发行总量从2006年不足6万亿元增加到2010年接近10万亿元，截至2010年末债券市场债券托管总额达20.17万亿元。但与发达国家债券市场相比仍有较大差距，主要表现在：债

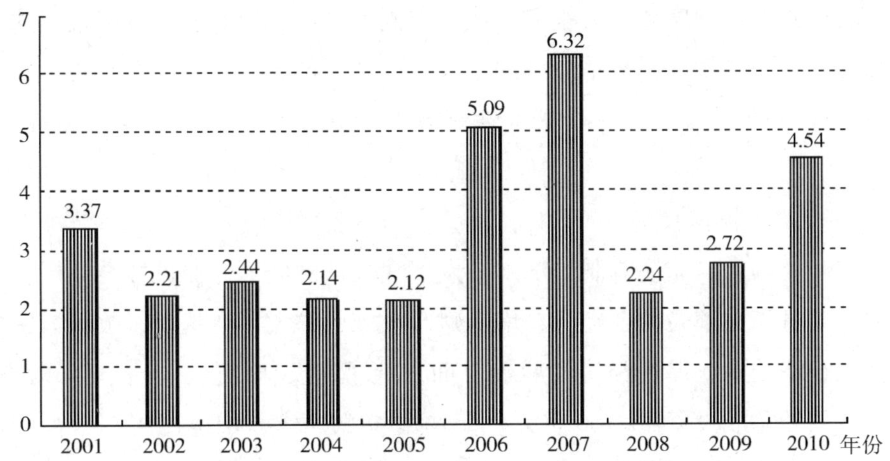

图 7-3　“十五”时期以来境内外股票融资额占全社会投资额的比重变化情况（%）

资料来源：证监会网站和《中国投资年鉴（2011）》。

券发行、交易和结算分别由不同的机构或部门负责，债券市场多头监管造成在审批和发行程序、制定发行标准和规模、信息披露等各个环节宽严不一致；银行间债券市场与交易所债券市场分割程度较高，两个市场在参与者类型、交易方式、结算制度等方面均存在较大差异；债券规模偏低、品种较少，投资者类型相对单一，缺乏投机类的机构投资者和真正的做市商机构等，这在很大程度上制约了债券市场发展的规模和效率。

三、投资体制改革

1. 规范国有企业投资行为

“十一五”时期，国有及国有控股累计完成投资 364835 亿元，年均增长 21%。其中，2010 年国有及国有控股占全社会投资的比重为 38.8%，比“十五”期末回落了 5.9 个百分点。尤其是在 2008 年四季度以来，为应对国际金融危机，中央出台了包括 4 万亿元投资在内的一揽子计划和政策措施，2008 年、2009 年国有及国有控股投资出现了快速增长，分别增长 23.1% 和 36.6%，为保增长、调结构、惠民生发挥了至关重要的作用。

“十二五”时期，国有和国有控股企业应按照国有资产管理体制改革和现代企业制度的要求，进一步完善国有资产出资人制度、投资风险约束机制、科学民主的投资决策制度和重大投资责任追究制度。国有资本要把投资重点放在不断加强和巩固关系国民经济命脉的重要行业和关键领域，健全国有资本有进有退、合理流动机制，在一般竞争性领域要为民间资本营造更广阔的市场空间。

2. 鼓励扩大民间投资

改革开放以来，非公有制经济不断发展壮大，已经成为促进社会生产力发展的重要力量，在繁荣城乡经济、增加财政收入、扩大社会就业、改善人民生活、优化经济结构、促进经济发展等方面发挥了重要作用。"十一五"时期，民间资本累计完成投资485760亿元，年均增长30.6%，增速比同期全社会固定资产投资高5.1个百分点；2010年民间投资占全社会固定资产投资的比重为55.1%，比"十五"期末提高9.3个百分点。

相对于政府公共投资而言，民间投资产权清晰，机制灵活，在经营决策、资产支配、选人用人、内部分配等方面具有较强的自主性，能够及时灵活地适应经济社会多层次、多领域的迅速变化，具有"船小好调头"的特殊优势。"十二五"时期，将进一步放宽民间资本的投资领域，通过注入资本金、贷款贴息、税收优惠等措施，鼓励和引导民间资本以独资、合资、合作、联营、项目融资等方式，进入法律法规未禁入的基础设施、公用事业及其他行业和领域。

四、利用外资政策

"十一五"时期，我国外商直接投资累计达到4260亿美元，年均增长11.9%，是"十五"时期的1.6倍，全球排名由"十五"期末的第四位上升至第二位，并连续18年位居发展中国家首位。其中，2010年外商直接投资突破1000亿美元，达到1057亿美元，是"十五"期末的1.8倍，占世界的比重从2005年的7.3%提高到9.4%，我国已成为世界最具吸引力的外商直接投资国之一（见表7-10）。

表 7-10 2005 ~ 2010 年外商直接投资居世界前十位国家（地区）比较（亿美元）

位次	2005 年		2006 年		2009 年		2010 年	
	国家（或地区）	外商直接投资	国家（或地区）	外商直接投资	国家（或地区）	外商直接投资	国家（或地区）	外商直接投资
	世界	9858	世界	14591	世界	11142	世界	11220
1	英国	1760	美国	2371	美国	1299	美国	1961
2	美国	1048	英国	1562	中国	900	中国	1057
3	法国	850	法国	719	法国	596	香港	626
4	中国	603	中国	630	中国香港	484	法国	574
5	荷兰	478	加拿大	598	英国	457	比利时	505
6	德国	474	比利时	589	俄罗斯	387	英国	462
7	比利时	344	德国	556	德国	356	俄罗斯	397
8	中国香港	336	中国香港	451	印度	346	德国	374
9	加拿大	257	意大利	392	比利时	338	新加坡	344
10	西班牙	250	卢森堡	318	意大利	305	巴西	302

资料来源：国家统计局网站。

但是也应看到，利用外资的质量和效益还需要进一步提高。从外资区域分布比较来看，东部地区 2010 年吸引外商投资企业约 33.4 万户，累计投资额约 2 万亿美元，与 2005 年相比，吸引外资额增长了 72.1%，外商投资企业数量增加了 62.2%，但占全国利用外资总额的比重下降了 5.4 个百分点。而中部、西部地区，无论是从吸引外商投资企业数量和投资额来看，还是从各自占全国的比重来看，均呈上升趋势；东北地区，2005 年吸引外资额比中部、西部地区分别多出 9.0%、30.1%，占全国利用外资的比重也相应高出 0.6、1.8 个百分点，但吸引外资增长相对缓慢，2010 年吸引外资额反而比中部、西部地区下降了 9.9%、4.7%，占比也相应分别低 0.8、0.4 个百分点（见表 7-11）。

表 7-11 不同地区外商投资企业投资情况比较

地区	2005 年				2010 年			
	投资总额（亿美元）	比重（%）	企业数（户）	比重（%）	投资总额（亿美元）	比重（%）	企业数（户）	比重（%）
全国	14640	100	260000	100	27059	100	445244	100
东部	11597	79.2	206083	79.3	19963	73.8	334279	75.1
中部	1039	7.1	16794	6.4	2103	7.8	40022	9.0
西部	870	5.9	15805	6.1	1988	7.4	42203	9.5
东北	1132	7.7	21318	8.2	1895	7.0	28500	6.4

注：外商投资总额除了包括四个不同地区外，还包括部门投资，所以上述四个地区比重之和略低于100%。

资料来源：根据相关年份《中国统计年鉴》有关数据整理而成。

“十二五”时期，各地在招商引资竞争中为提高外资吸引力，各级政府将进一步着力推进职能转变，减少过多的或不适当的行政干预，加快培育和完善劳动力、土地、资本、技术、信息等要素市场，逐步向市场导向型、开放型经济体系转变。其中，东部沿海发达地区由于经济发展水平、人才技术、投资环境等方面所具有的优势，吸引和利用外资规模、比重仍将保持较高水平，但利用外资领域要逐步从生产制造向研究开发、现代物流等领域拓展，充分发挥外资的集聚效应和带动效应。而中西部地区和东北地区等老工业基地要进一步扩大对外开放，继续推动“万商西进工程”，促进国际和东部开放型产业向中西部地区梯度转移，吸引外资投资其优势产业和特色产业，利用外资规模很可能快速增长，比重也将明显上升。

从不同产业利用外资比较来看（见图 7-4）：

（1）第一产业外商直接投资额所占比重总体偏低，由 2006 年的 0.9% 升至 1.8%。“十二五”时期，将继续加快转变农业发展方式，推进农业技术集成化、劳动过程机械化、生产经营信息化，发展高产、优质、高效、生态、安全农业，预计利用外资额和比重均呈上升趋势。

（2）第二产业外商直接投资额所占比重明显下降，由 2006 年的 67.5% 降至 2010 年的 50.9%，下降了 16.6 个百分点。而且，第二产业吸引外商直接投

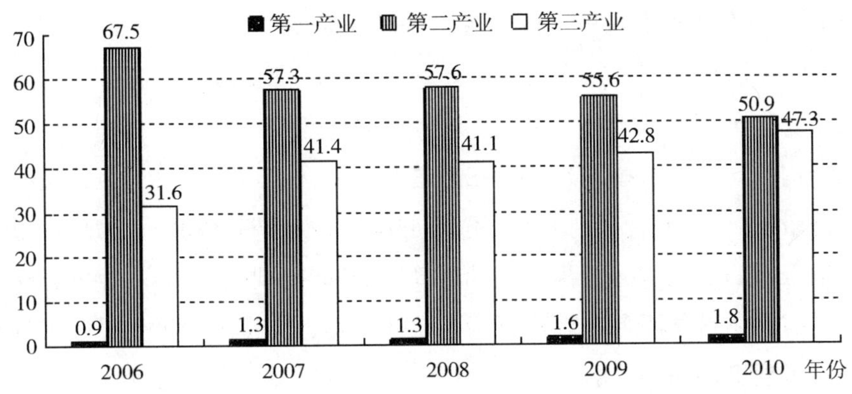

图 7-4 "十一五"时期三次产业利用外资占比情况（%）

资料来源：《中国统计年鉴（2011）》。

资以制造业为主，尽管制造业实际使用外资额从"十五"期初（2001 年）的 309.1 亿美元增加到 2009 年的 467.7 亿美元，增长了 51.3%，但占全国实际利用外资额的比重由 65.9% 降至 51.9%，下降了 14.0 个百分点（见图 7-5）。预计"十二五"时期，受劳动力、土地等生产要素成本上升，以及节能减排、能源资源的制约，传统制造业吸引投资已出现饱和趋势，但家用电器、汽车制造、电子信息、集成电路等资金和技术密集型行业继续发展，新能源、新材料、节能环保、生物医药等战略性新兴产业利用外资将逐步形成规模。

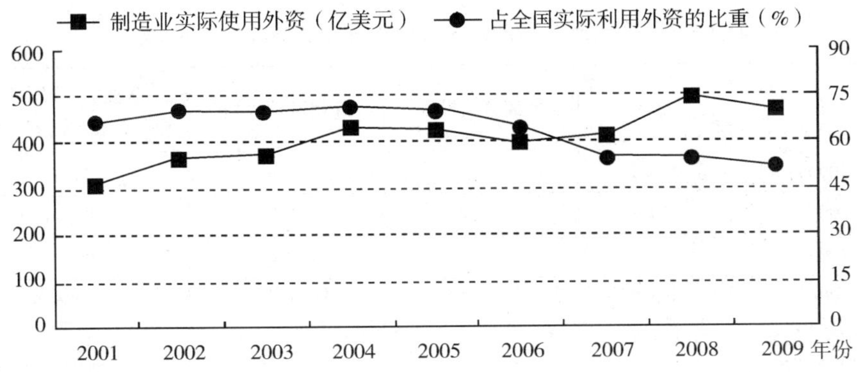

图 7-5 "十五"时期以来我国制造业实际使用外资及比重变化情况

资料来源：2002~2011 年《中国统计年鉴》。

（3）第三产业外商投资金额所占比重显著提高，由2006年的31.6%升至2010年的47.3%，上升了15.7个百分点。这次国际金融危机使得各国对经济发展模式进行重大调整，大力发展低碳经济、绿色经济等，也将催生世界新一轮产业结构的升级。一些发达国家在制造业改造升级过程中将产生大量服务外包需求，研发、市场营销、物流等环节向外转移步伐明显加快，为现代服务业发展带来难得的发展机遇。预计“十二五”时期，现代服务业尤其是金融保险、信息咨询、科技服务、现代物流、软件开发、工程设计等生产性服务业吸引外资将呈现出快速增长势头。

从利用外资方式看，“十一五”时期外商直接投资累计达4259.6亿美元，比“十五”时期增长55.4%，年均增长11.9%。其中，外商直接投资是利用外资的主要方式，比重达90%以上，远远超过其他投资方式，包括境外证券投资、国外贷款、国际租赁等。这种过分依赖外商直接投资，不利于区域经济协调发展和产业结构优化升级，对于全面提高投资项目引资质量和水平也产生不利影响。“十二五”时期，将适应对外开放由出口和吸收外资为主转向进口和出口、吸收外资和对外投资并重的新形势，利用外商直接投资将从规模型的高速增长转向效益型的稳定增长，不断创新利用外资方式，充分利用多种外商间接投资方式，有利于中西部地区、部分行业企业、一些大中型投资项目获得更多的外资资金（见表7-12）。

表7-12 “十五”时期以来我国利用外资情况（亿美元）

年份	合计	外商直接投资	外商其他投资	外商直接投资占利用外资总额的比重（%）
2001	496.7	468.8	27.9	94.4
2002	550.1	527.4	22.7	95.9
2003	561.4	535.1	26.4	95.3
2004	640.7	606.3	34.4	94.6
2005	638.1	603.3	34.8	94.5
“十五”时期	2887.0	2740.8	146.2	94.9
2006	670.8	630.2	40.6	93.9
2007	783.4	747.7	35.7	95.4

续表

年份	合计	外商直接投资	外商其他投资	外商直接投资占利用外资总额的比重（%）
2008	952.5	924.0	28.6	97.0
2009	918.0	900.3	17.7	98.1
2010	1088.2	1057.3	30.9	97.2
“十一五”时期	4413.0	4259.5	153.4	96.5

资料来源：《中国统计摘要（2011）》。

五、“十二五”时期投资资金来源结构变化趋势

综合上述分析，结合“十五”、“十一五”时期全社会固定资产投资资金来源增速，预计“十二五”期末（2015年）全社会固定资产投资资金来源额在45万亿元左右。

（1）国家预算内资金。随着经济平稳较快发展和财政收入持续较快增长，国家预算内资金用于固定资产投资的数量也将呈增加趋势，尤其是将加大对中西部落后地区、基础设施建设和促进基本公共服务均等化、加快社会主义新农村建设、培育发展战略性新兴产业、推动服务业大发展、推进主体功能区建设等，亟需政府加大公共投资力度，并带动和引导民间资本积极介入，预计“十二五”期末用于固定资产投资建设的国家预算内资金占比将稳中略升，在5%左右。

（2）国内贷款。尽管贷款规模上仍呈不断增加趋势，但其占比总体上呈下降趋势，到“十二五”期末可能降至12%左右，这可能与“十二五”时期货币政策收紧、直接融资市场加快发展、“两高一资”和产能过剩行业贷款门槛提高等方面因素有很大关系。

（3）利用外资。“十二五”时期我国将进一步丰富利用外资方式，优化利用外资结构，坚持利用外资和境外投资并重，更加注重利用外资的质量和效益，同时也加强利用外资规范管理，健全外资并购安全审查制度，预计利用外资规模将呈稳步增长趋势，其占比可能维持3%左右的水平。

（4）自筹资金和其他资金。无论是从资金总量上，还是从融资比重来看，整体上表现出较快增长态势。随着个体、私营等非公有制经济迅猛发展，民营企业资金实力显著增强，与此同时，城乡居民收入和储蓄显著增加，多层次资本市场体系更进一步健全，储蓄转化为投资的效率也有所提高，预计“十二五”期末自筹资金和其他资金比重在80%左右。

第三节 “十二五”时期重点行业、区域投资资金来源分析

一、重点行业、领域融资与风险防范

1. 地方政府融资与债务风险

如何防范和化解地方政府融资平台潜在风险，以及由此可能引发的地方政府债务危机，是目前社会各界关注的焦点问题。据审计署《全国地方政府性债务审计结果（2011）》显示，截至2010年底全国地方政府性债务余额107174.91亿元（见表7-13）。

表7-13 全国地方政府性债务余额分布及占比情况（亿元，%）

<table>
<tr><th colspan="2">类 别</th><th>政府性债务余额</th><th>占比</th></tr>
<tr><td rowspan="3">政府层级</td><td>省级政府</td><td>32111.94</td><td>29.96</td></tr>
<tr><td>市级政府</td><td>46632.06</td><td>43.51</td></tr>
<tr><td>县级政府</td><td>28430.91</td><td>26.53</td></tr>
<tr><td rowspan="3">区域分布</td><td>东部11个省（直辖市）和5个计划单列市</td><td>53208.39</td><td>49.65</td></tr>
<tr><td>中部8个省</td><td>24716.35</td><td>23.06</td></tr>
<tr><td>西部12个省（自治区、直辖市）</td><td>29250.17</td><td>27.29</td></tr>
<tr><td rowspan="2">举债主体</td><td>融资平台公司</td><td>49710.68</td><td rowspan="2">69.69</td></tr>
<tr><td>政府部门和机构</td><td>24975.59</td></tr>
<tr><td>借款来源</td><td>银行贷款</td><td>84679.99</td><td>79.01</td></tr>
</table>

续表

类别		政府性债务余额	占比
偿债年度	2011 年	26247.14	24.49
	2012 年	18401.93	17.17
	2013 年	12185.79	11.37
	2014 年	9945.83	9.28
	2015 年	8016.68	7.48
	2016 年以后	32377.54	30.21
全国合计		107174.91	100

资料来源：根据审计署《全国地方政府性债务审计结果（2011）》有关数据整理而成。

作为地方政府筹集资金的重要渠道，地方投融资平台产生和发展有其客观必然性和现实必要性。

一方面，在现行财政体制下，特别是1994年分税制改革后，出现了明显的“财权上移、事权下移”的倾向。与分税制改革前的1993年相比，1994年中央财政收入比重上升了23.7个百分点，而地方财政收入比重下降33.7个百分点，尽管近年来这种倾向有所改善，但2010年中央财政收入比重仍然比地方高出2.2个百分点。与此同时，中央财政支出比重不断降低，2010年已降至17.8%，分别比1994年、2000年、2005年下降了12.5、16.9、8.1个百分点，而地方财政支出规模和比重均持续上升，2010年达7.36万亿元，是同年中央财政支出规模的4.6倍，比重也升至82.2%，比中央财政支出比重高64.4个百分点（见表7-14）。

表7-14　分税制改革前后中央、地方财政收入及比重变化情况（亿元，%）

年份	全国财政收入	中央财政收入		地方财政收入	
		金额	比重	金额	比重
1993	4349	958	22.0	3391	78.0
1994	5218	2907	55.7	2312	44.3
2000	13395	6989	52.2	6406	47.8
2005	31649	16549	52.3	15101	47.7
2010	83080	42470	51.1	40610	48.9

续表

年份	全国财政收入	中央财政收入		地方财政收入	
		金额	比重	金额	比重
1993	4642	1312	28.3	3330	71.7
1994	5792	1754	30.3	4038	69.7
2000	15887	5520	34.7	10367	65.3
2005	33930	8776	25.9	25154	74.1
2010	89575	15973	17.8	73602	82.2

资料来源：根据《中国统计摘要（2011）》有关数据整理而成。

另一方面，随着工业化、城镇化加快推进，2010年城镇化率分别比1990年、2000年提高了23.3、13.5个百分点，大量农村剩余劳动力以各种方式涌入城市，“十二五”期间城镇人口数量将首次超过农村人口数量，进而形成对城市各种基础设施和公共服务的巨大需求。因此，20世纪90年代以来，地方政府融资平台应运而生，尤其是近几年地方政府融资平台数量和融资规模急剧膨胀。不可否认，在地方政府缺乏规范的融资渠道的情况下，通过搭建地方政府融资平台公司，把政府信用优势、银行资金优势和市场力量结合起来，对手中掌握的各种自然资源、国有企业资产、经营性和非经营性资产加以综合运用，为促进地方经济发展尤其是加强基础设施建设方面筹集了大量资金，在应对这次国际金融危机、保持经济平稳较快发展方面发挥了一定的积极作用。

但也应看到，地方政府融资平台有银行贷款、企业债券、中期票据等多种融资方式，其中银行贷款是融资平台最主要的融资方式，约占融资总额的80%。地方政府通过采取财政收入担保、土地资产抵押、政府应收账款或股权质押、项目回购、第三方担保或出具担保函等多种方式进行增信，这样融资平台的债务就构成了地方政府的“或有负债”。从目前情况看，银行业金融机构整体贷款拨备非常充足，拨备覆盖率都在150%以上，而且部分贷款项目能够产生稳定、充足的现金流量，可覆盖贷款本息，地方投融资平台出现风险集中爆发的可能性不大。

但是，地方政府融资平台数量过快增长、贷款规模迅速扩张，与当地政府官员追求所谓的政绩、事权职责和考核机制等带来的压力，以及国有商业银行约束机制不健全、城镇化过程中银行对地方经济和财政收入增长的预期等方面有较大关系，一些苗头性、倾向性问题也必须给予密切关注。主要是融资平台公司举债融资规模急剧膨胀，运作不够规范；地方政府违规或变相提供担保，过度透支以后年度财力，隐性财政风险较大；部分银行业金融机构风险意识薄弱，对融资平台公司信贷管理缺失等。总体上看，与欧美发达国家政府债务不同，它们是在本国经济和财政收入处于低增长阶段形成的，是一种消费性债务，即所谓的“寅吃卯粮”的超前消费，而我国政府债务是在整个国民经济和财政收入均保持较快增速背景下发生的，是一种建设性债务，主要用于基础设施、社会事业等领域建设，能够改善生产经营环境并进而增加产出能力，更有利于促进经济持续较快发展，出现融资平台风险大规模集中爆发的可能性不是很大，但潜在财政金融风险仍需引起高度重视。

“十二五”时期，将继续同步推进工业化、信息化、城镇化和农业现代化，推进基本公共服务均等化，促进区域协调互动发展，各地基础设施和公共事业建设资金需求将快速增长，并与地方政府财力相对不足之间的矛盾可能更加凸显，地方政府性债务规模也很可能进一步扩大。建议从“妥善处理存量债务，严格控制新增债务”两个方面入手，重点在建立健全地方政府举债融资机制上做文章，及时防范和化解可能出现的财政金融风险。

一方面，继续加强地方政府融资平台清理规范工作。要进一步落实《国务院关于加强地方政府融资平台公司管理有关问题的通知》（国发〔2010〕19号）等有关政策文件精神，遵循疏堵结合、分别管理、区别对待的原则，继续做好地方政府融资平台公司清理规范工作，并通过充实公司资本金、引进民间资本、兼并重组、关闭改制等方式，促进融资平台公司投资主体多元化和法人治理结构完善。当前，要切实加强对融资平台公司的融资管理和银行业金融机构等的信贷管理，加快建立融资平台公司债务管理信息系统、会计核算和统计报告制度，实现对融资平台公司债务的全口径管理和动态监控。

另一方面，探索建立健全地方政府举债融资机制。采取有力措施积极疏导、合理解决各地区投资建设庞大的资金需求，探索地方政府发行市政债券等市场化融资方式，坚决禁止政府违规担保行为，尽快建立政府性债务的监测体系和风险控制标准及预警机制，对政府性债务实行余额管理，逐步形成与社会主义市场经济体制相适应、管理规范、运行高效的地方政府举债融资机制，不断满足地方政府合理的建设资金需求和最大限度地降低地方政府融资风险。可考虑将负债率、债务率、偿债率、债务依存度、利息支出率、资产负债率等作为地方政府债务风险预警指标（见表7-15），根据以上指标体系进行量化考核和评价，并按照有关标准将各地区债务风险分为绿、黄、红三个级别进行分级监测预警，及时防范化解地方政府债务风险。

表7-15 地方政府债务风险预警主要指标

指　标	计算公式
负债率	年底政府债务余额/当年地方 GDP
债务率	年底政府债务余额/当年财政收入
偿债率	当年债务还本付息额/当年财政收入
债务依存度	当年举借债务数额/（当年财政支出+当年债务还本付息额）
利息支出率	当年利息支出额/当年财政收入
资产负债率	年底政府债务余额/年底政府资产总额

资料来源：根据相关财政金融资料整理而成。

这里需要指出的是，财政部于 2011 年 10 月 20 日宣布在上海、浙江、广东和深圳开展地方政府自行发债试点。允许地方政府发行债券，是财税体制改革的一项重大突破，对于理顺中央和地方财税关系、减轻中央财政压力、缓解地方财政收支紧张、推进金融市场创新等方面具有重要意义。从目前情况来看，逐步用地方政府债券替换地方融资平台债，通过阳光融资机制让地方债务规模显性化，有利于防范和化解可能引发的系统性金融风险。但地方政府自行发行债券毕竟在我国还是个新鲜事物，需要在实践中逐步探索，一些相关配套措施需要及时跟上，比如风险控制及市场监管机制、筹集资金用途、如何偿还等。

2. 高铁建设融资与风险防范

截至“十一五”期末，我国铁路、公路、高速公路、输油（气）管道里程分别达 9. 12、400. 82、7. 41、7. 85 万公里，分别比“十五”期初增长了 30. 1%、1. 36 倍、2. 82 倍、1. 84 倍。从铁路投资情况来看，“十一五”时期全国铁路固定资产投资（含基本建设、更新改造和机车车辆购置）完成24310.0亿元，比“十五”时期增长3.88倍。其中，2010年全国铁路完成投资8426.5亿元，分别比2003年、2005年增长8.80倍、5.18倍。“十二五”期间，将基本形成以客运专线和提速干线为主体的快速铁路客运网络骨架和“7918”国家高速公路网，建成以纵贯南北、横贯东西的“五纵五横”为主骨架的综合交通运输网络，总里程达490万公里以上，必然产生大量的融资需求（见图7-6）。

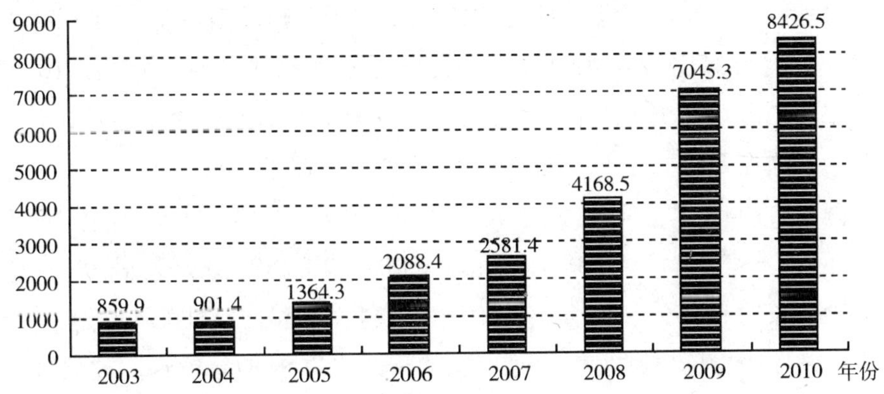

图7-6 2003~2010年全国铁路固定资产投资额变化情况（亿元）

资料来源：国家统计局。

目前，铁路建设融资有自身经营现金流（包括税后净利润及折旧）、银行贷款、债券融资、股权融资、铁路建设基金、保险资金等多种渠道，但银行贷款、债券融资等债务融资规模呈快速增长势头，债务融资比例已由2005年的48.83%升至2009年的超过70%，给铁路部门带来巨大债务压力和财务费用。备受社会广泛关注的京沪高铁建设预算资金约2200亿元，其中铁道部、沿线各地政府以及战略投资者共同投资1100亿元，剩余1100亿元通过银行贷款和发行债券等方式筹集。截至2011年上半年，铁道部总资产约3.57万亿元，总负债约2.09万亿元，资产负债率为58.5%，尽管资产负债率尚属基本合理的范畴内，但铁道部负债规模、资产负债率持续较快攀升却是不争的事实。铁道部经营现金流主要来源于税后净利润、铁路建设基金和累计折旧。2008~2010

年，铁道部税后利润分别为-129.51亿元、27.43亿元和1500万元，铁路建设基金582亿元、544.11亿元、616.92亿元。与之形成对比的是，2008～2010年铁道部还本付息金额分别为417.82亿元、732.59亿元、1501.17亿元。显然，仅靠收入偿还融资本息是不可能的。目前业界普遍担心通过发新债还旧债这种滚雪球式地维持下去，一旦出现资金链条断裂，潜在的融资风险必将爆发，铁路部门（以政府信用作担保的）巨额债务偿还很可能由中央财政兜底。

笔者认为，铁道部发行的债券在程度上类似于国债，债务偿还能力并非仅由其盈利能力所决定，若将这些债务放在整个国民经济和国家债务框架中进行分析，可能并不是突出问题。截至2010年末，中央财政国债余额约6.75万亿元，地方政府性债务余额约10.7万亿元，分别约占当年GDP的16.8%、26.7%，加之占GDP比重约为6%的政策性金融机构发行的金融债券，公共部门债务率大体在50%左右，仍处于60%的预警线以下，远低于发生债务危机的欧美国家。而且，“十一五”时期GDP和财政收入均保持较快增速，分别由2006年的21.63万亿元、3.88万亿元增至2010年的40.12万亿元、8.31万亿元，分别增长约85.5%、1.14倍。问题的关键在于要彻底打破铁路建设垄断，积极推进铁路投融资体制改革，这才是“十二五”时期缓解铁路建设债务风险，实现多渠道、低成本融资的关键所在。① 按照“政府主导、多元化投资、市场化运作”的思路，要彻底打破铁路行业垄断，实行政企分开，改革现行的经营清算模式，并引入市场竞争机制，吸引保险、信托等非银行金融机构以及民营企业等民间资本参与铁路建设，积极引进战略投资者，彻底改变铁路投资主体单一状况。可以考虑在民间资本活跃的部分地区进行铁路融资体制改革试点，增强地方政府和民营企业在合资铁路建设中的话语权和运营权。另外，还要克服“以路养路”的传统思维，充分利用资本市场不断创新融资方式与工具，并通过企业联合兼并、股份制、承包、租赁、托管等多种方式，盘活铁

① 根据《国务院机构改革和职能转变方案》（2013年）规定，实行铁路政企分开，不再保留铁道部，将铁道部拟订铁路发展规划和政策的行政职责划入交通运输部；组建国家铁路局，负责拟订铁路技术标准，监督管理铁路安全生产、运输服务质量和铁路工程质量等；组建中国铁路总公司，承担铁道部的企业职责，负责铁路运输统一调度指挥，经营铁路客货运输业务，承担专运、特运任务，负责铁路建设，承担铁路安全生产主体责任等。同时，加快推进铁路投融资体制改革和运价改革，建立健全规范的公益性线路和运输补贴机制；继续深化铁路企业改革，建立现代企业制度。

路存量资产，实现有效流动和优化配置；可考虑采用铁路项目（公益性和盈利性）进行分类投资建设，实行不同比例的项目资本金率，并不断创新融资方式，实行铁路企业股改上市、扩大铁路建设债券发行规模、扩大利用外资规模等。这里需要指出的是，受京沪高铁开通后接连出现故障、7·23 温州动车追尾事故等方面影响，与铁路建设相关的债券成为引爆债券市场投资风险的导火索，加之受高铁建设标准和成本过高、价格普遍偏高导致出现较高空座率的影响，导致铁路部门难以实现预期收益，也在较大程度上增加了铁路部门融资难度和融资风险。

3. 国有商业银行的信贷风险

2003 年以来，按照“建立规范的公司治理结构，转换经营机制，成为产权清晰、资本充足、内控严密、运营安全、服务与效益良好、具有国际竞争力的现代商业银行”的目标，稳步推进国有商业银行股份制改革，先后采取了国家注资、处置不良资产、设立股份公司、引进战略投资者、择机上市等一系列措施，目前改革已取得了明显效果，四大银行经营管理能力和市场竞争力稳步提高，资本充足率、资产质量和盈利能力等指标显著改善，内部管理和风险控制能力不断增强。数据显示，2010 年工、农、中、建四大国有商业银行净利润额分别为 1660. 25 亿元、948. 73 亿元、1044. 18 亿元、1350. 31 亿元，累计超过 5000 亿元；2011 年上半年，四大银行净利润额继续较快增长，分别为 1094. 81 亿元、666. 67 亿元、665. 13 亿元、928. 25 亿元，净息差收入提升和中间业务强劲增长是两大主要驱动因素。

但从目前银行贷款结构来看，存款活期化和贷款长期化趋势较为明显，期限错配风险有所上升，贷款集中度较高风险仍然存在，大部分贷款投向了东部沿海发达地区、大中型企业、垄断行业、房地产业等，而中西部地区、民营经济、中小企业、三农、战略性新兴产业贷款需求难以有效满足，这可能与商业银行在追求利润最大化目标的作用下，投放贷款存在着明显的所有制歧视和地区、行业差别待遇有较大关系。据央行《中国金融稳定报告（2011）》，截至 2010 年末中长期贷款同比增速连续 19 个月超过 30%，全年新增中长期贷款 6. 95 万亿元，占全部新增贷款的 83. 2%；个人贷款、制造业、批发和零售业以及交通运输业四类贷款占新增贷款比例达 66. 7%，同比上升 7. 2 个百分点。

4. 民间金融潜在风险与规范发展

长期以来，在大型国有商业银行为主体的银行体系中，民营企业不仅受到“重大轻小”和“嫌贫爱富”的“规模歧视”，而且还要受到“重公轻私”的“所有制歧视”。民间金融伴随着金融抑制和正规金融有效供给不足而不断内生出来，已成为中小企业获取资金的一条重要渠道。民间借贷手续简便、方式灵活，不像正规金融机构那样受到严格的贷款规则和复杂繁琐贷款程序的束缚，借贷资金可多可少，借贷时间可长可短，借贷利率由双方自由约定，它能够及时满足借款者生产、生活等多方面的资金需求，满足正规金融机构不能满足的临时之需。

要客观公正地看待民间金融，既要看到它潜藏着一定的金融风险，又要看到它以方便、快捷、及时的方式为中小企业、农民解决临时资金周转困难。事实上，民间金融存在的意义，不仅仅在于它增加了金融市场供给，在一定程度上缓解了中小企业、农民贷款难的问题；更为重要的是，它能够打破农村金融市场垄断格局，通过民间金融与正规金融的竞争促进农村正规金融组织不断深化改革，改进服务质量，使农村金融市场真正按照市场经济机制运行。在规范、扶持和引导民间金融健康发展的过程中，政府应该坚持区别对待、分类指导的原则，针对不同层次、不同类型的民间金融组织或活动采取不同的措施：

（1）对于无息的互助合作性质的农村民间借贷，政府应该少加干涉甚至不予干涉，这是由于它体现了互助互爱的优良传统美德，也是公民依法享有财产权的具体表现。如果借贷双方发生纠纷时，可以按照《民法通则》、《合同法》等法律法规进行相应处理，依法保护公民合法的财产权利。

（2）规范有息民间借贷，强化对契约关系的保护，重点是引导和鼓励有息民间借贷双方要采取较为规范的契约形式，以防止发生借贷纠纷。

（3）对于高利贷活动，要切实采取有效措施遏制高利贷蔓延，消除不利影响。同时，鼓励更多民间资本参与借贷，让市场调节合理的借贷利息。

（4）放松农村金融市场管制，适当降低农村金融市场准入门槛，赋予农村民间金融组织合法地位，允许具备一定资格条件、运作比较规范的农村民间金融组织进入正规金融市场，并在经营管理、利率决定等方面给予较大的自主权，促进其健康发展。

（5）创新监管手段，加强监管力度，强化地方政府对地方中小金融机构的风险处置责任，加强对农村民间金融组织或活动的监测预警体系建设，特别是对与黑恶势力等非法组织相勾结，从事洗钱、炒卖外汇等非法金融活动的农村民间金融组织要予以坚决打击，有效维护农村金融稳定和社会安定。

二、重点区域融资分析

长江三角洲、珠江三角洲、京津冀地区为我国经济快速增长的三大引擎，2011 年上半年 GDP 分别为46736 亿元、19902.7 亿元和23509.2 亿元，占全国的比重分别为22.86%、9.73%、11.50%，合计44.09%。其中，长江三角洲地理区位条件优越，经济发展水平全国领先，是我国综合经济实力最强的区域。珠江三角洲是典型的外向型经济，技术和市场对外依存度较高，拥有大量“三资企业”和“三来一补”外向型企业，2010 年进出口贸易额达7510.8 亿美元，占全国出口贸易总额的25.3%；实际利用外资183.5 亿美元，占全国实际利用外资总额的16.9%；产业层次总体偏低，主要集中在价值链低端，且结构化趋同现象较为明显，长期以来以低附加值、劳动密集型加工贸易为主的产业结构亟待改变。

与长江三角洲、珠江三角洲相比，京津冀经济总量相对较小，2010 年 GDP 为43732 亿元，分别约为长江三角洲两省一市、广东省的50.6%、95.0%；2010 年京津冀进出口贸易额、实际利用外资额分别为2644 亿美元、202 亿美元，占全国的比重分别为8.9%、18.6%。另外，京津两大都市对周边地区的辐射能力和带动效应不明显，区域内城市之间 GDP 差距较大，还存在一个覆盖32 个贫困县、270 多万人口的环京津贫困带，区域整体竞争力有待提高。

从固定资产投资增长及其资金来源来看，2010 年京津冀、长江三角洲两省一市、广东省固定资产投资总额分别为31754.2 亿元、48611.1 亿元、18264.5 亿元，分别比2005 年增长了2.01 倍、1.46 倍、1.36 倍。其中，从三个地区投资资金来源来看，国家预算内资金中长江三角洲两省一市是三个地区中规模最大的，2010 年达866.3 亿元，分别是京津冀、广东省的1.67 倍、2.40 倍。这说明，长江三角洲财政收入状况明显好于其他两个地区，2010 年长江三角洲实现地方财政收入 9561.9 亿元，分别是京津冀、珠江三角洲的 2.24 倍、3.05 倍，但长江三角洲国家预算内资金占投资资金来源总额的比重并不是最高的，处于其他两个地区之间。

三个地区国内贷款比重均有所下降，分别由 2005 年的 19.6%、18.5%、17.6%下降为 2010 年的 19.0%、15.0%、16.8%，降幅分别为 0.6、3.5、0.8 个百分点；利用外资比重下降较为明显，2010 年分别为 0.8%、3.4%、3.4%，分别比 2005 年下降了 1.8、3.4、7.5 个百分点；而自筹资金比重上升较快，分别由 2005 年的 51.1%、55.2%、52.9%上升为 2010 年的 61.6%、59.7%、57.2%，分别上升了 10.5、4.5、4.3 个百分点（见表 7-16）。

表 7-16 各地区固定资产投资资金来源情况（亿元，%）

年份	地区	总额	国家预算内资金		国内贷款		利用外资		自筹资金		其他资金	
			金额	比重	金额	比重	金额	比重	金额	比重	金额	比重
2005	北京	4561.3	142.3	3.1	1059.7	23.2	70.9	1.6	1446.6	31.7	1841.8	40.4
	天津	1828.6	28.5	1.6	435.9	23.8	122.5	6.7	921.1	50.4	320.7	17.5
	河北	4160.2	102.7	2.5	569.4	13.7	84.7	2.0	3024.1	72.7	379.3	9.1
	合计	10550.1	273.4	2.6	2065.0	19.6	278.1	2.6	5391.8	51.1	2541.8	24.1
	上海	4196.1	46.4	1.1	952.3	22.7	235.6	5.6	1928.3	46.0	1033.6	24.6
	江苏	8578.9	80.1	0.9	1258.7	14.7	793.3	9.2	5271.7	61.4	1175.1	13.7
	浙江	6997.9	148.1	2.1	1450.4	20.7	318.9	4.6	3717.7	53.1	1362.8	19.5
	合计	19773.0	274.6	1.4	3661.4	18.5	1347.8	6.8	10917.7	55.2	3571.5	18.1
	广东	7741.3	78.0	1.0	1365.2	17.6	843.0	10.9	4095.4	52.9	1359.7	17.6
2010	北京	8316.9	91.2	1.1	2189.3	26.3	43.8	0.5	3240.2	39.0	2752.4	33.1
	天津	6887.3	53.0	0.8	1678.2	24.4	125.0	1.8	3998.9	58.1	1032.1	15.0
	河北	16550.0	373.5	2.3	2161.5	13.1	87.8	0.5	12331.8	74.5	1595.3	9.6
	合计	31754.2	517.7	1.6	6029.1	19.0	256.5	0.8	19571.0	61.6	5379.9	16.9
	上海	6383.3	116.2	1.8	1493.3	23.4	236.2	3.7	3180.4	49.8	1357.2	21.3
	江苏	27246.2	282.1	1.0	3343.5	12.3	1154.9	4.2	17552.9	64.4	4912.8	18.0
	浙江	14981.7	468.0	3.1	2466.1	16.5	241.8	1.6	8299.4	55.4	3506.4	23.4
	合计	48611.1	866.3	1.8	7302.8	15.0	1632.9	3.4	29032.7	59.7	9776.4	20.1
	广东	18264.5	361.6	2.0	3066.3	16.8	623.4	3.4	10450.7	57.2	3762.6	20.6

注：上述 7 个省市数据基本上能反映京津冀、长三角、珠三角固定资产投资资金来源情况。

资料来源：根据相关年份《中国统计年鉴》有关数据整理而成。

从未来发展趋势来看，“十二五”时期长江三角洲要率先建成创新型区域，全面提升国际竞争力，在推动产业结构优化升级上走在全国前列，成为我国最具活力和国际竞争力的世界级城市群。未来该区域要进一步健全多层次金融市场体系，创新金融产品和服务方式，大力发展贷款转让市场，盘活区域内信贷资金；加快推进区域内资本市场一体化，支持区域内自主创新及重点支持产业企业发行股票、债券、短期融资券等，提高直接融资比重；规范和引导外国投资者以多种方式参与国有企业改组改造以及向上市公司战略投资，引导外资投向高新技术产业、基础设施领域和高端制造环节。

珠江三角洲要以现代服务业、战略性新兴产业和高技术产业为引领，以先进制造业、优势传统产业及现代农业为基础，推进区域内产业布局一体化，成为带动粤东西北和泛珠江三角地区经济发展的龙头。长三角、珠三角这两个地区既具有中小企业数量众多、融资需求旺盛的特点，也具有民间资金相对雄厚、民间金融相对活跃的特点。为此，一方面要适当放宽民间金融管制，提高民间金融组织化、规范化程度，另一方面政府在货币信贷、财政税收等方面要给予必要的政策优惠支持，合理引导民间资本流向，有效推动民间资本转化为产业资本。

京津冀地区要加快推进区域经济一体化发展，在首都周边区域形成京津冀产业协作圈，打造环首都经济圈，加快推进天津滨海新区和河北沿海地区发展。尤其是天津滨海新区作为全国综合配套改革试验区之一，要努力建设与北方经济中心和滨海新区开发开放相适应的现代金融服务体系和全国金融改革创新基地，开展金融业综合经营试点，推进跨境贸易人民币结算和离岸金融业务，继续搞好产业投资基金试点，大力发展私募股权基金和风险投资基金，设立柜台交易市场，健全多层次资本市场，多渠道扩大直接融资规模。

第四节
政策建议

“十二五”时期，应通过体制机制改革和政策配套，为各类投资主体的投资活动营建良好高效的融资环境，促进融资行为规范，促进各类投资主体有效履行其投资职能。

一、加快推进财税体制改革，增强地方政府特别是基层政府财政能力

尽快打破政府对土地一级市场的垄断，建立起合理和完善的农村集体建设用地流转制度，探索建立城乡统一的建设用地市场，逐步改变地方政府过度依赖卖地收入的局面。继续推进省以下财政体制改革，建立起县级基本财力保障机制；健全地方税体系，赋予省级政府适当的税政管理权限，重新设计税种及中央、地方税收分享比例，开征环境税和社会保障税，适时扩大资源税、房产税试点范围，切实增强地方财政收入能力。围绕推进基本公共服务均等化和主体功能区建设，完善财政转移支付制度，增加一般性尤其是均衡性转移支付规模和比例，加大对中西部地区尤其是革命老区、民族地区、边疆地区、贫困地区转移支付力度，优先弥补禁止和限制开发区域的收支缺口。

在解决财政分权下的体制性矛盾、规范中央与地方之间关系的基础上，尽快修订完善《预算法》、《担保法》等有关法律法规，并借鉴发达国家“市政债券”、“产业投资基金”等地方政府的融资经验，建立规范化和市场化的地方政府融资机制。当前要密切监测地方投融资平台贷款可能潜藏的系统性金融风险隐患，总结各地融资平台公司好的做法和经验，扩大地方债试点，健全地方政府债务规模管理和风险预警机制，将地方政府债务收支纳入预算管理，逐步形成与社会主义市场经济体制相适应、管理规范、运行高效的地方政府举债融资机制。

二、加快多层次资本市场体系建设，继续提高直接融资比重

加快多层次资本市场体系建设，多渠道、显著提高直接融资比重是加快转变经济发展方式、调整优化投融资结构的必然要求。在多层次资本市场中，交易所股票市场是最基本、最具影响力和示范效应的市场。深入推行新股发行体制和上市公司退市制度改革，研究完善配套政策措施，继续壮大蓝筹股市场和中小板市场，探索建立上海证券交易所国际板市场，逐步形成交易所市场各板块、场内和场外之间以信息披露为基础、顺畅连接的转板机制，增强多层次证券市场的弹性和稳定性。

在继续强化和拓展交易所市场功能的基础上，一方面，要着力发展债券市场，深入推进债券发行监管改革，建立市场化的发行监管体制和偿债保障机制，积极支持银行到交易所债券市场开展交易，优化交易所债券市场投资者结构，提高机构投资者比重，推进债券品种创新，扩大债券市场规模。另一方面，目前全国约有 12 万家股份制企业，但上市公司仅有 2000 多家，为满足大量未上市企业的融资需求，“十二五”时期要稳步发展场外交易市场，以中关村代办股份转让系统为基础，逐步将试点范围扩大到其他国家级高新技术开发区内符合资质条件的企业，探索建立一个独立于沪深证券交易所之外的场外市场电子交易平台，加快建设形成统一监管的全国性场外交易市场。

三、拓宽民间资本投资领域，缓解民间投资融资困难

把鼓励和引导民间投资与加快推进经济发展方式转变、促进产业结构调整升级有机结合起来，全面清理、精简或整合设计民间投资管理的政策法规、行政审批事项和涉企收费。同时，对于国有资本占有明显优势地位并且具备市场化条件的行业和领域，特别是那些主要依靠市场配置资源、市场竞争充分、市场化程度较高的行业和领域，国有资本应加快退出，为民间资本进入创造更大的市场空间。市场准入标准和优惠扶持政策要公开透明，不应单独对民间资本和民营企业设置附加条件，切实消除“玻璃门”、“弹簧门”现象。鼓励和引导非公有制企业通过参股、控股、资产收购等多种方式，依法参与国有企业改制重组，并引导民营企业运用产权市场组合民间资本，实施跨地区、跨行业兼

并重组，实现产业有序梯度转移。

另外，要采取财政贴息、税收优惠、设立专项扶持基金和创业投资资金等多种方式，健全与民营经济和中小企业发展相适应的金融体系，创新和灵活运用多种金融工具，支持和引导中小企业利用集合票据、私募股权等方式直接融资，加快完善民间投资的融资担保制度和中介服务机构建设，改善中小企业股权质押融资环境，尤其是积极培育和发展为民间投资提供政策、金融、管理、咨询、财务、法律、技术和市场信息等服务的中介组织，着力解决中小企业尤其是小微型企业融资难问题。

四、坚持调整结构和丰富方式并重，不断提升利用外资质量和水平

（1）加快构建以外商直接投资、国外优惠贷款为主向多层次、多渠道利用外资体系的转变，包括境外上市融资、国际产业投资基金、项目国际融资、国际租赁等。有效利用境内外资本市场，引导符合条件的外商投资企业在境内上市，支持有实力的国内企业境外上市；允许有实力的符合条件的企业通过发行债券方式到国际金融市场融资；完善风险投资运行机制尤其是退出机制，鼓励国外风险投资资本来华投资。

（2）统筹安排使用好国内资金和国外优惠贷款，形成合力。目前，大部分国外优惠贷款项目涉及领域与我国政府投资支持的重点领域总体一致，主要是一些重大民生工程、基础设施和社会事业领域项目，包括农业、节能环保、交通、自主创新和结构调整等，因此要积极合理高效地利用国外优惠贷款，保持适度稳定的贷款规模，不断开拓新的贷款领域和创新贷款模式，防止发生“挤出”效应。适时修订《外商投资产业指导目录》、《中西部地区外商投资优势产业目录》等，统筹国内产业结构升级和承接国际制造业转移，积极引导外资更多地投向现代农业、节能环保、高端装备制造、新能源和新材料、新一代信息技术，以及各类生产性服务业，如金融保险、现代物流、信息咨询、软件可发、工程设计、科技服务等。

（3）加快推进人民币国际化进程。目前我国还不能提供境外人民币顺利投资回流的金融市场，要努力培育离岸人民币市场，逐步发展境外人民币金融业务，允许相关境外机构投资银行间债券市场，拓宽人民币回流渠道，促进人

民币贸易和投资便利化。

参考文献：

1. 李杰：《投资结构论》，西南财经大学出版社 2006 年版。

2. 国家发改委宏观经济研究院课题组：《我国固定资产投资宏观调控的若干问题研究》，2007 年 12 月。

3. 吴亚平等著：《中国投资 30 年》，经济管理出版社 2009 年版。

4. 《中共中央关于制定国民经济和社会发展第十二个五年规划的建议》辅导读本，人民出版社 2010 年版。

5. 张平主编：《中华人民共和国国民经济和社会发展第十二个五年规划纲要》辅导读本，人民出版社 2011 年版。

6. 国家统计局：《“十一五”经济社会发展成就系列报告》，2011 年 3 月。

7. 朱彬彬：《专家“指点”长三角金融一体化》，新华报业网，2011 年 5 月 17 日。

第八章　各地区“十二五”时期投资结构调整方向、特征与问题

——各地区“十二五”规划比较研究

内容提要：各地“十二五”规划呈现的主要特征是，经济社会转型成为主旋律，重视与国家战略的有效衔接，突出各地特色和优势，在区域合作中寻求发展，注重创新驱动引领发展。但产业转移区域间互动不足，对“两高一资”产业的热情不减，公共投资规模偏大，促进民间投资的实质性措施不多。总体上看，各地规划中战略性新兴产业成为发展重点，注重差异化发展，重视基础设施和公共服务建设，希望在区域合作中寻求发展机遇和在与国家政策对接中寻求政策和资金支持。

“十二五”规划纲要是各省区未来五年经济与社会发展的纲领性文件，阐述了各地未来的基本思路、主要目标和重点任务，以及产业、基础设施、公共服务、区域、城镇、资源与环境发展的重点与方向，从而反映出了投资结构变动的重点与方向。对各地“十二五”规划的比较研究，可以更深刻地认识我国投资结构调整优化的主要趋势、特征及问题，为宏观决策提供有价值的参考意见。

第一节　投资结构调整的主要方向

各地“十二五”规划纲要规定了未来五年的发展方向，也就确定了投资

结构调整的主要方向，从相关地区结构调整方向的选择上，可以对我国未来五年投资结构调整的总体方向及其地区上的差异性进行大致的判断。

一、战略性新兴产业成为热点

战略性新兴产业已经成为各省区“十二五”时期发展的重点。与国家“十二五”规划中确定的节能环保、新一代信息技术、生物、高端装备制造、新能源、新材料、新能源汽车等七大战略性新兴产业相比，各地战略性新兴产业涉及的领域有所不同。例如，江苏把软件，安徽把公共安全产业，福建把海洋高新产业，江西把民用航空，山东把海洋开发，湖南把文化创意，陕西把航空航天列入了本省战略性新兴产业。在重点领域的选择上，各省的差异性更大，体现了各地的优势与特色。例如，山东重点要发展海洋油气装备、海上作业及救捞工程、海洋资源调查等为主的海洋资源勘探与开发，生物技术药、化学创新药、现代中药、海洋药物、生物医药工程。陕西要发展航空发动机、关键零部件、机载设备，航天运载动力、空间飞行器，高性能结构材料、先进复合材料。江西要发展高纯硅料、硅片、电池、组件、光伏应用系统及配套产品，纯电动汽车、插电式混合动力汽车。从发展目标看，国家规划提出战略性新兴产业增加值占 GDP 的 8% 左右，而各地的预期都较高，许多地区提出战略性新兴产业增加值比例要达到 10% ~20%。因此，“十二五”时期，战略性新兴产业将成为各地投资的热点（见表 8-1）。

表 8-1　相关省区战略性新兴产业领域、重点和目标

省份	涉及领域	战略重点	目　标
江苏	新能源、新材料、生物技术和新医药、节能环保、软件、物联网和新一代信息技术	太阳能光伏、风电装备、生物质能装备、核电装备，纳米材料、微电子材料、光电子材料，基础软件、应用软件及其外包	到 2015 年销售收入超过 5 万亿元，形成一批千亿元级的科技领军型企业和产业基地
安徽	电子信息、节能环保、新能源、生物、高端装备制造、新材料、新能源汽车、公共安全产业	新型显示、智能家电，发展光伏、生物质能源、洁净煤，数字化、柔性化及系统集成的重大基础装备，高性能金属材料、硅基材料、膜材料、碳纤维材料	到 2015 年战略性新兴产业产值突破 1 万亿元，形成若干发展新的支柱产业

续表

省份	涉及领域	战略重点	目　标
福建	新一代信息技术、生物与新医药、新材料、新能源、节能环保、高端装备制造、海洋高新产业	新型平板显示、新一代网络和高端通信设备、生物医药、半导体照明（LED）和太阳能光伏、节能环保技术及装备	产值年均增长 20%，增加值占地区生产总值比重 10% 以上
江西	新能源、新材料、新动力汽车、民用航空、生物医药	高纯硅料、硅片、电池、组件、光伏应用系统及配套产品，稀土、高精铜材、优特钢材、硬质合金等金属新材料，纯电动汽车、插电式混合动力汽车	2015 年，混合动力、纯电动汽车产销量达到 3 万辆，民用直升机 200 架、通用飞机 100 架、无人机 200 架
山东	新能源、新材料、新信息、新医药、海洋开发	太阳能、风能、核能，海洋油气装备、海上作业及救捞工程、海洋资源调查等为主的海洋资源勘探与开发，生物技术药、化学创新药、现代中药、海洋药物、生物医药工程	到 2015 年，战略性新兴产业增加值占地区生产总值的比重达到 10%
湖南	先进装备制造、新材料、文化创意、生物、新能源、信息、节能环保	中高端工程机械装备、高端电力牵引轨道交通装备，创意设计产业、数字出版产业，数字化整机和新型元器件、软件和集成电路、互联网经济和移动电子商务	到 2015 年，全省战略性新兴产业实现增加值 5000 亿元，占地区生产总值的比重超过 20%。
陕西	航空航天、新材料、新能源、新一代信息技术、生物技术、节能环保	航空发动机、关键零部件、机载设备，航天运载动力、空间飞行器，高性能结构材料、先进复合材料，物联网、软件与集成电路、通信、半导体照明、平板显示和激光	到 2015 年，战略性新兴产业增加值占地区生产总值的比重达到 15%

二、服务业的地位显著提升

在各地“十二五”规划中，服务业重要性进一步凸显。发达省市的服务业已经成为现代产业体系的核心，而欠发达地区服务业也将发展成为促进增长和就业的重要支柱。除传统服务业以外，新兴服务业受到更多关注。

上海提出要大力发展服务业，2015 年服务业增加值比例达到 65%，比 2010 年提高 8 个百分点，是各省中最高的。大力发展金融、航运物流、现代商贸、信息服务、文化创意、旅游会展等重点服务业，积极培育专业服务、高技术服务、医疗保健、教育培训、家庭服务等新兴服务业。

广东提出要大力发展生产服务业，重点发展金融保障、现代物流、信息服务、科技服务、商务会展和总部经济，提升发展生活服务业，加快采用信息技术和现代经营模式，推动旅游、商贸、房地产、社区服务，培育发展新兴服务业，发展创意产业、服务外包、人力资源服务和高技术服务业。

云南提出要大力发展现代物流、金融保险、信息咨询和科技服务等生产性服务业，大力发展创业成本低、吸纳就业能力强和市场需求大的旅游、文化等生活性服务业。

从各省服务业发展定位看，脱离实际和盲目夸大的提法较少，大多还是根据自身比较优势和未来发展的潜力进行选择。经济实力较弱的地区基本没有涉及××金融中心以及国际××中心的内容（见表 8-2）。

表 8-2　各省区服务业发展定位和发展目标

省区	发展定位	发展目标
上海	国际经济中心，国际金融中心，国际航运中心，国际贸易中心，国际都市旅游目的地和会展中心城市	服务业增加值占 GDP 的比重达到 65%，提高 8 个百分点，金融业、物流业和文化创意产业增加值占 GDP 的比重分别达到 15%、13% 和 12%
江苏	国内一流的产业金融高地，沟通国际、服务全国、辐射周边的现代物流产业高地，国内信息化水平最高、国际上享有美誉度的软件和信息服务强省，国际知名、国内一流的旅游目的地	服务业增加值比重和就业比重每年提高 1 个百分点以上；2015 年，生产性服务业占全部服务业比重超过 40%
吉林	国际性整车及零部件汽车物流配送枢纽，东北亚国际文化交流平台	到 2015 年，服务业增加值比重提高到 40%，现代服务业增加值占服务业比重达到 40% 以上
河北	连接北京及全国物流网络的重要节点、冀中南物流通道，石家庄建成冀中南旅游中心城市，承德和秦皇岛打造国际旅游目的地城市，中国北方金融后台服务基地和重点金融街区	到 2015 年，服务业增加值比例提高到 38%
宁夏	西部独具特色的旅游目的地，全国重要的区域性物流中心和新欧亚大陆桥重要的物流中转基地	到 2015 年，服务业增加值比重提高到 41%
云南	中国一流、世界知名的重要旅游目的地，面向东南亚、南亚开放的国际性区域旅游集散地，对内连接中西部各省、长三角地区、珠三角地区，对外连接东南亚、南亚的国际商贸大通道	以文化、旅游、物流为重点的服务业占生产总值比重提高 2 个百分点以上

续表

省区	发展定位	发展目标
重庆	西部地区现代服务业高地，长江上游地区的金融中心、商贸物流中心和科教文化信息中心，国际知名旅游目的地，西部地区会展之都	金融业增加值比重超过10%，物流成本大幅度降低，成为人流、物流、资金流、信息流汇集地
广东	辐射亚太地区的现代金融产业后援服务基地，国家软件和信息技术服务基地，亚太地区有重要影响力的国际旅游目的地和旅客集散地	服务业比重达到48%，现代服务业增加值占服务业比重达到60%
河南	建成郑州立足中原、面向全国、连通世界的现代物流中心，建设郑州区域性金融中心，建设郑州全国区域性会展中心，建设世界知名、全国一流的旅游目的地	服务业比重达到33%以上

三、基础设施仍然保持高强度

“十二五”时期，各省区基础设施的建设内容很多，工程量也很大，投资需求强度仍然很高。

河北提出围绕增加能力、优化结构、提高效率和京津冀交通一体化的目标，着力提高公路、铁路、港口、民航保障能力，形成现代综合交通网络。加快能源发展方式和用能方式转变，构建供应渠道多元化、资源配置市场化、开发利用高效化的能源发展格局。继续推进防洪工程建设，努力完善城乡供水体系，大力实施民生水利工程。

山东提出以调整能源布局结构和供给结构为主线，推动能源生产和利用方式变革，构建安全、稳定、经济、清洁的现代能源产业体系。按照布局优化、通道顺畅、效能提高的原则，统筹各种运输方式发展，构建路网完善、港航协调、衔接高效、管理智能的现代综合交通运输体系。适应城市规模扩张的趋势，加强基础设施规划建设，大幅度增强城市综合承载能力。

福建提出围绕大港口、大通道、大物流，加快建设以大型海、空港、综合运输枢纽为依托，以快速铁路、高速公路和普通国省干线公路为骨架的“两纵三横”综合交通格局。加强风险管理，加快建立与经济社会发展相协调的防灾减灾体系，全面提高重大灾害预警预报、快速反应和紧急救援能力。

与“十一五”相比，各省区基础设施特别是能源、交通建设力度明显加大，许多地区铁路、高速公路里程5年翻番，这对资金需求提出了较高的要求（见表8-3）。

表8-3　相关省区基础设施建设情况

	交通	能源	水利	信息化
河北	铁路通车里程8000公里，其中高速铁路1500公里，建设3个亿吨综合大港，民航机场达到7个	电力装机容量达到6565万千瓦，其中新能源发电装机1000万千瓦，原油产量达到1000万吨，天然气产量10亿立方米	全面完成在中型水库除险加固工程，初步建成两纵六横十库的供水网络，解决1900万农村人口安全饮水问题	加快宽带化、泛在化和综合化接入网建设，推进“三网融合”，加快经济社会各领域信息化进程
山东	铁路营业里程由目前的3840公里增加到6100公里，高速公路通车里程由4285公里增加到6000公里	电力可用装机容量由目前的6317万千瓦增加到1.12亿千瓦，新能源装机总容量1400万千瓦，占省内电力总装机比重达到14%	新增供水能力20亿立方米，节水10亿立方米，基本满足城乡用水、工农业用水和环境用水需要	建设宽带无线城市，加快农村、偏远地区宽带网络建设，启动物联网建设布局，加强去计算设施建设
福建	到2015年，实现各设区市通快铁，铁路覆盖90%以上县市，全省铁路通车里程达5000公里，全省高速公路里程突破5000公里，实现县县通高速公路	到2015年省内发电总装机容量达5200万千瓦，构筑1000千伏特高压电网，形成多通道、大容量的跨省联网，实现电网升级、扩容	推进闽江等重点防洪工程和海堤除险加固，实施重点中小河流防洪治理工程，实施闽东南沿海供水工程等大型水利工程建设	继续实施“数字福建”工程，加快推进“三网融合”，加快发展电子商务，推动面向全社会的第三方公共物流平台建设
青海	新建铁路1400公里，营运里程3000公里，高速公路3000公里，加快构建一主八辅机场格局	水电装机达到1400万千瓦，可再生能源比重达到40%，新能源装机200万千瓦以上，实施青藏、青新电网联网和大电网覆盖全省工程	推进引大济湟、黄河沿岸水利综合开发、重点水源、东部城市群综合供水网络四大骨干工程	建设无线城市，加快数字青海进程，推进三网融合
四川	新增铁路运营里程2700公里，运营总里程达到6250公里，形成11条进出川大通道，新增高速公路里程3700公里，通车总里程6350公里，形成18条进出川大通道	发电装机容量8600万千瓦，其中水电装机7000万千瓦，煤炭产能8900万吨，天然气产能400亿立方米，建设以500千伏电网为骨架、220千伏电网为支撑的省内电网和水电送出通道	新增和恢复蓄引提水能力69亿立方米，新增有效灌溉面积760万亩，加强防洪工程建设	加快西部通信枢纽建设，建设宽带无线城市，实施城市光纤入户工程，大力发展电子政务、电子商务

四、城镇化建设强调质量和水平

“十二五”时期，我国城镇化水平将超过50%，进入城市社会，城市建设也将由注重速度和规模转变为更加重视质量和水平。

福建提出加快改造完善城市道路，形成干线、支线、循环线和广域线等主次分明、顺畅便捷的城市道路交通网络系统，倡导绿色出行。优先发展城市公共交通，强化公交配套设施，逐步形成轨道交通、快速公交、常规公交紧密衔接的城市公交体系。鼓励发展绿色建筑，加强城市各类公园、中心绿地和重要地段、江河湖海沿岸绿化建设，加快森林城市建设。

黑龙江提出要充分发挥城市基础设施对城市发展的保障和先导作用，科学有序规划，适度超前建设，全面提高城市综合承载能力。集中建设城市供水工程和水源地污染治理项目，提高供水保障率和供水质量。加快热电联产供热、生物质能供热、供热管网改造等项目建设。鼓励具备条件的城市建设城市快速干道和立体交通工程，建成哈尔滨市轨道交通一期工程，开工建设哈尔滨市轨道交通二期和大庆市轻轨等轨道交通项目。发展城市大运量公共交通和清洁能源交通。

贵州提出要大力提升城镇基础支撑能力，按照拉开建设、优化布局、新区先行、带动老区的建设思路和时序，系统抓好城镇配套设施建设。落实城市公交优先发展战略，加快城镇污水处理及再生利用设施和城镇垃圾无害化处理设施建设。适应城市化区域一体化发展需要，建成一批城际铁路和城际主干道及跨区域环线公路。由于城市地管网、轨道交通、污水处理和垃圾处理设施建设成为“十二五”城镇建设的重点，投入规模和强度将大于以往五年计划。

五、资源环境保护力度加大

“十二五”时期，我国资源环境压力增大，传统经济发展模式受到挑战。在各省规划中，资源节能和环境保护的内容明显增加。

山东提出要加快调整经济结构、产业结构和生产结构，大幅度提高服务业占地区生产总值比重和新能源占能源消费比重，加强行业综合治理，加大淘汰落后产能力度，加速高消耗、高污染企业退出市场，通过优化结构，从根本上实现总量减排。进一步拓宽工程减排领域，支持节能环保技术开发和产业发展。逐步提高工业污染物排放、城市生活污水处理等收费标准，推进排污权交易试点。实行政府绿色采购，鼓励社会绿色消费。

辽宁提出大力推进节能、节水、节地、节材，实施节能重大示范项目，大力推进建筑节能，发展节水型工业和农业，提高单位土地投资强度和产出强度，强化对重要矿产资源的节约和集约利用。

青海提出大力推进绿色矿山建设，实施矿产资源循环经济发展示范工程，重点加强盐湖资源、有色金属、贵金属矿产等共伴生矿产资源的回收利用。推广煤矸石发电和建筑垃圾利用的技术和工艺，拓展固体废物综合利用领域。突出抓好钢铁、有色、煤炭、电力、化工、建材等产业和重点用能企业的节能工作。

湖北提出以构建生态湖北为目标，建设功能完备的森林生态系统，强化生物多样性保护，加强生态治理，防治地质灾害。强化污染物减排，实施武汉城市圈“碧水工程”规划，实施重点湖泊保护治理工程。推进大气和噪声污染防治，综合利用和处置工业固体废物。资源节约和环境保护给许多产业的发展提供了新的空间。

六、民生建设普遍受到重视

在“十一五”大规模投入的基础上，未来五年民生建设仍然是重中之重。

四川提出积极发展学前教育，大力发展公办幼儿园，实施义务教育学校标准化建设，大力改善中小学办学条件，面向优势产业和战略性新兴产业，大力发展职业教育。优化中小学布局结构，均衡配置教育资源，努力缩小城乡之间、区域之间、学校之间的差距。

内蒙古提出要加强专业卫生服务网络建设，改善公共卫生服务设施条件，增加基本公共卫生服务项目，增强公共卫生服务能力。新增医疗卫生资源重点向农村牧区和城市社区倾斜，支持蒙中医药事业发展，建设国家蒙药临床研究基地和蒙药制剂中心，实施一批蒙药标准化项目。

广东提出要完善公共文化基础设施，到 2015 年，全省市县图书馆、文化馆、博物馆文化设施全部达标，珠三角地区达到全国一流水平。推进重大文化工程建设，加大广播电视村村通、城镇电影院线、文化信息共享工程等的建设力度。

山西提出加快保障性住房建设，强化政府职责，动员社会参与，探索保障性住房建设新模式，全面完成国有工矿棚户区、城市棚户区改造任务和煤矿采煤沉陷区治理任务，实现城镇低收入住房困难家庭廉租房全覆盖。

显然，“十二五”民生领域的投资范围还将随着需求的变化和政府财力扩大进一步扩大，同时，更加强调发展质量的提高。

第二节 投资结构调整优化的基本特征

从各地“十二五”规划纲要内容来看，在基本思路上与国家规划保持了一致性，与国家的区域发展战略进行了有效衔接，突出强调了各地的特色和优势，注重创新引领经济发展，因而，与以往五年期规划相比有了明显的不同。

一、经济社会转型成为主旋律

以科学发展为主题，以加快转变经济发展方式为主线成为各地规划的主导思想，规划基本都是在诠释“十二五”时期如何努力走出一条符合本地实际的科学发展道路。

上海提出坚持科学发展，率先转变经济发展方式、率先提高自主创新能力、率先推进改革开放、率先构建社会主义和谐社会。把改革开放作为转型发展的强大动力，把结构调整作为转型发展的主攻方向，把改善民生作为转型发展的出发点和落脚点，把节约资源和保护环境作为转型发展的着力点。推动发展理念向以人为本转变，推动产业结构向服务经济转变，推进生产生活向绿色低碳转变，努力实现经济发展方式的率先转变。

湖南提出要全面推进“四化两型”建设，坚持以建设“两型社会”作为加快经济发展方式转变的目标和着力点，着力调整经济结构，推进节能环保，保障改善民生。要坚持把加快发展与加快转变有机结构起来，贯穿到经济社会发展全过程和各领域，在发展中促转变，在转变中谋发展，切实把经济社会发展转换到内需主导、绿色引领、创新驱动和民生优先的轨道上来。

新疆提出要始终把推动科学发展作为解决一切问题的基础，注重高起点、高水平、高效益的发展，注重加速发展方式转变、不断调整结构的发展，注重惠及民生、改善民生的发展，注重环保优先、生态立区的发展，注重廉洁高效、开放和谐的发展。加快推进经济结构战略性调整，通过科技领先、自主创新，抢占现代产业的制高点，在发展中促转型，在转型中谋发展。

总体来看，以经济社会转型发展、科学发展引领的各地规划，将推动各地投资向更加注重自主创新、民生发展、资源节约、环境保护方向发展，有利于经济结构的战略性调整。

二、重视与国家战略有效衔接

各地“十二五”规划与之前国家制定的各类经济区规划、综合改革试验区规划、国家级新区规划实现了有效对接。各地十分注意利用国家政策平台的优势，从宏观层面着眼，推动未来五年的跨越发展。

湖北提出按照国家《关于武汉城市圈两型社会建设综合配套改革总体方案》要求，着力构建要素富集、产业集聚、资源节约的活力城市圈，通达、通畅、智能的快捷城市圈，绿色、宜居、和谐的生态城市圈。发挥武汉的龙头作用，明晰各城市发展定位，增强耦合度，发挥集成效应，提高核心竞争力。要加快推进圈域城镇化和城乡建设一体化，交通与通信建设一体化，生态建设与环境保护一体化，基本公共服务均等化和社会事业一体化。

重庆提出要加快落实国家赋予的五大功能定位，把两江新区建设成为国家中心城市的风貌展示区、高端产业的核心集聚区、主城新增人口的主要承载区。全面推进十大功能区建设，江北嘴建成内陆地区金融高地的核心区，龙盛功能板块建成万亿元战略性新兴产业基地，北部新区建成中西部最大的总部基地和长江上游地区研发创新中心。按照功能现代、服务完善、生态宜居的要求，全面推进两江新区城市规划建设，建成“一半山水一半城”的绿色生态新区。推进改革开放，在重点领域和关键环节率先突破，成为国内体制最优、政策最优、环境最优的地区。

天津提出实施国家发展战略，全力推进滨海新区开发开放。加快形成高水平的现代制造业和研发基地，确立北方国际航运中心和国际物流中心地位，大力发展适合新区特点的金融、航运、物流、总部经济、服务外包等现代服务业，提升北方对外开放的门户功能，努力增强服务环渤海和中国北方地区扩大开放的能力，建成宜居生态型新城区，推进综合配套改革试验区建设，深化金融、土地、涉外经济、科技、城乡一体化和行政管理体制改革。

国家战略是重要的政策资源，也是先行先试改革的重要平台，通过国家战略与各地规划的结合，可以更好地培育经济发展的增长极，并且发挥示范和带动作用。

三、突出各地的特色和优势

许多省区的“十二五”规划重视发挥本地的各种优势，明确差别化发展定位和特色化发展战略。

辽宁提出要发挥海洋资源优势，发展渔业、交通运输、滨海旅游和海洋新兴产业。大力发展海洋经济，加快调整传统海洋渔业，建设海洋牧场，积极发展远洋渔业。着力发展滨海旅游业，打造具有地域特色滨海旅游带。大力发展海洋药物、功能食品、海洋生活、海洋能源等新兴产业。进一步加大海洋油气勘探开发，合理开发利用海岛和岸线资源。

北京提出坚持服务经济、总部经济、知识经济和绿色经济的发展定位，巩固和强化首都经济特征。总部经济是首都经济的突出特征，要注重积极引进与重点培育并重、国内总部与跨国总部并重、各次产业及各类企业总部并重，继续提升总部经济发展水平。知识经济是首都资源禀赋优势的集中体现，要增强科学、技术、知识、管理、人才对产业发展的提升带动作用。

海南将用国际旅游岛建设统揽经济社会发展全局，将海南打造成为中外游客的度假天堂和海南人民的幸福家园。按照把海南建设成为我国旅游业改革创新的试验区和世界一流的海岛休闲度假旅游目的地的战略定位，打造一批世界级的旅游吸引物，初步建立符合国际标准的旅游服务标准体系，促进旅游业与其他产业的融合发展，推动形成海岛特色鲜明、山海优势互补、城乡和谐发展、人文环境优良的旅游格局，彰显“阳光海南、度假天堂”整体旅游形象。

由于各地注意走差异化、特色化的发展道路，有助于避免重复和盲目建设，有利于形成分工合作的格局，提高投资的宏观效益。

四、在区域合作中寻求发展

各地规划都十分重视寻求在区域合作中的发展机遇和发展定位。

黑龙江提出要以东北亚经济贸易开发区为重点，发展开放型经济。充分发挥地处东北亚腹地区位优势，深化对俄合作，积极推进对韩、日、欧美等国合作。形成以哈尔滨市为中心、内联相邻省区乃至沿海省份、东连日本海地区、西接俄罗斯腹地的国际经贸大通道，建成我国面向东北亚重要的产业聚集区和进出口贸易加工基地。在国内合作方面，要完善东北地区四省协作机制，开展跨省重大基础设施项目、产业布局以及区域协调发展等多领域、高层次重大问题的交流与合作，重点加强与蒙东地区特别是呼伦贝尔市煤化工产业联动发展。

广东提出互利共赢，深化粤港澳合作，推动区域经济一体化，率先形成最具发展空间和增长潜力的世界级新经济区域。全面推进粤港澳现代服务业合作，打造实施 CEPA 的试验区和粤港澳服务业集聚发展的示范区。共同推进跨界重大基础设施的规划、建设和运营，重点推进港珠澳大桥、广深港铁路客运专线等重大项目建设，完善大珠三角港口群功能，加强珠三角民航机场与香港、澳门机场的合作，共建大珠三角优质生活圈。云南提出建设中国面向西南开放重要桥头堡，积极拓展国际国内区域合作。充分发挥云南的区位优势，加快中越经济走廊、中老泰经济走廊、中缅经济走廊建设，全面推进云南与东盟在交通、能源、矿产资源、旅游、农业等领域的合作，加强与东南亚、南亚等国的服务贸易对接。同时，加强与其他省市的经济合作，积极融入泛珠三角经济区、长江经济带，推动成昆经济带、昆渝经济带、南昆经济带建设。区域合作为各地优势互补，扬长避短，实现错位发展，防止恶性竞争创造了有利的条件。

五、注重创新驱动引领发展

无论是发达地区还是欠发达地区，均十分重视创新能力的提高。

北京提出要建设国家创新中心，依托首都创新资源密集优势，加强央地合作、校企合作、军民合作、内外合作，充分发挥中关村科技创新和产业化促进中心的作用，构造首都创新资源平台。完善创新支持与服务体系，五年统筹500亿元财政资金，支持国家科技重大专项、科技基础设施和重大科技产业化项目。支持企业利用资本市场进行兼并重组，力争新增上市公司100家以上。

吉林提出要把增强自主创新能力作为调整经济结构和转变经济发展方式的中心环节，提高科技进步水平，推动发展要素向更加注重科技进步、人才支撑转变。推进创新型吉林建设，成为东北重要的创新型区域、东北亚地区重要的创新中心和成果转化基地。着力提升产业技术研发和引进消化吸收能力，推动科技成果转化和创新要素集聚，建设创新平台。围绕重点产业、优势学科领域，依托大学、科研单位及重点企业，加快建设公共创新平台。

安徽提出要加大自主创新力度，建设创新型安徽。加快合肥国家创新型试点市和合肥、芜湖、蚌埠国家高新区建设，支持芜湖、蚌埠、马鞍山等市努力进入国家创新型城市行列。大力推进“科技入园”工程，新建一批省级高新区和特色产业基地，支持各类开发区建立高新技术园区。围绕加速崛起和加快转型两大战略任务，组织实施战略性新兴产业技术攻关工程、传统产业转型升级科技工程、服务业技术支撑工程和高新技术产业发展工程，集中力量攻克一批关键共性技术，提高自主创新能力和核心竞争力。

从国家全局来看，实施创新驱动战略，显然有利于科技、教育和人力资本投入的增加，也有利于高新技术和战略性新兴产业的发展。

第三节 投资结构调整优化的主要问题

各地“十二五”规划产生了许多新的理念和思路，是未来发展的重要指南。但是，由于体制的约束和思想的局限，各地规划也表现出一些不合理的倾向，反映出未来投资结构调整可能出现的问题。

一、产业转移缺乏区域间互动

从各省区规划反映的情况看，欠发达地区一方普遍表现出承接产业转移的热情，提出了许多方法与途径。

宁夏提出发挥承东启西的区位优势，加强与京津冀、长三角、珠三角等地区的交流合作，加快建设承接东中部产业转移平台，探索与东中部地区政府、开发区、战略投资者和中央直属企业合作共建开发区。四川提出加强承接产业转移与产业结构优化升级相结合，以重大产业化项目为重点，突出产业链和产业集群招商，积极承接技术含量高、市场前景广阔的现代产业。加快建设承接产业转移示范区，加强各级各类开发区、产业园区和综合保税区建设，着力打造承接产业转移平台。

但是，在发达地区一方却很少涉及相关内容，热度明显不高。即便有这方面的内容，鼓励产业转移的方向也限制在本省区的不同地市之间。即使是河北对北京、天津的生态和水源地保护做出巨大贡献，京津两市的规划中也未提及向周边河北贫困地区进行适度的产业转移。广东则力图把产业转移限制在本省范围内，将重点深入实施双转移战略，充分发挥珠三角地区的辐射和带动功能，促进珠三角与粤东西北地区开展多种形式的产业转移与合作。江苏也是强调积极推进长三角一体化进程，继续加大对苏北地区的扶持力度，推进四项转移，加强南北共建开发园区，更大力度承接国内外产业转移。可见，从各省规划看，省际间的产业转移还是一头热、一头冷，远未上升到省级政府的政策层面。

二、核心区域与其他地区不平衡加剧

无论是区域发展总体战略，还是主体功能区战略，或是城镇化发展战略，都以强化核心区域、中心城市的集聚功能为主要方向。长三角、珠三角、成渝经济区、滨海新区、两江新区、天府新区，这些国家或省级战略的核心区域仍将享受国家和省的重点资金支持和政策倾斜，与其他地区的差距必然拉大。而中心城市的功能仍在强化与集中。

以四川为例，“十二五”规划中，成都的中心地位进一步增强，将建成西部地区重要的经济中心、全国重要的综合交通枢纽和通信枢纽，先进制造基地、科技创新产业化基地、农产品加工基地和现代服务业基地，西部物流中心、西部商贸中心和西部金融中心建设也是以成都为基地，重大基础设施和战略性产业也是围绕成都布局。

再以湖北为例，武汉将优先做大做强，巩固提升中部地区中心城市地位，建成全国重要的先进制造业中心、现代服务业中心和综合高技术产业基地、综合交通枢纽基地，争取建设国家中心城市。

而与成都、武汉地理距离越远的地市，发展条件越差，机会越小，越来越被边缘化。正如《世界银行2009年发展报告》提到的，“经济的发展并不会立即给每个地方带来繁荣，市场只青睐某些地区”。核心区域、中心城市的率先发展是必然的过程。但是，如果对外围欠发达地区附加较多的经济增长职能及其政绩要求，同时，又不对这些地区的基本公共服务进行足够的倾斜，从而缩小公共服务的地区差距，对非核心区域、中心城市来讲，就是不公平的，也必然造成经济合作过程中新的不平衡。

三、许多地区仍然依赖“两高一资”产业

尽管一些省区也选择了战略性新兴产业和现代服务业作为发展重点，但是，支撑“十二五”发展的仍然是具有优势的“两高一资”产业。

吉林提出建设千万吨级精品钢、特种冶金炉料和有色金属深加工基地，形成建材3800万吨产能，打造东北最大水泥基地。

甘肃提出围绕国家石化工业基地和石油储备基地建设，启动兰州石化炼化工程建设，推进兰州石化乙烯扩能改造。加快发展冶金有色产业，建设全国重要的冶金有色金属基地，建设西部最大的不锈钢生产基地。

河北提出建设钢铁强省目标，形成河北钢铁、首钢集团5000万吨和3000万吨规模，再建设1~2家千万吨级钢铁企业，加快建设石家庄炼化、华北石化两个千万吨炼油项目。

宁夏提出做大做强宁东煤电化主导产业，推进国家大型煤炭生产基础建设，扩大煤炭产能，增强能源化工基地煤炭供应保障能力。推进国家重要的西电东送火电基地建设，建成一批大容量、高参数大型坑口电厂。推进国家重要的煤

化工产业基地建设，重点加快煤制烯烃、煤制油、煤制气等煤化工项目建设。

即便是广东这样的发达省区也提出大规模资源型产业发展战略，建设湛江炼化一体化、揭阳超重油加工、惠州中海油炼化扩建、茂明石化改扩建项目，打造特大型石化基地，建设湛江钢铁基地。

对于各省区来讲，战略性新兴产业目标普遍比较模糊，难以把握，而石化、冶金、建材等产业的目标却非常明晰，容易操作。对重化工业的发展路径依赖会给"十二五"资源环境带来较大压力，影响经济转型的整体进程（见表8-4）。

表8-4　有关省区资源型、高耗能产业规划内容

省份	资源型、高耗能产业规划
黑龙江	石化：千万吨级炼油厂建设，120万吨乙烯和30万吨聚丙烯 矿产：钢铁、有色金属、石墨、水泥，2015年矿产经济收入2000亿元
吉林	冶金：建设千万吨级精品钢、特种冶金炉料和有色金属深加工基地，2015年，冶金工业增加值达360亿元，铁合金产能100万吨，规划建设40万吨电解铝 建材：形成3800万吨产能，打造东北最大水泥基地
辽宁	冶金：重点发展调整铁路用钢，高强度轿车用钢，高档电力用钢 石化：抚顺乙烯扩建工程，葫芦岛和盘锦千万吨炼油百万吨乙烯项目，锦州和丹东PTA，辽阳200万吨芳烃
河北	钢铁：形成河北钢铁、首钢集团5000万吨和3000万吨规模，再建设1～2家千万吨级钢铁企业，建设钢铁强省 石化：加快建设石家庄炼化、华北石化两个千万吨炼油项目，推进曹妃甸大型石化基地、中海油中捷石化大型炼化一体化、中石油百万吨乙烯项目
安徽	冶金：推进精品钢、煤电铝联营、铜资源控制及铜材精深加工、铁矿资源开发利用、铅锌冶炼 建材：推进碳酸钙、超细碳酸钙和石膏、凹凸棒、陶瓷、钾长石等开发利用 化工：大力发展石化及下游系列产品，加快建设淮南、淮（北）宿（州）、阜亳、巢湖四大煤化工基地，推进大型乙烯工程前期工作
福建	冶金：建设沿海千万吨级钢铁基地，建设500万吨以上大型不锈钢生产基地，发展铝制品生产加工 建材：建设漳州光伏玻璃及新材料产业基地，提升泉州等石材、建筑陶瓷、水暖卫浴基地发展水平
江苏	冶金：重点发展优质钢、特殊钢、高档金属制品，开展沿海现代钢铁基地建设前期工作 石化：建设大型乙烯生产基地，打造大石化产业链

续表

省份	资源型、高耗能产业规划
江西	钢铁：建设九江沿江千万吨级优质钢铁基地，发展高强度汽车用钢、船板、高强度弹簧钢 石化：实施九江石化油品质量升级改造工程，力争形成千万吨原油加工能力 建材：实施20亿平方米高档建筑陶瓷工程
山东	钢铁：日照钢铁精品基地形成2000万吨的综合产能，建设聊城有色金属深加工基地 石化：建成全国重要的大型石油化工基地、现代精细化工产业基地和海化石化盐化一体化生产基地
浙江	钢铁：建设宁波临港钢铁基地 石化：推进炼化一体化项目，延伸发展七大化工产业链
甘肃	石化：启动兰州石化新增1000万吨炼化工程建设，推进兰州石化乙烯扩能改造 冶金：加快发展冶金有色产业，建设全国重要的冶金有色金属基地，建设西部最大的不锈钢生产基地，发展新能源综合利用的高载能产业 建材：新型干法水泥产能达到7000万吨
宁夏	煤电：推进国家大型煤炭生产基础建设，扩大煤炭产能，增强能源化工基地煤炭供应保障能力，推进国家西电东送火电基地建设，建成一批大容量、高参数大型坑口电厂 煤化：推进国家重要的煤化工产业基地建设，重点加快煤制烯烃、煤制油、煤制气等煤化工项目建设
云南	石化：建设千万吨级石油炼化一体化工程 有色：发展水电—铝、水电—铁合金、乙炔化工产业
广东	石化：建设湛江炼化一体化、揭阳超重油加工、惠州中海油炼化扩建、茂明石化改扩建项目，打造特大型石化基地 钢铁：实施广钢环保迁建，建设湛江钢铁基地项目
湖北	石化：扩大武汉、荆门石化炼化一体化规模，加快武汉80万吨乙烯工程 冶金：促进武钢、新冶钢产品升级，发展钢材深加工

四、公共投资缺乏足够的资金保障

如上所述，各地区“十二五”规划提出的基础设施和公共服务建设和投资需求很大，许多设施新增规模甚至要实现倍增。但是，与之相对应，庞大的公共投资计划却缺乏足够的资金保障或体制保障。只有少数省区简单涉及公共项目的融资问题，例如，甘肃提出规范发展各类融资平台，拓宽直接融资渠道，努力引进国内大型基金，尝试设立产业投资基金。加强国有资产经营和资本运作，探索发展多种大型国有及国有控股投资集团公司。海南提出要改变行政主管部门直接充当业主、承债建设重大基础设施的做法，推行国有投资主体的企业化、市场化运作，进一步规范投融资平台，加强政府投资项目的管理，加快推行代建制，深化城市公用事业改革，建立多元化的投资机制和规范高效的运营机制。推行政府购买、管理合同外包、特许经营、优惠政策等方式，逐步建立政府、市场和社会分工合作的基本公共服务供给机制。北京提出要规范市、区两级融资平台，加强债务管理，增强融资和风险控制能力。而包括广东、江苏、湖南、湖北、吉林等大多数省区均未对公共部门的融资体制和政策问题进行阐述，未对“十二五”新形势下，基础设施和城市建设新一轮高潮中的政府投融资机制和风险防控进行系统设计和安排，这也是规划的最大缺陷所在。

五、促进民间投资发展的办法不多

各省区基本都提出了促进民营经济和民间投资发展的措施，例如，突破制约民营经济发展的体制机制障碍，进一步放宽市场准入，支持民间资本进入基础产业、基础设施、市政公用事业、金融服务、文化产业等领域，不断提高民间投资在全社会投资中的比重。着力营造平等竞争的法治、政策和市场环境，鼓励和引导民营企业通过参股、控股、资产收购等多种形式，参与国有企业改革重组。健全面向中小企业的贷款、担保和风险投资体系，拓宽非公有制经济的融资渠道。健全中小企业财税支持体系，加强涉企收费监管，进一步减轻企业负担。完善中小企业社会服务体系，大力实施初创企业、微小企业扶持工程和中小企业成长工程。但是，在大多数省区，有关民营经济和民间投资的规划内容非常少，健全和完善体制和政策环境的提法也普遍缺乏新意，以往五年规划中重发展、轻改革，重项目、轻环境，重政策、轻体制的问题并没有明显的改观。这显然难以适应“十二五”时期增强经济发展内生动力和活力的要求，难以满足政府与企业在基础设施和公共服务投资中建立完善的公私合作伙伴关系的需要。

第四节 结 论

根据上文对各省“十二五”规划的比较分析，可以得出以下一些基本结论。

（1）各省“十二五”规划的经济转型色彩浓厚，从产业发展来看，战略性新兴产业都成为各省发展的重中之重，现代服务业的地位显著提升。但是，对于许多省区来讲，钢铁、石化、建材、有色仍然是发展的重点，尽管这些产业发展也伴随着更新改造和节能环保，但是，投资与建设规模扩张仍然是普遍现象。而且，“两高一资”产业的发展指标通常较实，约束性也较强，这些产业的投资扩张给经济和产业转型带来不确定性。

（2）一些省区非常重视围绕本地特色编制规划，实施差异化发展战略，地区发展特征日益明显。差异性的形成有些是根据资源条件，例如以海洋经济主，有些是依据发展阶段，例如以服务经济为主。各省区也普遍重视产业和产品的市场细分，力图与其他地区错位发展。但是，在特色发展的同时，各地特别是发达省区又不愿（起码从规划层面是这样）把非主导的产业、产品转移出去，不愿意放弃短期的财税利益，产业转移缺乏区域间的互动。这不利于形成良性的、有特色的区域分工格局。

（3）各省“十二五”将进入新一轮基础设施和公共服务大规模建设时期，多数地区铁路、公路等设施建设都要实现翻番，城市建设面临新的要求和任务，教育、卫生、文化建设的压力也不小。与之相对应，政府却没有建立起完善的资金保障制度。特别是在两次积极财政政策的高强度政府投资之后，在当前政府债务规模迅速膨胀，还本付息压力增大，土地财政又难以为继的前提下，不对政府投融资体制进行系统改善，将会对未来财政和金融体系造成较大的风险隐患。

（4）各省都希望推动多种形式的区域合作，在区域合作中寻求发展的机遇，凸显自身在区域发展中的战略位置，促进区域共同发展。但是，从近年的实际运行结果看，区域间合作在交通、旅游方面比较容易推动，而在产业分工与合作上却难以推进，“本地资源决不放弃，外来资金决不分享”成为普遍现象。在区域合作过程中，越靠近经济核心的城市更容易享受经济区或综改区的好处，投资越多，而离核心城市越远，效应越差，这必然导致经济合作过程中新的不平衡。

（5）各省规划均非常重视与国家政策的对接，希望搭国家政策的便车，但是，实际上，国家规划的各类经济区和综改区，其土地、财税、金融权力并未真正下放，这方面给地方的政策空间很小。中央政府希望各地通过体制和机制创新，改善发展的环境，获得更好的发展空间。但是，从各地规划看，有关体制和机制创新的内容比较薄弱，都是些旧东西，无法适应新形势，没有解决资金从哪里来、投资往哪里去，积极性如何调动、创造性如何保护，法制怎样完善、政策怎样稳定等问题，这不利于投资的持续健康发展。

第九章　对“十二五”投资结构的定量预测

内容提要：根据发达国家相同发展阶段的经验和我国的具体情况，对“十二五”时期我国的经济增长率、储蓄率、投资率，以及产业结构的变动趋势做出估计，进而推算出“十二五”时期主要行业投资结构；“十二五”及以后时期我国劳动人口比重将趋于下降，经济增长速度、储蓄率、投资率都将向下调整；GDP 中第三产业比重将趋于上升，第二产业和第一产业比重呈下降趋势；“十二五”及以后时期第二产业投资比重逐渐下降，第三产业投资比重逐步上升，其中房地产、教育、卫生和社会保障投资比重升幅将大。

根据劳动人口比重、储蓄率和投资率等因素的变动趋势，转方式、调结构的政策走向，结合产业结构演进的国际经验，对未来经济增长率、边际资本产出率和主要行业投资结构等进行预测。

第一节　预测方法与思路

理论上讲，投资即是储蓄，而储蓄的最终目的是为了满足未来的消费。本书所研究的投资结构是指经济系统中各产业部门间投资的比例关系，这种比例关系受未来消费结构引导。消费结构通过生产过程，又与各产业的增加值结构，即产业结构相关联。因此，投资结构的变动与未来产业结构发展趋势密切相关。

“十二五”时期投资结构预测的方法思路是，第一步，对“十二五”时期我国经济的发展阶段做出判断；第二步，根据发达国家相同发展阶段的经验和我国的具体情况，对我国的经济增长率以及产业结构的变动趋势做出估计，进而推算出“十二五”时期各年GDP总量和各产业部门增加值；第三步，估计未来我国储蓄率和投资率的变动趋势，进而推算出“十二五”时期各年可能的投资供给总量；第四步，根据各产业部门增加值与投资规模的数量关系，估计“十二五”时期各产业投资规模以及投资总需求量；第五步，将上述计算出的投资总需求量与投资总供给量进行平衡和调整，最终得出投资结构。

思路框架见图9-1。

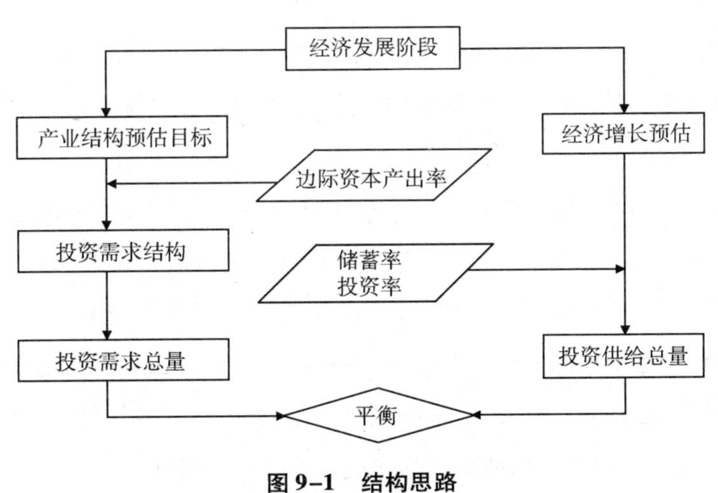

图9-1　结构思路

第二节　产业结构变动趋势

我们根据我国当前和未来一段时期的经济发展阶段，参考国际经验，并结合我国国情来确定“十二五”时期我国产业结构的发展趋势。

一、"十二五"时期经济发展阶段

1978年以来，我国经济保持了30多年的快速增长，人均GDP从1978年的190美元（Current \$）上升到2010年的4300美元（Current \$），年均增长率达到8.8%。根据世界银行2009年的收入分组标准①，2001年我国人均收入超过1000美元，成为中低收入国家，2010年跨入中高收入国家行列。庞大的人口使我们这个中等收入国家具有了庞大的经济规模，目前我国已成为全球第二大经济体。保守估计到2020年我国人均GDP将超过12000美元②，届时将成为高收入国家，经济总量很可能将超过美国，成为第一大经济体。

从人均收入的发展历程看，1978年以来我国经济的发展可以概括为两个阶段，1978～2000年经历了由低收入向中低收入发展阶段，2001～2010年经历了由中低收入向中高收入发展阶段。未来10年，我国经济将经历由中等收入向高收入发展阶段。

中国、日本和韩国的经济发展历程（见图9-2），显示了中国与中等收入组人均收入的对比（见图9-3）。以人均GDP（PPP，constant 2005 International \$）为基准，我国2000～2010年人均GDP的发展历程，大致与日本20世纪50年代、韩国20世纪60年代末到80年代中期、中高收入组20世纪60～70年代初期的发展历程相当。未来10年我国经济发展阶段相当于日本20世纪60年代和韩国20世纪80年代中期到90年代初期的发展阶段；相当于中高收入组20世纪70年代中期至80年代中期的发展阶段。

二、产业结构变动的国际经验

"十二五"及以后一段时期我国人均收入水平的增长大体相当于日本20世纪60年代的发展阶段，这一时期日本GDP产业结构出现了以第三产业比

① 2009年世界银行收入分组标准：人均收入低于996美元为低收入；996～3945美元为中低收入；3946～12195美元为中高收入；12196美元及以上为高收入。

② 2011～2020年GDP年均增长按7%测算，名义汇率按2005～2009年年均升值3.7%测算。

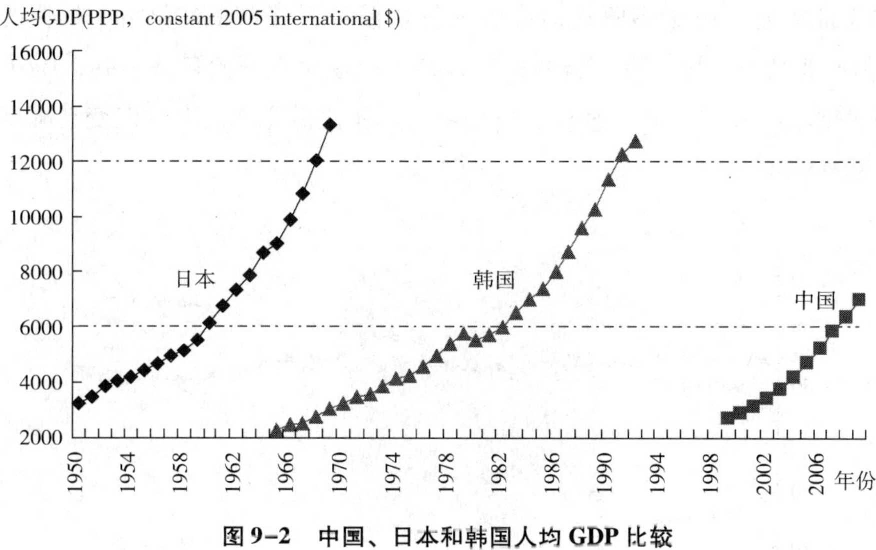

图 9-2　中国、日本和韩国人均 GDP 比较

资料来源：Penn world table。

图 9-3　中国和中高收入组人均 GDP 比较

资料来源：世界银行数据库。

重显著上升，第二产业基本稳定为特征的转变。20 世纪 50 年代日本经济处于高速发展阶段，这一时期产业结构变动的主要特征是，第二产业比重显著上升，第三产业比重保持平稳，第一产业比重快速下降。1955 年日本 GDP 中第二产业比重为 36. 1%，1961 年上升到 44. 1%，为阶段最高点。20 世纪

60年代日本处于由中高收入向高收入发展阶段，经济依然保持了较快的增长，但产业结构变化出现了新的特征，第三产业比重开始显著上升，1961年为43.9%，1970年上升到50%；同期第二产业比重先降后升，但变动幅度不大（见图9-4）。

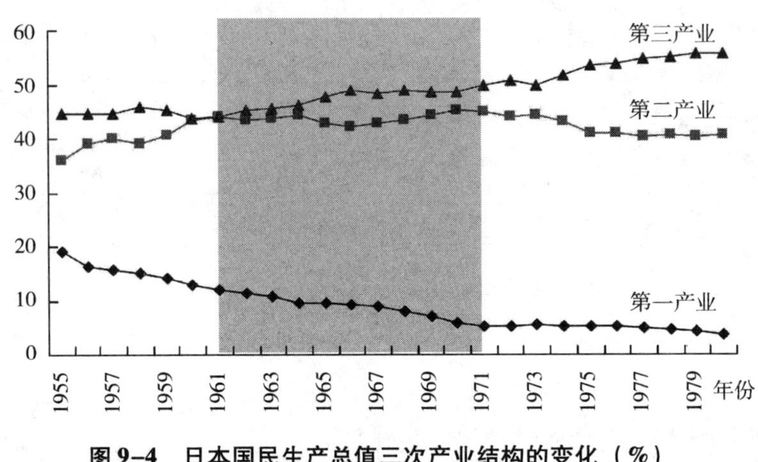

图9-4 日本国民生产总值三次产业结构的变化（%）

资料来源：日本统计局网站，日本统计数据历史资料。

韩国20世纪80年代中期到90年代初期三次产业结构变动的特征，与日本同等发展阶段的特征基本相同。20世纪80年代中期到90年代初期韩国处于中高收入向高收入发展阶段，GDP中第三产业比重呈上升趋势，1984年为46.6%，1992年上升到51%；1987年以前第二产业比重呈快速上升趋势，1987年达到历史高位，随后保持基本平稳；第一产业比重持续下降，从1984年的13.7%下降到1992年的7.7%（见图9-5）。

从全球范围看，20世纪70年代中期以前中高收入国家GDP第二产业比重呈上升趋势，从1965年的33%上升到1974年的38.6%；20世纪70年代中期以后第二产业比重保持基本稳定，第三产业比重稳步上升，由1974年的46.8%上升到1984年的50.1%，第一产业比重呈下降趋势（见图9-6）。

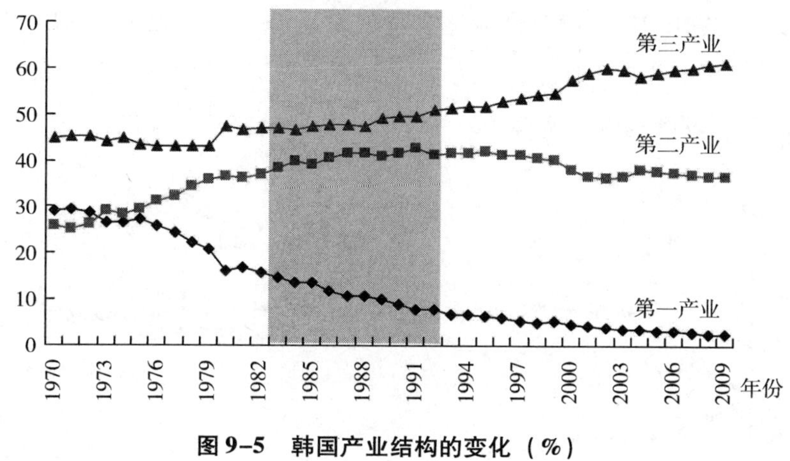

图 9-5　韩国产业结构的变化（%）

资料来源：世界银行数据库。

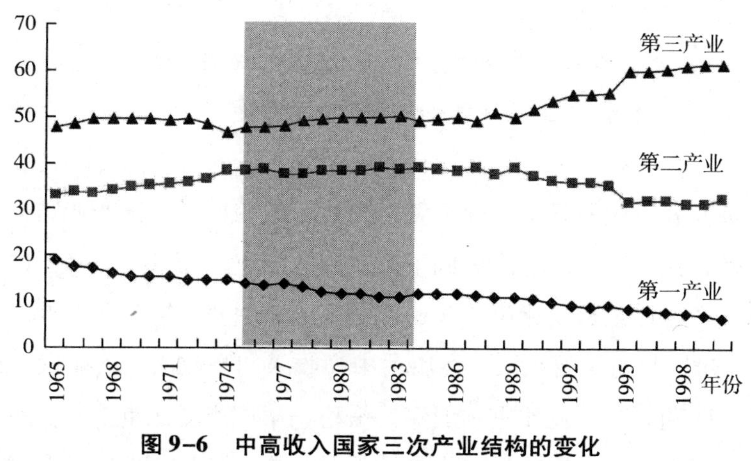

图 9-6　中高收入国家三次产业结构的变化

资料来源：世界银行数据库。

上述国际经验表明，一般来说，经济体在由中高收入向高收入发展过程中，产业结构处于转型期，第三产业比重以较快的速度上升，第二产业比重保持基本稳定或开始向下调整，第一产业比重继续呈下降趋势。

三、“十二五”时期我国产业结构变动趋势

20 世纪 90 年代以来，我国产业结构变动的总体趋势与日本、韩国和中等收入国家同等发展阶段基本相同，第一产业比重持续下降，从 1990 年的 27.1% 下

降到2010年的10.2%；第三产业比重呈上升趋势，从1990年的31.5%上升到2010年的43%；第二产业比重呈波动上升趋势，1990~1997年和2002~2006年呈上升趋势，1998~2001年和2007~2010年呈下降趋势（见图9-7）。

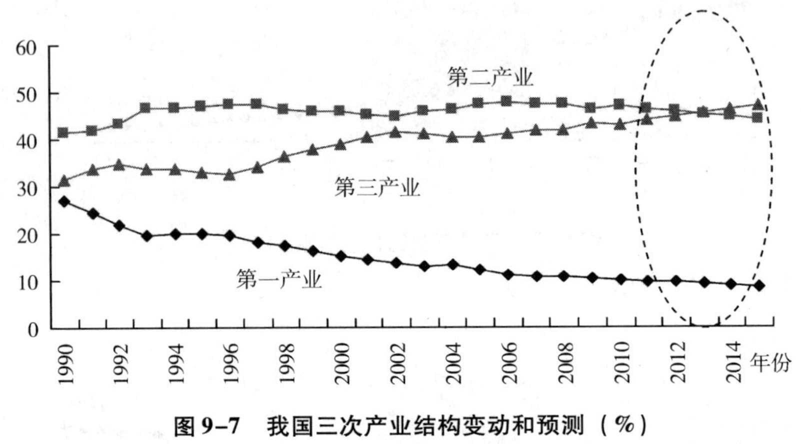

图9-7 我国三次产业结构变动和预测（%）

资料来源：CEIC数据库。2011~2015年数据为预测值。

与同等发展阶段的日本、韩国和中高收入组相比，我国产业结构的一个显著不同点是，我国第三产业比重低于第二产业比重，而日本、韩国以及中高收入国家第三产业比重都要比第二产业比重高，表明我国第三产业的发展相对滞后。"十二五"时期我国经济将经历由中高收入向高收入发展阶段，国际经验表明，这一时期第二产业比重一般保持平稳，第三产业比重上升。参考国际经验以及我国第三产业比重较低、发展滞后的情况，"十二五"及以后时期随着经济发展方式的转变和经济结构的调整，我国第三产业将会得到较快发展，第三产业增加值比重将呈快速上升趋势，第二产业比重将有所下降，第一产业比重将继续呈下降趋势。"十二五"时期第三产业比重变化率按1996~2002年的平均变化率估计（相比较看，这一期间第三产业比重上升速度较快），第一产业比重变化率按1996~2010年的平均变动率估计，到"十二五"期末我国GDP中第一、第二和第三产业比重分别为8.4%、43.6%和48%，其中第三产业比重与日本1966年前后的水平相当。

在第二产业中，制造业增加值占GDP的比重最高，2004~2009年平均为

32.6%，其他依次为建筑业、采矿业和电力、燃气及水的生产和供应业，2004~2009 年平均值分别为5.8%、5.3%和3.3%。从变动趋势上看，2004~2009 年建筑业比重呈较明显的上升趋势，主要原因是我国正处于城镇化进程中，房地产业的发展较快，因而对建筑业的需求快速增加。鉴于我国的城镇化进程还远未完成，未来对建筑业需求仍将会以较快的速度增加，估计“十二五”时期建筑业增加值比重将有所上升；2004~2009 年制造业比重先升后降，采掘业的变动趋势不明显，电力、燃气及水的生产和供应业增加值比重呈下降趋势，估计“十二五”时期这三个行业增加值比重将有所降低。“十二五”时期第二产业中各行业增加值比重的估计值，按 2004~2009 年的平均变动速率来推算（见图 9-8）。

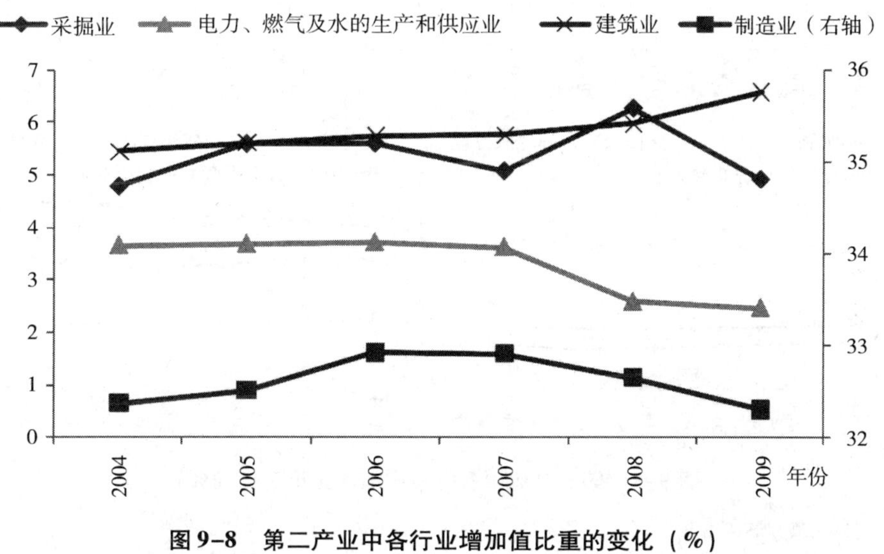

图 9-8 第二产业中各行业增加值比重的变化（%）

资料来源：CEIC 数据库。

在第三产业中，增加值比重较高的是批发和零售业、交通运输业、房地产业和金融业，2004~2009 年平均值分别为 8%、5.5%、4.9%和 4.2%。从变动趋势上看，2004~2009 年批发和零售业、房地产业、金融业、租赁和商务服务业、科学研究和公共管理业总体上呈上升趋势；交通运输业、信息传输计算机服务和软件业、住宿和餐饮业呈下降趋势；其他行业变动趋势不明显。

“十二五”期间，随着经济增长方式的转变和政府职能的转变，政府将加大基本公共服务投入力度，相对减少建设性和公共管理方面的投入，估计教育、卫生和社会保障业、文化和体育业增加值比重将会有所上升，公共管理和社会组织业增加值比重将有所下降，其他行业将继续延续“十一五”时期的走势（见图 9-9）。

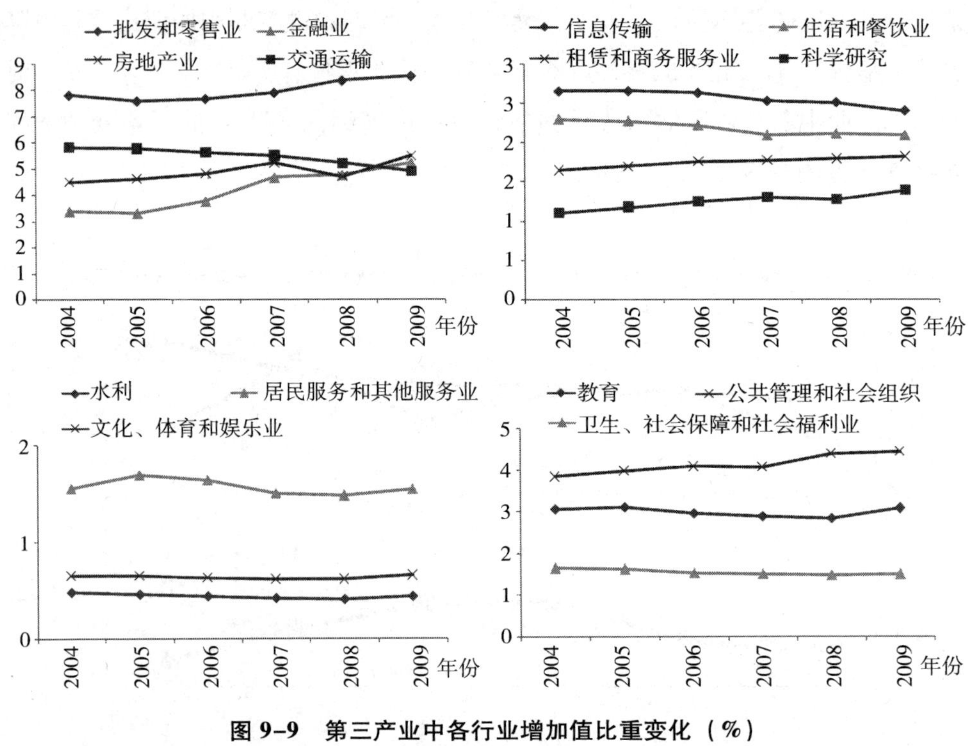

图 9-9 第三产业中各行业增加值比重变化（%）

资料来源：CEIC 数据库。

第三节 “十二五”经济增长率估计

改革开放以来，我国经济社会制度变革极大地改善了资源配置，解放了生产力，将我国的经济增长率从改革开放前的6%左右，提高到改革开放后30多年的近10%。学界将我国潜在增长率估计为9%～10%。从理论上讲，潜在增长率是一个经济体在既定资源和经济社会环境约束下，充分就业条件下所能实现的增长率，由可持续的资源供给及技术进步变动速率决定。当资源约束与经济社会环境发生变化的时候，潜在经济增长率会随之变动。

1978～2008年我国资本存量的实际平均增长率为13.3%①，劳动力增长率为2.2%②，分阶段看，资本和劳动力的增长率呈下降趋势，2000～2008年资本存量和劳动力的增长率分别为11.6%和0.9%。“十二五”及以后一段时期随着我国人口结构的变化，经济增长方式的转变，储蓄率将有所下降，固定资产投资增速也将会逐步回落。另外，为应对气候变化，我国政府提出了较高的控制温室气体排放行动目标，即到2020年我国单位GDP二氧化碳排放比2005年降低40%～45%，要实现这一目标需要大量的投入，淘汰落后产能，这将对资本增加和就业产生负面影响。考虑到这些因素，估计“十二五”期间资本和劳动力的增速还将继续下降，经济潜在增长率也将向下调整。

国际经验表明，一般来说，一个经济体在从低收入向中等收入发展过程中，储蓄率处于快速上升期，经济增长速度也相对较快；当从中等收入进入高收入阶段，储蓄率趋于下降，经济增长速度也会放慢。不同收入组国家过去20年经济增长和储蓄率的变动（见图9-10），图中数据为1990～2009年的平均值。中高收入阶段经济增长率一般比中低收入增长率要低约2个百分点。

我国的经济发展历程和储蓄率变动趋势基本与国际经验相符。1990～2009年经济保持了快速增长，1990年人均GNI仅为330美元，2001年上升到1000美元，进入中低收入国家行列，期间GDP年均增长9.8%，储蓄率1990～2000年均值为40.8%；2010年人均GNI超过4000美元，跨入中高收入国家行列，2001～2009年GDP年均增长10.5%，储蓄率从38.4%上升到52.1%，均值为46.7%，比前一阶段均值上升了近6个百分点（见图9-11）。

① 笔者在郭庆旺和贾俊雪（2004）的研究基础上，使用固定资本形成额来估计资本存量，对1978年以来我国资本存量进行了估算。

② 数据来自CEIC数据库。

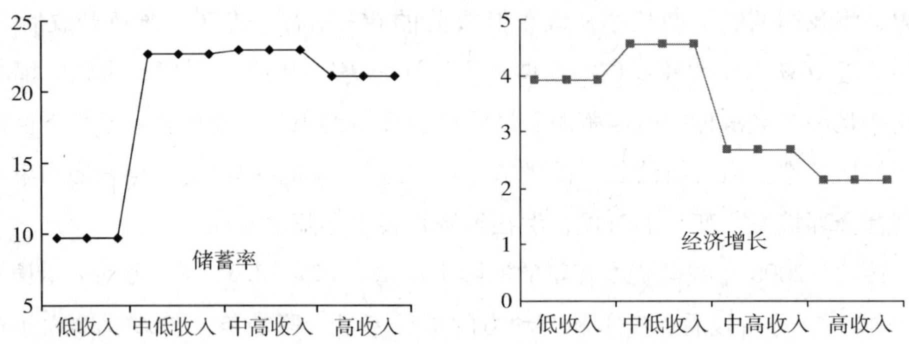

图 9-10 各收入组国家不同收入阶段经济增长和储蓄率变动趋势（%）

注：图中数据不包括中国。

资料来源：根据世界银行数据库中相应数据计算

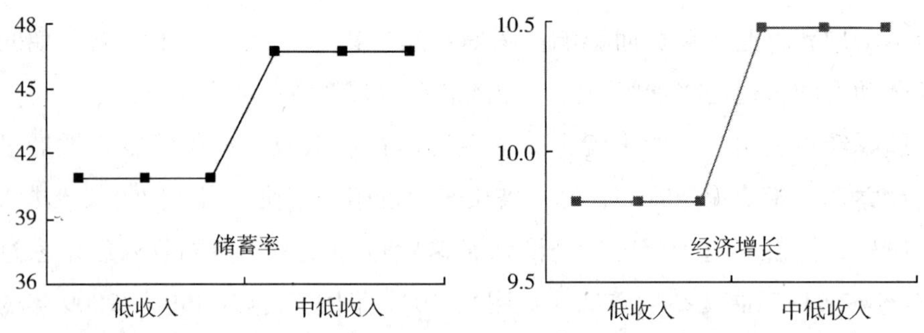

图 9-11 中国不同收入阶段经济增长和储蓄率变动（%）

资料来源：根据世界银行数据库中相应数据计算。

从国际经验和我国的发展历程看，长期以来，我国储蓄率呈现出的不断上升趋势，有其内在的必然性，主要原因是劳动人口比重上升和人均收入的快速增长导致总体储蓄能力和储蓄率不断上升，推动经济快速增长。“十二五”时期，随着储蓄率的下降，以及人均收入进入中等向高收入发展阶段，我国的经济增长率也会比以往有所放缓。运用科布—道格拉斯生产函数测算，并参考国际经验，估计“十二五”时期我国经济的潜在增长率在 8% 左右。

第四节 “十二五”时期储蓄率和投资率估计

一、储蓄率估计

经济理论和实证研究表明，影响一个经济体储蓄率水平及其变动趋势的因素很多，这些因素大体可划分为三大类：一是趋势性因素，如人口结构和经济发展阶段；二是周期性因素，如经济周期的上升期或下降期；三是经济体制和政策等因素，如收入分配、社会保障制度、贸易政策等。

在影响储蓄率的诸多因素中，人口年龄结构变化是影响储蓄率变动趋势的最主要因素之一。一个经济体的总人口按年龄可分为劳动人口（15～64岁年龄人口）和非劳动人口，劳动人口占总人口的比重（或劳动人口与非劳动人口之间的比例，即人口总抚养比），反映了该经济体人口年龄结构状况，并对其储蓄率产生重要影响。根据生命周期理论①，一个消费者会估计他一生的总收入，并按一定方式在其人生全过程中安排其消费支出。这样，每个消费者在短期内的消费主要不是由其当期的收入水平所决定，而是由其工作期和退休期的比例及收入变化情况来决定。从总体上看，一个经济体的劳动人口比重越高，它的储蓄能力也越高，储蓄率就相对越高。

20世纪70年代以来，我国劳动人口比重呈不断上升趋势（见图9-12），从1974年的55.8%上升到2009年的71.7%，上升了近16个百分点，平均每年上升0.45个百分点；同期储蓄率总体上也呈上升趋势，从1974年的28.7%上升到2009年的52.1%②，上升了23.4个百分点，平均每年上升0.66个百

---

① 莫迪里亚尼提出的生命周期假说认为：“个人是在更长的时期范围内计划他们的消费和储蓄行为的，以在他们整个生命周期内实现消费的最佳配置，从而把储蓄看成是主要源于个人想为他们年老时消费做准备的愿望的结果”（参见：多恩布什，费希尔，1997）。

② 数据来源：世界银行数据库WDI。

分点。从趋势上看，我国储蓄率的变动也与人口年龄结构关系密切。我们估计随着劳动人口比例的下降，今后一段时期我国储蓄率将呈下降趋势。

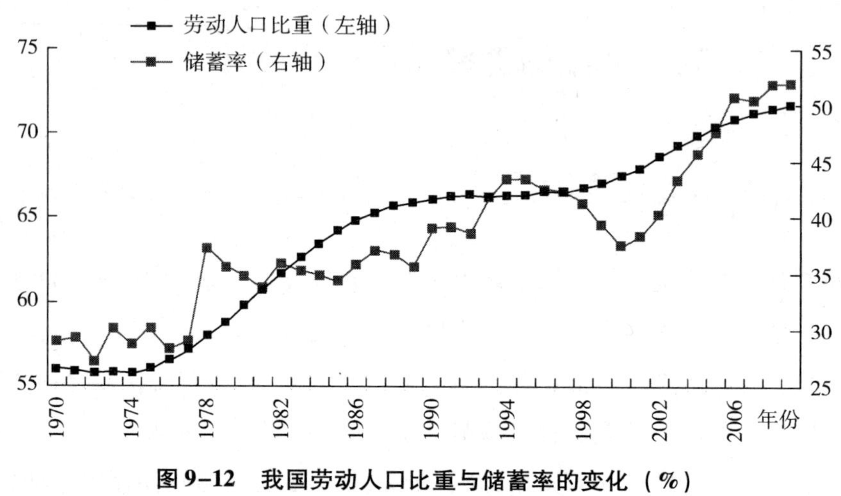

图 9-12　我国劳动人口比重与储蓄率的变化（%）

资料来源：世界银行数据库 WDI。

从周期性因素看，未来 10 年经济增长速度的相对下降，将对储蓄率产生向下调整压力。理论上的解释是：在经济繁荣、增长率上升时，居民部门在消费刚性作用下，储蓄增长快于消费的增长；企业部门则随景气上升、盈余增加而扩大投资规模，从而导致全社会储蓄率上升。而在经济下行时期，情况则相反，全社会储蓄率将会自发向下调整。

从我国 1990 年以来的经历看，1994 ~ 2001 年经济下行期，总储蓄率由 41.8% 下降到 38.6%；2002 ~ 2007 年经济上行期，总储蓄率从 38.6% 提高到 50.4%，提高了近 12 个百分点①。在 2002 ~ 2007 年的储蓄率上升幅度中，除了正常的周期性影响外，还包含了"奖出限进"贸易政策形成的"强制储蓄"效应。此外，"十二五"时期实际汇率处于上升期，这将在客观上产生提高国内消费率，降低储蓄率的实际效应。

在影响我国储蓄率的诸多因素中，所谓趋势性和周期性因素实际上只决定

---

① 数据来源：CEIC 数据库。

储蓄率变动的方向，但真正决定我国高储蓄率水平（特别是高出与我们同处东亚、有着相近文化传统的日韩储蓄水平）的是我国的体制性、政策性因素。这些因素包括经济资源、资产的占有结构、收入分配制度、社会保障制度以及汇率制度安排等等。“十二五”时期随着经济体制改革的不断深入以及社会保障制度的完善，这些导致高储蓄的体制、政策性因素将得到改善，其中有些是政府正在致力改进的内容。

综合以上因素，“十二五”和“十三五”时期随着我国人口结构的变化，社会保障体系的不断完善，收入分配和贸易政策的调整，以及经济增长速度的放缓，我们认为我国国民总储蓄率将逐步趋于下降。根据我国劳动力人口比重与储蓄率的回归方程①，估计到2015年我国储蓄率从2010年的51.8%下降到48%，2020年下降到46%②。

二、投资率估计

根据国民收入恒等式，储蓄率等于投资率和净出口率之和。在储蓄率既定的情况下，“十二五”时期投资率的高低就取决于净出口率的变动。

2000~2008年我国消费率较低，储蓄率较高，尤其是国外储蓄率（净出口率）长期为正，且到了较高的水平（2007年达到了8.8%），这已给我国经济带来很大问题，影响着经济增长的可持续性。全球金融危机后，外需锐减，经济增长大幅下滑。党的十七大报告提出，加快转变经济发展方式是关系国民经济全局的紧迫而重大的战略任务，要求坚持扩大国内需求特别是消费需求，促进经济增长由主要依靠投资、出口拉动向依靠消费、投资、出口协调拉动转变。“十二五”规划明确提出要加快转变外贸发展方式，推动外贸发展从规模扩张向质量效益提高转变。更重要的是，转变发展方式不在于我们的主观意愿，而在于现实的压力。“十二五”及以后时期，整个世界经济（特别是美

① 采用1978~2009年储蓄率和劳动人口比重数据，回归方程为：$y=1.2627\times x-0.422$，其中，y为储蓄率，x为劳动人口比重。历史数据和人口结构预测数据均来自世界银行数据库。

② 2015年和2020年储蓄率预测值由上述方程推出，2011~2015年预测数由2010年实际数平滑过渡到2015年，即假定2010年实际数与方程趋势值之间的差距受其他因素影响，这些因素（如社保体系和体制、政策等）的改善，将使储蓄率向趋势值回归，并且到“十二五”期末调整到趋势值。

国、欧洲）将会进行结构调整。我国作为第二大经济体继续维持大规模贸易顺差的压力将非常大。因此，无论国内国民经济健康发展的自身需求，还是国际环境，都要求我们进行“恢复内外基本均衡”的适应性调整，未来一段时期净出口率应继续逐步降低。我们估计“十二五”期末净出口率将下降到1%～2%的水平（内外基本平衡）。

根据上述储蓄率和净出口率的估计，可推算出“十二五”时期的投资率（见表9-1）。

表9-1 “十二五”时期储蓄率、投资率和净出口率估计（%）

年份	储蓄率	净出口率	投资率
2010	51.8	3.7	48.1
2011	51.0	3.1	47.9
2012	50.3	2.6	47.7
2013	49.6	2.2	47.4
2014	48.8	1.8	47.0
2015	48.1	1.5	46.6

第五节 边际资本产出率估计

边际资本产出率（ICOR）是指资本增量与产出增量之比，计算公式如下：

$$ICOR=\Delta K/\Delta GDP$$

式中，ΔK为资本增量；ΔGDP为产出增量。如果不考虑折旧和流动资产的变动，资本增量可用固定资产投资（I）来代替，则上式可写为：

$$ICOR=I/\Delta GDP$$

利用统计资料可以计算出以往年份各行业的边际资本产出率（ICOR），并可对其变动趋势进行分析，进而确定未来一段时期各行业可能的ICOR。

2003～2009年我国三次产业及总体ICOR值的变化见图9-13。总体上看，

2003~2006年ICOR变化不大，平均为3.4，2006~2009年有所上升，均值为5.1。2003~2009年第三产业ICOR值最高（2008年除外），其次是第二产业和第一产业。从变动趋势上看，第二产业ICOR总体呈上升趋势，第三产业ICOR波动较大，2003~2007年逐年下降，2008~2009年又转为上升走势，第一产业ICOR 2003~2006年波动剧烈，2006~2009年波动相对较平稳。理论上讲，在正常情况下，即经济不出现大幅波动，ICOR值变动不会很大，不会较长期地保持上升或下降趋势。也就是说，对较长时期ICOR的估计，不宜采用趋势法。这里我们采用近期的平均值来估计“十二五”时期各行业ICOR值。根据三次产业ICOR的变动特征，采用2007~2009年的平均值来估计“十二五”时期三次产业的ICOR值，分别为2.6、6.1和6.5。

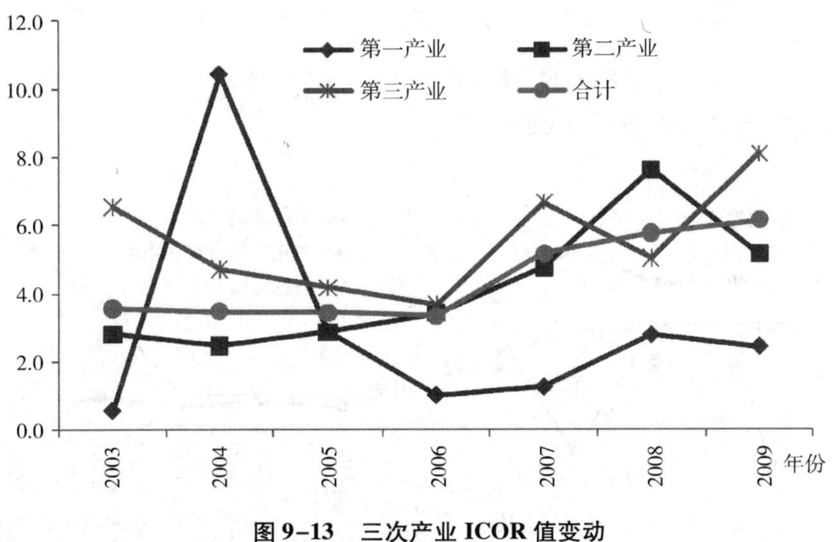

图9-13　三次产业ICOR值变动

资料来源：根据CEIC数据库有关数据计算。

第二产业内部各行业ICOR值的变动见图9-14。从平均水平看，2004~2008年电力行业的ICOR值最高，为39.7，其次为制造业、采掘业和建筑业，均值分别为4.2、3.6和0.6。相比较看，制造业和建筑业的ICOR值的变动较平稳，而采掘业和电力业的波动较大。从趋势上看，制造业ICOR总体上呈上升趋势，其他行业趋势性不明显。由于电力业ICOR值2007年和2008年波动大，“十二五”时期 ICOR 采用 2004～2006 年的平均值 8.1；制造业、采掘业和建筑业 ICOR 采用 2004～2008 年的平均值，分别为 4.2、3.6 和 0.6。

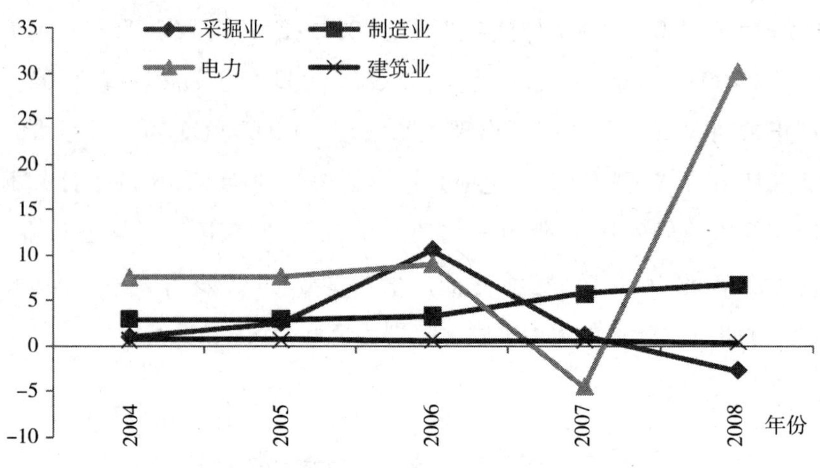

图 9-14 第二产业 ICOR 值的变化

资料来源：根据 CEIC 数据库有关数据计算。

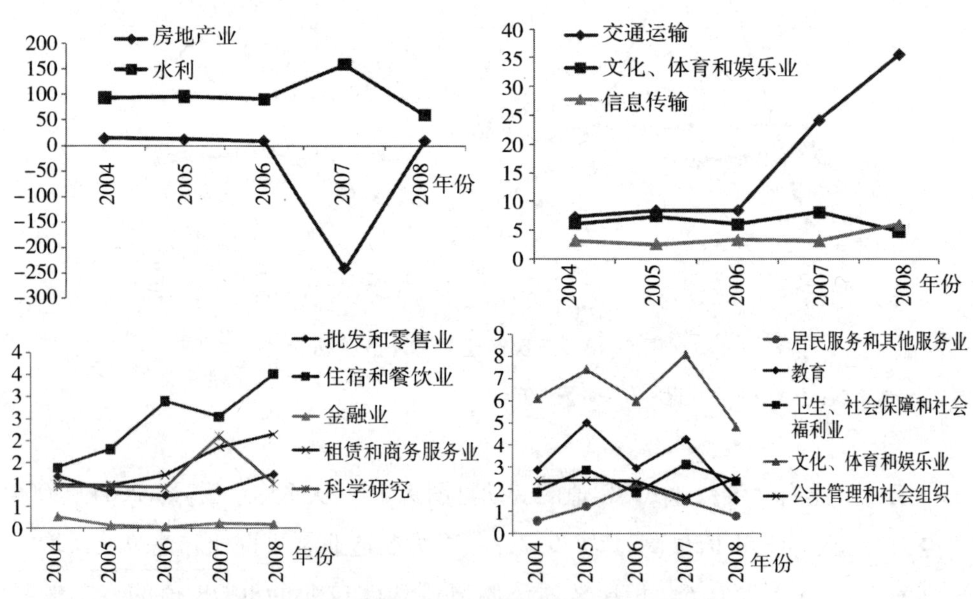

图 9-15 第三产业中各行业 ICOR 的变化

资料来源：根据 CEIC 数据库有关数据计算。

第三产业内部各行业 ICOR 值的变动见图 9-15。2004～2008 年第三产业中各行业 ICOR 的变化差别较大，房地产业、水利和交通运输业的 ICOR 的波动相对较大，其他行业波动较小。从变动趋势上看，交通运输业、住宿和餐饮业和租赁和商务服务业呈上升趋势，其他行业趋势性变动不明显。“十二五”时期房地产业和水利业 ICOR 取 2004～2006 年的平均值，其他行业取 2004～2008 年的平均值，具体数值见表 9-2。

表 9-2　第三行业中各行业 ICOR 值

第三产业	ICOR
交通运输、仓储和邮政业	12.5
信息传输、计算机服务和软件业	3.4
批发和零售业	0.9
住宿和餐饮业	2.5
金融业	0.1
房地产业	11.6
租赁和商务服务业	1.4
科学研究科、技术服务和地质勘查业	1.1
水利、环境和公共设施管理业	93.3
居民服务和其他服务业	1.0
教育	2.8
卫生、社会保障和社会福利业	2.3
文化、体育和娱乐业	6.2
公共管理和社会组织	2.2

第六节
“十二五”时期投资结构估计

根据上述估计，“十二五”时期我国经济增长率平均为 8% 左右，期末投资率下降到 46.6%，由此可推算出各年 GDP 总量和相应的投资供给总量。根据“十二五”时期产业结构变动趋势，以及各产业的ICOR估计，推算出各行业的投资需求量。将推算出的投资总需求与投资供给量进行平衡和调整，最终得出供给量与需求量相平衡的投资结构，具体结果见表9-3和表9-4。

表9-3 “十二五”时期主要行业固定资产投资测算（亿元）

年份	2010	2011	2012	2013	2014	2015
合计	278122	323733	346573	370331	395108	421008
第一产业	7661	8897	8593	8892	9188	9481
第二产业	118133	133123	136847	143008	149066	155014
采掘业	11004	12411	12753	13322	13881	14429
制造业	88642	99539	102229	106731	111144	115466
电力、燃气及水的生产和供应业	15684	17837	18371	19236	20090	20933
建筑业	2803	3336	3494	3720	3951	4187
第三产业	152328	181712	201133	218430	236855	256513
交通运输、仓储和邮政业	30120	35159	36906	37928	38832	39613
信息传输、计算机服务和软件业	2458	3065	3287	3454	3619	3780
批发和零售业	6041	8394	9439	10403	11435	12540
住宿和餐饮业	3372	4138	4448	4685	4919	5150
金融业	490	808	979	1164	1379	1631
房地产业	64976	70079	80304	90197	101054	112963
租赁和商务服务业	2697	3825	4313	4767	5256	5780
科学研究科、技术服务和地质勘查业	1381	1979	2297	2614	2967	3359
水利、环境和公共设施管理业	24865	30761	32994	34666	36309	37918
居民服务和其他服务业	1116	1434	1607	1765	1933	2112
教育	4040	7212	8174	9080	10061	11122
卫生、社会保障和社会福利业	2122	3775	4255	4700	5178	5692
文化、体育和娱乐业	2964	4046	4534	4979	5454	5960
公共管理和社会组织	5685	7037	7593	8027	8460	8892

注：表中数据为2010年价。

表 9-4　“十二五”时期主要行业投资比重（%）

年份	2010	2011	2012	2013	2014	2015
第一产业	2. 75	2. 75	2. 48	2. 40	2. 32	2. 25
第二产业	42. 48	41. 12	39. 49	38. 62	37. 73	36. 82
采掘业	3. 96	3. 83	3. 68	3. 60	3. 51	3. 43
制造业	31. 87	30. 75	29. 50	28. 82	28. 13	27. 43
电力、燃气及水的生产和供应业	5. 64	5. 51	5. 30	5. 19	5. 08	4. 97
建筑业	1. 01	1. 03	1. 01	1. 00	1. 00	0. 99
第三产业	54. 77	56. 13	58. 03	58. 98	59. 95	60. 93
交通运输、仓储和邮政业	10. 83	10. 86	10. 65	10. 24	9. 83	9. 41
信息传输、计算机服务和软件业	0. 88	0. 95	0. 95	0. 93	0. 92	0. 90
批发和零售业	2. 17	2. 59	2. 72	2. 81	2. 89	2. 98
住宿和餐饮业	1. 21	1. 28	1. 28	1. 27	1. 24	1. 22
金融业	0. 18	0. 25	0. 28	0. 31	0. 35	0. 39
房地产业	23. 36	21. 65	23. 17	24. 36	25. 58	26. 83
租赁和商务服务业	0. 97	1. 18	1. 24	1. 29	1. 33	1. 37
科学研究、技术服务和地质勘查业	0. 50	0. 61	0. 66	0. 71	0. 75	0. 80
水利、环境和公共设施管理业	8. 94	9. 50	9. 52	9. 36	9. 19	9. 01
居民服务和其他服务业	0. 40	0. 44	0. 46	0. 48	0. 49	0. 50
教育	1. 45	2. 23	2. 36	2. 45	2. 55	2. 64
卫生、社会保障和社会福利业	0. 76	1. 17	1. 23	1. 27	1. 31	1. 35
文化、体育和娱乐业	1. 07	1. 25	1. 31	1. 34	1. 38	1. 42
公共管理和社会组织	2. 04	2. 17	2. 19	2. 17	2. 14	2. 11

“十二五”时期投资结构预测结果显示，第二产业投资比重逐渐下降，由2010年的42. 5%下降到2015年的36. 8%，下降5. 7个百分点；第三产业投资比重有较大幅度的上升，期末达到61%，比2010年上升6. 2个百分点；第一产业投资比重略有降低，2015年达到2. 3%。

在第二产业中，制造业投资比重降幅较大，2015年下降到27. 4%，比2010年降低近4. 6个百分点；其次是电力、燃气及水的生产和供应业，2015年为5%，比2010年降低约0. 8个百分点；采掘业2015年投资比重为3. 4%，比2010年下降约0. 5个百分点；“十二五”期间建筑业投资比重基本稳定在

1%左右。

在第三产业中，投资比重升幅较大的行业是房地产和教育，2015 年分别达到26.8%和2.6%，分别比 2010 年上升 2.5 个百分点和 1.1 个百分点；其次是批发和零售业和卫生、社会保障和社会福利业，2015 年投资比重分别达到3%和1.4%，皆比2010 年上升约0.7 个百分点；再次是水利、租赁和商务服务业、科学研究，2015 年投资比重分别达到9%、1.4%和0.8%，分别比 2010 年上升0.5 个百分点、0.4 个百分点和0.3 个百分点；“十二五”期间信息传输、住宿和餐饮业、金融业、居民服务和其他服务业、公共管理和社会组织业投资比重略有上升，但升幅不大；交通运输、仓储和邮政业投资比重有所下降，2015 年为9.4%，比2010 年降低约0.4 个百分点。

参考文献：

1. 徐家杰：《中国全要素生产率估计：1978 ~2006 年》，《亚太经济》2007 年第6 期。

2. 郭庆旺、贾俊雪：《中国潜在产出与产出缺口的估算》，《经济研究》2004 年第5 期。

3. 投资所课题组研究报告：《促进消费、投资、出口协调拉动经济发展的思路和对策研究》(2008)。

4. 蔡昉：《刘易斯转折点——中国经济发展新阶段》，社会科学文献出版社 2008 年版。

5. 保罗·克鲁格曼、茅瑞斯·奥伯斯法尔德：《国际经济学——理论与政策》（第五版），中国人民大学出版社 2004 年版。

6. 多恩布什、费希尔：《宏观经济学》，中国人民大学出版社 1997 年版。

7. 弗农·亨德森：《中国的城市化：面临的政策问题和选择》，《比较》2007 年第31 期。

8. 阿普尔亚德· 菲尔德：《国际经济学》，机械工业出版社 2001 年版。

9. 吉利斯等：《发展经济学》，中国人民大学出版社 1998 年版。

10. World Population Prospects（the 2010 Revision），United Nations.

第十章　国外政府投资结构变动特征与启示

内容提要：随着发展水平的提高，政府支出重点逐步从公共基础设施转向教育、卫生、养老、社会福利等社会民生领域。投资决策民主化、法治化是优化政府投资结构的根本保障，而走上民主决策、法治管理道路，需要经过深刻的体制机制变革。发达国家政府投资管理的成功经验主要有：政府各部门间权力适当、分工合理、相互制衡；政府投资决策与实施管理制度化；建立多层次监管体系；保证公众的项目决策参与权，实现信息公开等。

第一节　美国政府投资结构特征及其变动趋势

一、政府支出的长期趋势

美国政府支出在世纪开始的时候，约占 GDP 的 7%。在 20 世纪 20 年代达到 GDP 的 12%，大萧条时期后则达到 20%。“二战”时期出于战时需要政府支出达到高峰，而在“二战”之后，美国政府的财政支出恢复正常水平，约占 GDP 的 21%；之后又不断增长，达到 20 世纪 80 年代初的 36%。2008 年金融危机后，出于“救市”需要，美国政府支出达到了 45%（接近“二战”时期的水平），预计未来将较长期地稳定在约40%左右。

从长期趋势看，美国政府财政支出的增长主要是投向了卫生、教育、养老金、社会福利等公共服务领域。教育支出从20世纪初占GDP的1%增长到目前的7%。在1910~1940年，美国政府的教育支出主要投向高等中学学校的建设。“二战”后教育支出的增长主要是因为高等教育的扩张及教师工资的增加。除去“二战”期间经费收缩与20世纪70年代一度膨胀外，美国政府的教育支出呈现的是每年平稳增长的趋势，到2008年达到占7%。美国的教育大部分由地方政府成办，但“二战”之后，联邦政府的作用不断增强，联邦对州与地方政府的教育经费转移支出有不断增加之势。

长期以来，美国的医疗体系更多依靠市场提供。在20世纪60年代以前，政府医疗支出占GDP的比重一直不高。20世纪早期只有0.25%，在20世纪20年代达到0.5%，1932年达到1%。1965年之后，随着美国国会通过了《大社会法案》，建立针对老年人的医疗补助制度和为穷人提供医疗服务的救助制度，美国政府的医疗经费支出持续增长，1970年达到GDP的2%，1980年达到3%，1991年达到4%，1995年达到5%，2007年达到6%，2009年达到7%。

自20世纪60年代开始，美国进入人口老龄化加速的阶段。从1960~1980年，美国65岁以上老人占总人口的比重从9.2%提高到11.2%。目前我国65岁以上老人占总人口的比重已达8.87%（2011年人口普查数据），已接近美国1960年的水平；从人均GDP看，美国人均GDP 1965年达到18560美元（2005年不变价）。如果以购买力平价的方法来比较，应该说，我国大部分东部地区在“十二五”时期将接近美国20世纪60年代初的水平。参照美国经验，这或许意味着从“十二五”开始，随着人均收入水平的进一步提高，伴随老龄化进程老龄人口医疗经费增加，我国的医疗经费总水平也将进入一个长期持续稳步增长的阶段。

二、政府投资与私人投资的比例

1900~1919年，美国私营部门投资、地方政府投资、联邦政府投资（不包括军用固定资产）各自所占的份额变化不大，大体在92.5∶6.2∶1.3左右，私营部门投资占绝大部分。从1920年开始直到“二战”前这段时间，私人投资所占份额则持续下降，政府投资所占份额不断上升。而在“二战”后的10年，私人投资与政府投资所占份额又出现了相反方向的变化调整。之后，政府投资与私营投资比例相对稳定，政府投资比重略有下降。我们选取1970、1980、1990年3个年份美国政府资本支出与全国资本形成之比，可以看到，这个指标1970年是26.0%，1980年是17.6%，1990年是22.0%（见表10-2）。

从私营部门与政府部门资本存量之比的变化，也可以从一个侧面看出美国政府投资占全社会投资比重的变化趋势（见表10-1）：20世纪20年代美国政府部门资本存量相对水平较低，到1935年则有明显提高。“二战”时期达到最高峰，二战之后则下降到正常水平，但明显高于战前水平。之后一直较平稳，1965年之后有略微下降之势。比照1965年之后美国政府支出仍保持不断增长之势，可以判断，1965～1985年，美国政府支出中用于投资的比重较前有所下降。

表10-1　美国私营部门与政府部门资本存量之比（10亿美元，1985年不变价）

年份	私营部门总计	州及地方政府	联邦政府	政府总计与私营部门总计之比（以私营部门为100）
1928	2981.10	307.3	82.2	13.1
1935	2920.30	403.9	108.8	17.6
1945	3055.30	489.8	960.2	47.5
1955	4382.20	679.1	685.8	31.1
1965	6011.40	1099.70	763.5	31
1975	8437.80	1618.50	802.6	28.7
1985	10998.20	1863.20	1064.90	26.6

资料来源：美国国家统计局。

三、政府投资结构

相对州及地方政府投资而言，美国联邦政府投资的增长波动较大，所占比重在1970～1995年，大体在1/3～1/2波动。除国防外，该期间拉动联邦政府投资增长的领域，一是医疗卫生，二是住宅。医疗卫生投资从1.66亿美元增长到17.4亿美元，住宅投资从8.53亿美元增长到39.18亿美元（见表10-2）。

表10-2 美国政府资本支出的规模与结构（1970～1995年，亿美元）

年　份	1970	1980	1985	1990	1995
全国资本形成总额	1830	5652	8241	10034	13013
全部政府投资（资本支出）	475.19	993.86	1569.12	2209.60	2260.88
政府资本支出占全部资本形成总额之比	26.0	17.6	19.0	22.0	17.4
联邦政府的投资（资本支出）	178.69	364.92	770.14	978.91	746.48
年增长率	-6.0	10.9	6.3	-1.9	-6.5
占全部政府资本支出比重	37.6	36.7	49.1	44.3	33.0
占联邦政府全部直接支出比重	9.7	6.9	8.3	7.9	5.1
行业投向：					
国防	140.27	281.61	641.54	756.24	538.26
教育	0.09	0.97	0.39	0.41	2.21
公路	0.09	1.32	1.21	1.81	1.85
医疗卫生	1.66	6.73	9.16	10.96	17.40
自然资源	16.91	40.46	40.92	46.98	32.61
住宅	8.53	3.17	19.35	43.43	39.18
航空	2.34	1.51	7.85	6.64	7.91
水运	2.85	10.03	5.83	3.85	3.69
其他					
州及地方政府的投资（资本支出）	296.50	628.94	798.98	1230.69	1514.40
年增长率	5.0	7.0	13.1	9.9	10.1
占全部政府资本支出比重	62.4	63.3	50.9	55.7	67.0
占州及地方政府全部直接支出比重	20.0	14.5	12.2	12.7	11.2
行业投向：					
教育	76.21	107.37	134.77	259.97	357.08
高等教育	27.05	29.72	46.29	74.41	104.61
初等与中等教育	46.58	73.62	83.58	180.57	248.08
公路	107.62	191.33	239.00	338.67	425.61
医疗卫生	7.90	24.43	27.09	38.48	48.83
自然资源	7.89	10.52	17.36	25.45	28.91

续表

年　份	1970	1980	1985	1990	1995
住宅	13.19	22.48	32.17	39.97	45.27
航空	6.91	13.91	18.75	34.34	38.02
水运	2.58	6.23	7.17	9.24	11.01
环卫系统	13.85	62.72	59.26	83.56	88.94
公园及娱乐设施	6.84	20.23	21.96	38.77	40.85
公用工程	24.37	99.33	134.35	166.01	190.28
供水	12.01	33.35	41.60	68.73	74.66
供电	8.20	45.72	52.47	39.76	37.15
运输	3.66	19.21	38.30	54.43	75.07
供气	0.50	1.05	1.98	3.10	3.40
其他					

资料来源：美国国家统计局。

表 10-3　近年美国政府资本形成的规模与结构（亿美元）

年　份	2005	2006	2007	2008	2009
总计	2998.00	3200.15	3419.97	3653.71	3698.51
一般公共服务	304.34	300.44	330.44	362.63	375.40
国防	123.21	114.70	114.24	128.74	129.60
公共秩序与安全	145.22	154.62	174.78	192.56	197.14
经济事务	1100.47	1170.09	1241.08	1316.66	1354.94
住宅与社区改善	239.38	282.79	295.71	301.37	294.54
卫生	168.45	165.95	187.13	202.97	213.39
娱乐、文化与宗教	83.00	75.54	89.00	92.99	88.65
教育	800.11	886.37	951.49	1023.09	1013.41
社会保护	33.82	49.63	36.09	32.69	31.45

资料来源：OECD 官网。以上数据为全部政府的年度资本形成总额。

州及地方政府投资的增长较平稳，所占比重大体在 1/3 ~ 1/2。州及地方政府投资增长主要投向了教育、医疗卫生、住宅、公路与航空、环卫系统与公用工程（供水、供电、供气等）。这些领域投资都有较大幅度增长，公用工程与住宅投资增长幅度最大，分别从24.37亿美元、7.90亿美元增长到190.28亿美元、48.83亿美元。而教育投资也从76.21亿美元增长到357.08亿美元，公路投资从107.62亿美元增长到425.61亿美元，住宅投资从13.19亿美元增长到45.27亿美元。

将各级政府投资加总后来看，这一时期美国政府教育、卫生、住宅等公共服务领域投资比重的情况是：住宅投资大约在占到政府总投资的3.7%～4.6%，教育投资大体在1.6%左右，医疗卫生投资则从1.8%增加到2.9%。

四、政府基础设施投资的变化趋势与特征

从总量上看，美国政府基础设施投资1956～1965年间明显增长，而在1965～1984年这期间，一直保持稳定。1984～1993年间又明显增长。1993年比1956年增长了约1倍。

美国政府各类交通投资（除水运外）都呈现明显的周期性，且各自的周期性特征不同。公路投资占了美国政府基础设施投资的大部分，周期性最明显。公路投资占政府基础设施总投资的比重1956年高达67.3%，在多数年份也都在50%以上。1956～1965年这段时间，政府公路投资持续增长，1965～1969年保持稳定，之后，有所下降；直到1984年之后，又开始明显增长，在1991～1993年间达到高点，与1965～1969年大体相当。

1956～1962年，公共交通投资增长平稳，1962～1969年，公共交通投资每年都持续增长，1969年比1962年增长了约500%。之后到1979年间呈波动向上平稳增长之势。之后，从1979年到90年代初，进入持续高增长时期，呈现“几年持续较快增长，而后几年平稳增长，接着又持续几年较快增长”的特征。

在1956～1973年，航空投资是美国交通投资中增长最快的部分，从1956年的7.6亿美元上升到1973年的44.29美元。之后，在1974～1984年约10年间，则进入平稳期，大部分年份不足30亿美元。从1984年开始到1993年，则又进入每年持续高增长时期，从31.16亿美元上升到87.61亿美元，又成为美国政府交通投资中增长最快的部分。

铁路投资在美国政府交通投资中，重要性最低，这主要与铁路交通在美国

交通体系中的作用较低有关。除了1976～1980年铁路投资数量较大、增长较快外，在大多数年份，都是或者没有投资，或者投资数量很小。

水运交通投资在美国各类交通投资中，周期性最不明显，除20世纪50年代的几年之外，各年份投资都保持在十几亿美元的时间。

从美国政府其他的基础设施投资来，水资源投资呈现较长期的波动，在20世纪50～90年代初期呈现“先增长，之后长期平稳而后又有所下降”的波动特征。供水和污水处理从长期看增长平稳，高增长分别出现在20世纪70年代和80年代中后期（见表10-4）。

表10-4 美国各级政府的基础设施投资（资本支出，百万美元，1997价）

年份	总投资	公路	公共交通	铁路	航空	水运	水资源	供水	污水处理
1956	40658	27360	641	0	762	808	3440	4186	3463
1957	42126	28367	653	0	1054	747	3727	4072	3506
1958	46939	31429	731	0	1679	952	4455	4152	3541
1959	53101	36034	553	0	1841	1008	5059	4764	3842
1960	52091	34816	516	0	1977	1002	4938	4629	4212
1961	55472	35720	662	0	1620	1323	5703	5461	4004
1962	57915	38157	491	0	1701	1171	6005	4978	4831
1963	61350	40246	867	0	1803	1226	6787	4842	5452
1964	63482	42059	818	0	2516	1156	6963	5000	5775
1965	65841	43313	1256	0	3294	1129	6690	5909	5748
1966	66782	43216	1083	0	3377	1352	7410	6073	6028
1967	68061	45612	1562	0	4017	1389	7555	5087	5154
1968	67876	45181	2057	0	4429	1803	6800	5093	5139
1969	68320	45321	2461	0	3073	1754	5558	5394	5315
1970	65363	43930	1491	0	2714	1412	4698	4894	5644
1971	67260	44394	1663	0	3377	1398	5276	4650	6503
1972	68134	43216	1730	0	4017	1375	5357	4745	7694
1973	64130	37670	3013	0	4429	1474	4889	4700	7953
1974	60638	35600	2699	143	3073	1485	4864	5080	7695
1975	59394	33298	2920	505	2714	1316	4855	5124	8663
1976	60743	33538	3146	1356	2441	1128	4653	5188	9293

续表

年份	总投资	公路	公共交通	铁路	航空	水运	水资源	供水	污水处理
1977	58207	28949	3674	2152	1985	1119	5160	4717	10450
1978	57893	29578	3165	1842	2327	1146	4744	4946	10146
1979	64920	32954	3377	2323	2631	1512	4855	5701	11528
1980	67537	34153	3714	2247	3060	1753	5098	6111	6680
1981	60599	30158	4307	729	2792	1755	4416	5931	6905
1982	54619	26725	4674	776	2553	1514	4364	5424	7317
1983	55215	27240	5252	617	2704	1710	4139	5317	7904
1984	58766	30226	5507	620	3116	1583	4387	5159	8168
1985	64952	34628	5384	474	3454	1721	4584	6190	8518
1986	69565	37097	5328	187	4242	1859	4437	7309	9106
1987	72575	38182	5368	197	4748	1689	4584	7902	9904
1988	75884	40496	5208	-1	5194	1728	4941	7778	10541
1989	77236	40951	5803	-8	5231	1612	5245	8051	10342
1990	79807	41470	6594	-58	5911	1616	5572	8441	10259
1991	81064	43131	6697	268	6664	1607	3173	8853	10671
1992	82340	43408	6666	417	8002	1384	3067	8552	10845
1993	81660	43135	6516	291	8761	1648	2635	7567	7833

资料来源：美国国家统计局。

第二节

英国政府投资特征及其变动趋势

一、1910～1950年政府公共支出的变化趋势

根据数据来进行分析，可以看出英国1910～1950年，政府投资变化的某些长期趋势：首先是社会支出一直稳定增长，而经济支出有时保持平稳，有时下降，有时猛增，有时则平稳增长。从长期趋势看社会支出与经济支出

两者的比例关系，基本上是随着经济增长，社会支出的比重逐步提高（见表10-5）。

表10-5　1910～1950年英国政府公共支出结构

年份	社会服务支出	经济服务支出	社会支出与经济支出之比
1910	89.1	37.8	2.36：1
1911	92.8	38.4	2.42：1
1912	96.7	38.9	2.49：1
1913	100.8	39.5	2.55：1
1914	97.0	37.5	2.59：1
1915	93.4	35.6	2.62：1
1916	109.3	29.5	3.71：1
1917	127.8	24.5	5.22：1
1918	114.3	27.4	4.17：1
1919	217.0	74.6	2.91：1
1920	411.8	203.2	2.03：1
1945	1240.7	328.8	3.77：1
1946	1377.7	367.3	3.75：1
1947	1529.7	410.3	3.73：1
1948	1698.5	458.3	3.71：1
1949	1885.9	512.0	3.68：1
1950	2094	572	3.66：1

资料来源：ukpublicspending.co.uk网站。

二、20世纪50年代末期至今政府公共支出与投资发展趋势

从主要公共服务领域政府支出的变化趋势看，20世纪50年代末以来，英国政府教育、卫生支出的比重不断上升。例如，英国教育支出占GDP比重的长期走势：从50年代不到3%一直不断上升，到1975年达到6%（见图10-1）。政府用于交通的支出比重则比较平稳，显示出英国作为发达国家，政府支出的增长更向社会领域倾斜的特征。从政府投资的比重变化看，政府资本支出占

GDP的比重有明显下降的趋势，2008～2009年因为金融危机而有明显回升，但仍低于1958～1959年水平。

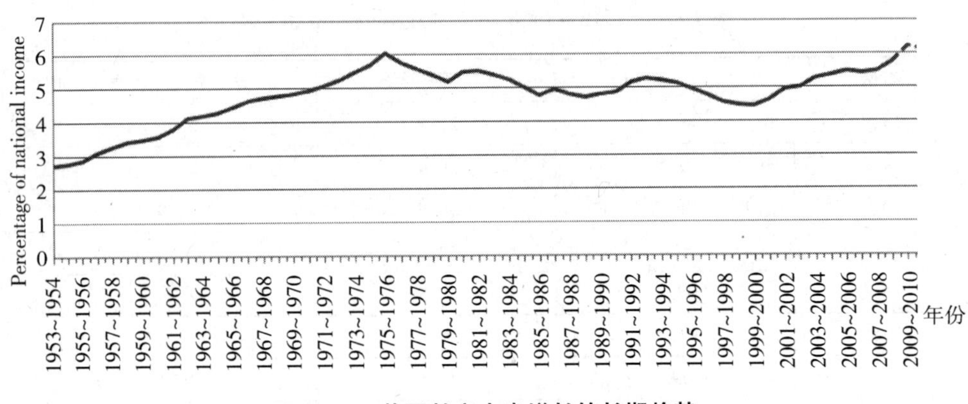

图10-1 英国教育支出增长的长期趋势

表10-6 英国公共服务领域政府资本支出占GDP比重（%）

年代	1958～1959	1978～1979	1996～1997	2008～2009
比重	3.4	2.5	0.7	2.5

表10-7 英国主要公共服务领域公共支出占GDP比重（%）

年　代	1958～1959	1978～1979	1996～1997	2008～2009
教　育	3.3	5.2	4.6	5.7
医疗卫生	3.2	4.4	5.1	7.8
交　通		1.6	1.2	1.5

资料来源：ukpublicspending. co. uk网站。

三、近期政府投资结构

根据提供的数据（见表10-6～表10-10），英国公共部门投资从主体结构看，中央政府投资约占38%，地方政府约占37%，国有企业约占25%（1996～1997年数据）。与联邦制的澳大利亚相比，英国中央政府的投资比重相对较高。从2010年数据看，澳大利亚公共部门投资结构为：联邦政府占全部投资的19.4%，地方政府占49.7%，国有企业占30.9%。

从行业结构上来看，住房、交通与教育是英国政府投资的三大领域，三个行业加起来，约占政府总投资的60%～70%。从1992～1993年到1996～1997年，教育投资占英国政府总投资比重在9%～10%，交通投资在21%～25%，住房投资在22%～23%。

表10-8　英国政府资本支出规模结构（亿英镑）

年代	1992～1993	1993～1994	1994～1995	1995～1996	1996～1997
中央政府投资	108.69	97.8	91.14	85.78	65.15
地方政府投资	71.5	67.24	73.49	71.85	64.3
国有企业投资	54.76	48.29	52.02	50.01	44.71
全部政府投资	180.19	165.04	164.63	157.63	129.45
全部国有投资	234.95	213.33	216.65	207.64	174.16
中央政府教育投资	6.23	8.57	9.43	9	3.89
地方政府教育投资	9.21	7.46	8.90	9.79	8.73
全部政府教育投资	15.44	16.03	18.33	18.79	12.62
教育投资占政府总投资比重	0.09				0.1
中央政府交通投资	22.36	23.31	23.44	20.05	17.99
地方政府交通投资	15.46	17.13	17.28	16.94	14.43
全部政府交通投资（铁路外）	37.82	40.44	40.72	36.99	32.42
交通投资（铁路外）占政府总投资比重	0.21				0.25
医疗卫生（全部由中央政府负责）	15.27	8.28	3.57	2.65	1.24
医疗卫生投资占政府总投资比重	0.08				0.01
中央政府住房投资	25.58	20.35	16.83	13.43	12.05
地方政府住房投资	16.02	15.65	15.26	18.30	16.48
全部政府住房投资	41.06	36	32.09	31.73	28.53
住房投资占政府总投资比重	0.23				0.22

表 10-9　英国政府最近几年的投资规模与结构（亿英镑）

年　份	2005	2006	2007	2008	2009
总　计	89.11	241.04	266.88	329.22	378.06
一般公共服务	1.76	1.45	1.52	1.71	2.04
国防	14.68	11.52	37.33	29.10	41.93
公共秩序与安全	18.07	17.28	19.69	24.08	27.72
经济事务	64.11	59.31	50.57	74.89	75.65
环境保护		14.89	16.72	18.44	19.23
住宅与社区改善	85.10	86.00	84.90	12.41	12.54
卫　生	35.63	35.02	35.67	47.64	59.02
娱乐、文化与宗教	17.72	18.31	21.21	31.64	38.30
教　育	52.20	57.01	57.39	69.19	78.21
社会保护	48.50	46.50	46.20	47.30	51.00

资料来源：OECD 官网。以上数据为全部政府的年度资本形成总额。

表 10-10　澳大利亚公共部门投资规模（百万澳元）

	2010 第四季度	2011 第一季度	2011 年第一季度与上季度环比
各级政府的固定资产形成总额			
联邦：军事	1 922	1 458	-24.2
联邦：非军事	2 066	2 789	35
联邦总计	3 989	4 247	6.5
州与地方	10 237	10 059	-1.7
全部政府合计	14 226	14 306	0.6
国有企业的固定资产形成总额			
联邦国有企业	429	517	20.4
州及地方国有企业	5 923	5 678	-4.1
全部国有企业合计	6 353	6 194	-2.5
整个公共部门固定资产形成总额	20 579	20 500	-0.4

资料来源：澳大利亚统计局网站。

第三节

政府投资结构的国际比较

马斯格雷夫和罗斯托等人指出，在经济发展的早期阶段，为启动经济、促进经济快速成长，政府应增加公共投资，用于改善基础设施，为私人投资提供良好的外部环境，加速经济“起飞”。到经济发达阶段，政府投资仍应保持稳定的增长，只不过此时政府投资的重心应从注重基础设施等“硬件”向教育、医疗卫生、社会保障等能够直接增加社会福利的方向转移。

从上述对美、英等国的情况分析来看，进入经济发达阶段，美、英等国政府财政支出的增长确实主要是投向了卫生、教育、养老金、社会福利等公共服务领域。

此外，根据FMI的数据，对1975~1983年间发达国家与发展中国家之间政府支出的结构及其对GDP的弹性进行横向比较，可得出如下结论：

发达国家的公共支出与GDP增长的相关性高比发展中国家高很多。而发展中国家公共支出更多地用于资本性支出，发展中国家政府投资与GDP增长的相关性较高。从公共支出中社会性支出与经济性支出的比例关系看，发达国家的社会性支出占比较高，且与GDP增长的相关性更强；而发展中国家正好相反，经济性支出占比较高，与GDP增长的相关性更强。

这些相关国际经验或许能给予我们这样的启示：我国未来从发展中国家迈向发达国家的过程中政府财政支出结构与投资结构将应该（或可能）发生这样的变化：随国民收入的增加，政府支出占GDO的比重会不断上升，但政府投资（资本性支出）的比重会下降。在政府支出中，用于社会领域的支出比重会上升，经济领域的支出比重会下降（见表10-11）。

表 10-11 1975～1983 年发达与发展中国家之间政府支出结构及其对 GDP 的弹性

	全部支出占 GDP	GDP 弹性	资本支出占 GDP	GDP 弹性
发达国家	35.56	2	7.68	0.49
发展中国家	25.07	1.59	20.62	2.2
	社会支出占总支出比重	GDP 弹性	经济支出占总支出比重	GDP 弹性
发达国家	66.73	2.12	33.27	0.67
发展中国家	44.07	1.54	55.93	2.1

注：社会支出包括社会安全与福利、教育、卫生、住房与社区发展等。经济支出包括农业、渔业、畜牧业、矿业、制造业、建筑、电子、天然气、热电、水、路、交通与通讯等。

资料来源：FMI（1986）。

第四节 发达国家完善政府投资决策机制的主要做法

上面分析了美、英等发达国家政府投资结构的演变趋势，那么，这些国家在调整政府投资结构时，是依靠什么样的制度来保证政府投资结构演变的合理性呢？

考察美英等发达国家政府投资管理的长期做法，可以看到，对于完善的市场经济国家而言，政府投资本质上是为了国民经济更好地发展以及社会公众享有更好的公共服务而进行的公共产品投资，因此，政府投资决策，必须体现的一个原则是：社会发展与公众对公共产品的需求如何最佳地得到满足。在发达国家中，长期以来的民主思想使公共投资“取之于民、用之于民”的理念已深入人心，成为社会共识。政府只是公共投资的管理者，而非所有者（即相当于商业领域的经理人，而非股东）。因此，公共决策领域也同样存在“委托—代理”关系中治理结构的完善问题（即避免“内部人”控制问题）。从发达国家的经验看，这一治理结构的完善在于公共决策的民主化与法治化程度不断提高，通过多方面的制度设计与政策措施，有效避免政府投资过多地为少数人所左右，例如，以“分权”的原则使各决策主体之间形成相互制衡的关系，避免决策权力过于集中；完善多层次的监管机制，使决策权力受到监督与约束；保证公共参与度、信息公开化，使权利处于公共视野之下，等等。

概括起来，发达国家完善政府投资决策机制的经验主要有以下几个方面：

一、以立法规范政府在投资决策方面的权限，与国会之间形成相互制衡的关系

20世纪初以前，美国各级政府的预算收支也较为混乱，各部门争取到资金后，自己掌握支出，没有完备的预算，民众和议会都无法对政府各部门进行有效监督，腐败现象由此屡屡不绝。1921年，美国国会通过了《预算和会计法案》，它包含了两大最基本的原则：一是决定钱怎样花是公民的权力，而不是政府的权力。政府花钱要在公民监督之下，不能由政府在黑箱中操作。这一法案的根本精神，即是政府投资决策需要民主化、法治化的制度保障。由此，美国公共预算管理确立了政府与国会之间类似“管理层”与“董事会”之间的治理结构关系：政府代公民起草支出方案，编制和提交预算。二是议会是预算修改、决定和批准的权力机构。预算批准后，政府只是预算的执行者，而议会有法定权利监督政府预算的执行。

二、在具体项目实施上贯彻分权原则，使政府各部门间形成权力分布恰当、相互制衡的关系

例如，在美国联邦政府投资项目实施过程中，行业主管部门、财政部、管理与预算办公室、国会以及审计监管部门都要以不同的方式参与。行业主管部门一般参与审定设计和验收工程，管理与预算办公室要对项目预算进行审定，预算需经国会批准后方可继续执行，而财政部负责工程建设资金的集中支付。

三、完善公共项目决策与实施程序，确保政府投资决策与管理制度化

在美国，政府投资项目一般都要严格按规定程序来进行项目决策与管理。以美国公用事务管理局项目运行过程为例，一个大型项目的设计、建设直至交付使用，大约经过以下四个阶段：

（1）区域规划。公用事务管理局各地区的房地产开发办公室制定出本区域的规划，明确自己的投资战略，公用事务管理局总部的投资管理办公室在此基础上每年对滚动的 5 年计划进行更新。

（2）计划任务书制定。计划实施的工程将从区域规划中挑选出来；公用事务管理局批准某一项目，并向管理和预算办公室和国会提出所需投资额度。

（3）项目审定。管理和预算办公室对公用事务管理局预算请求的各个报告进行检查，并上报国会，国会审定项目，并且在联邦预算中安排适当的资金。

（4）项目管理。各地房地产开发办公室组织成立一个项目小组，该小组负责对工程自始至终地进行集权化管理，并承担责任。

四、在监督方面，建立多层次的政府投资监管体系

各国政府对政府投资的监管都采取内外结合的方式。以英国为例，英国的外部监督机构主要是议会“公共支出委员会”的审计委员会，该审计委员会由各部门审计师组成，最高领导为总审计长。总审计长享有高度的独立工作权，可以独自决定审计程序及方式，对财政资金的使用情况拥有充分的监督权。政府内部监督机构包括财政部以及各部门各自设有的监督机构。财政部对政府各部门的监督主要是预算控制。各部门预算必须经财政部核准和内阁讨论后，方可提交议会。议会通过的各部门经费预算，拨款时还要经过财政部核准后才能付款，即使通过了拨款，财政部依然有权监督。此外，各部门也设有各自的内部监督机构。

五、在项目决策中，以多种形式保证公众参与决策

英、美、法等国都强调公共决策中公众的参与作用。公众参与一般通过专家委员会、项目听证会、舆论监督等形式实现。政府鼓励公众和新闻媒体对政府投资项目进行监督，如通过建立和完善项目举报制度，鼓励公众和新闻媒体对政府投资项目建设实施过程中出现的违法、违规和腐败问题进行举报、曝光等。政府部门设有热线电话供公众举报。同时，监管部门的各种监督检查结果、结论均为公开信息，公众可以随时查询。

法国地方重大投资项目要经过长达两年的前期准备，向社会公开、举行听证、立法允许公众广泛参与，地方行政机构认可、议会通过后方可由大区报中央政府。

六、通过“决策信息公开化、监督机构独立化、项目管理合同化”等措施，保证政府投资决策的民主化、科学化与法治化

（1）决策信息公开化。如同公司治理需要完善公司财务信息披露制度一样，美国法律规定，联邦财政预算的形成和执行全过程都必须公开，除极少数法律规定的情形外（如《联邦政府隐私权法》），联邦政府有关预算的正式文件都必须公之于众，以充分保证政府支出的公开性与透明度。这使得政府部门的决策，不仅受到国会的制衡与监督，同时也受到全社会监督。为此，美国制定了《信息自由法》、《阳光下的政府法》、《联邦政府机构会议公开法》，规定政府必须提高行政行为透明度。澳大利亚政府也在 1982 年颁布实施《信息自由法》，以法律形式赋予公民和在澳居住的外国人对政府有关事务的知情权。

（2）监督机构独立化。如英国，在项目准入阶段，要通过财政部政府商务办公室（OGC）组织的公共工程入门审查。该制度采用并行审查方式，审查者为和项目无任何关系的第三方。而在项目后评价方面，英国也有专门、独立的后评价机构，拥有法定权利要求其他政府机构提供其所掌握的任何记录或信息。独立监管机构对政府项目的事前、事后监督，提高了英国政府投资决策管理的科学化水平，已成为英国政府防治政府投资腐败中不可缺少的环节。

（3）项目管理合同化。在美国政府投资项目实施的全过程中，业主、承包商、监理之间以合同相维系，信誉贯穿始终。法国政府投资项目立项及预算通过后，中央与相关大区、大区与省、省与市之间以及相关市镇之间的有关方面要层层签订合同，形成中央与地方之间完整的合同网络，从上到下都全面实行合同管理，合同管理在微观层面保证了政府投资在良好的法律环境中运行，强化了政府投资项目的内部管理与约束机制。

第五节 结论与启示

（1）国外公共部门投资大体也分为三类：中央政府投资、地方政府投资、国有企业投资。由于各国政体不同，三者的投资比例关系也不尽相同，例如，同为英联邦国家的英国和澳大利亚，两国就有较大差异。

（2）从国际比较看，我国政府目前财政支出中用于投资的比例较高，这由发展阶段决定。随着发展阶段的变化，财政资本性支出与经常性支出结构应有所调整。随着我国在从中等收入国家向高收入国家迈进，政府支出应更多地投向教育、卫生、养老金、社会保障、住宅等领域，政府投资占 GDP 比重、占全社会投资比重应有所下降。

（3）从美国等国的经验看，基础设施投资有着较明显的周期性，各行业各个时期之间，政府投资应有重点。例如 1956～1973 年，航空投资是美国政府交通投资的重点领域，而 20 世纪 80 年代是公交投资的重点时期。在教育投资方面，除了保证经费总量稳步增长外，不同时期政府教育投资也应有所侧重；服务提供虽由地方负责，但中央政府教育经费的转移支付应稳步提高。

（4）即使是市场经济体制十分规范的发达国家，住房也并非完全由市场提供，相反，公共性的住房投资是政府投资的一个重要部分。例如，1970 年美国政府住宅投资将近 22 亿美元，而私人住宅投资为 410 亿美元（当年价），政府住宅投资约占全社会住宅总投资的 5%。

参考文献：

1. 杨飞虎：《公共投资腐败治理的国际经验与借鉴》，《经济社会体制比较》2010 年第 4 期。

2. 任树本、江显华：《美国政府投资项目监管的特点及启示》，《中国投资》2010 年第 4 期。

3. 李健盛：《政府公共投资的国际比较及启示》，公文易文秘资源网，2009 年 6 月 3 日。

4. 周天勇：《中美财政支出结构和公共服务程度比较》，价值中国网，2009 年 8 月 6 日。

5. 陈代昌：《美国公共政策制定的基本经验及其对我们的启示》，2011 年 3 月 10 日。

6. Christopher Chantrill：Derivation of UK Public Spending for 1900－1950，ukpublicspending. co. uk，2011－08－29.

7. Christopher Chantrill：US Government Spending History from 1900，usgovernmentspending. com，2011－08－29.

第十一章　产业政策的最终目标应转向促进市场竞争

——部分国家产业政策实践的长期效果简析

内容提要：200多年来，多数大国在世界经济竞赛中几乎都有过领先甚至遥遥领先于其他国家的历史，但除美国外，其余往往难以持续地在竞争中保持领先优势。决定这些大国在世界历史舞台上沉浮的关键因素，是政府干预经济和产业发展的最终目标存在显著差异，基于不同目标出台的干预政策，或加速或干扰生产要素的配置和积累效率，进而影响一国长期乃至超长期的经济表现。

对经历了旧中国积贫积弱，建立新中国后近30年经济发展受挫、改革开放后人民生活水平和国力显著提高的国人而言，尽快增强产业竞争力和综合国力，实现民族复兴的伟大梦想，几乎是每一个中国人梦寐以求的事。但如果我们回望中华民族由盛转衰、由衰渐强的历史，回溯世界经济大国的盛衰历程，就不难发现，某个时期能否成为世界强国是重要的，但使一个民族在历史进程的每个阶段都保持较强的竞争力，更为重要。

第一节

主要大国在世界经济舞台上的盛衰交替

从18世纪60年代开始，英国进入工业革命，1770～1840年逐渐成为世界工厂。经过其后30年的发展，至1870年，英国占世界工业生产的1/3左右，在世界工业、贸易、海运、金融等方面已具绝对优势，殖民地遍布全球使其成为真正的“日不落帝国”，在世界经济中的地位也达到其历史巅峰。但到18世纪80年代，英国工业逐渐被美国超越，19世纪初被德国赶超，在世界经济中的地位不断下降。

美国1865年南北战争结束排除了资本主义经济快速发展的最大国内障碍，经过1865~1887年的南方重建，1877~1898年美国已快速完成工业化并向垄断资本主义过渡。1898年美西战争前，美国经济总量与英国相近。美西战争使美洲成为美国人的美洲、南美成为美国人的后院，现代资本主义得到进一步发展，经济实力不断增强，“二战”后美国发展为超级大国，取代英国成为世界霸权国家。尽管后来在军事上前苏联与其竞争了约50年，但美国世界盛国家的地位一直没有被撼动过。

18世纪末，法国已开始工业革命，但到20世纪20年代才完成工业化，比美国、德国晚了近30年。“二战”期间法国经济遭受重创。为了恢复经济，法国在市场经济体制中开始实施以指导性为主的“现代化与装备计划”，其后的20世纪50~70年代法国连续实施了4个经济计划，工业水平跻身世界强国行业。尽管70年代以后又先后实施了6个经济计划，但1973~1992年间法国经济增速不断下降甚至出现负增长，失业率上升。直至20世纪90年代后，经济才开始恢复。

19世纪初以来，德国、日本和前苏联都经历了后来居上、挑战世界霸权，然后经济地位趋于下降的过程。19世纪50~60年代，德国实现了从农业国向工业国的转变，70年代，德国工业水平已超过英法，居欧洲之冠。两次世界大战德国战败。1945年的雅尔达条约将德国分裂为两个国家，西德在英美等国的帮助下迅速从战争中恢复。经过1990年两德统一后20年来的发展，德国在欧盟中已具有举足轻重的地位。

当日本在1868年实行明治维新时，欧美已处于垄断资本主义时期。其后日本不断对外侵略扩张，工业实力渐强，“一战”期间经济更是高速增长。日本“二战”战败、经济崩溃。战后在政府主导下，日本经济经历了除“一战”时期外的历史上发展最快的时期，很快成为仅次于美国的强国。但政府主导经济发展模式的固有弊端，使其在1997年东南亚金融危机冲击下不堪一击，经济一蹶不振，20多年来仍在低迷中徘徊。

俄国1913年的工业产值仅占世界的4%，位居美、德、英、法之后。十月革命后前苏联逐渐发展起来。1928～1940年工业总产值年均增速达到16.5%，在世界工业总产值中的比重提升到10%左右，超过英、德、法、日等昔日强国，居世界第二位。尽管经过了“二战”的破坏，1950年前苏联工农业总产值仍较1940年增长了73%。1950～1976年，在政府计划和粗放增长模式下，经济高速增长，但其后经济增速放缓。20世纪80年代初，经济总量一度达到美国的85%。从十月革命至1989年，苏联经济发展速度远超同期西方发达国家，其中1951～1980年经济增速均在两位数以上。但因长期的计划经济使经济结构严重失衡，社会分配不公，人民生活提高缓慢，最终走向解体。

从公元元年至1820年，中华民族的经济实力和综合国力遥遥领先于世界各国（见附表11-1）。公元1世纪初，欧洲人均GDP高于我国，但到公元1000年左右罗马帝国衰落后，欧洲人均收入大幅下降，此时正值我国宋朝开始一个经济发展的新时代，人均收入大幅提高。1700～1820年我国人口从1.38亿人增长到3.81亿人，但人均收入并未下降。1820年疆域达到1200万平方公里。此后的70年间经济发展缓慢，1890年的人均收入仍未超过1820年水平。民国时期（1912～1949）发展速度落后于世界主要国家，新中国建立后的1952年，我国人均GDP甚至低于1820年的水平（见附表11-2、附表11-3和附表11-4）。改革开放开启了中华民族复兴的伟大征程，30年来经济快速增长，人均收入水平不断提高，经济总量已跃升至世界第二位。

展现在人们面前的是一幅主要国家在世界经济舞台上的盛衰沉浮图景：英国曾经雄居全球经济大国之首近两个世纪，后被其殖民地的美国所超越。法国通过经济计划使经济快速增长，但随后陷入长期低增长。德国崛起后发动两次世界大战，均以战败为结局，“二战”后逐步恢复并发展为欧盟核心。日本的辉煌也已成为历史。前苏联在与美国的竞争中彻底落败。只有美国在其建国后的200多年中不断积累物质资本与人力资本，“二战”后取代英国成为世界强国至今。中华民族1800多年遥遥领先于世界各国的辉煌历史，止于工业革命与西方列强的全球掠夺。

第二节

长期增长绩效主要受政府干预经济和产业的目的与方式影响

200 多年来，多数大国在世界经济竞赛中几乎都有过领先甚至遥遥领先于其他国家的历史，但除美国外，其余往往难以持续地在竞争中保持领先优势。这些经济大国生产要素禀赋不同，但通过过去的对外掠夺、现在的要素和商品贸易，可以解决国内部分生产要素的稀缺问题，要素禀赋差异无法对这些大国经济增长的长期历史表现提供解释。

决定这些大国在世界历史舞台上沉浮的关键因素，是政府干预经济和产业发展的最终目的存在差异，基于不同目的出台的干预政策，或加速或干扰生产要素的积累，进而影响一国长期乃至超长期的经济表现。不难发现，英国干预经济和产业发展的最终目的是维护公司自主权；美国与德国是维护市场竞争秩序、促进市场竞争，产业发展依靠市场选择机制；日本与法国是扶植、做大某些产业。前苏联用行政计划在产业间配置资源。

一、英国经济和产业政策的最终目的主要是维护公司自主权

英国凭借天然的自然屏障维护国家统一、阻止入侵，这导致了历史上分散的封建主义长期存在，个人独立于王室，由此形成的政治规则是个体行动和个体权力不可侵犯。

英国政治主权集中于个人的政治规则也统治着经济领域。英国工业化完全依靠企业的自我积累，几乎没有金融机构的资金参与，工业化过程中伦敦银行也几乎完全不受政府监管，这就使政府通过金融机构主导企业发展这种常见的干预方式，在英国工业化过程中根本不可能存在。英国产业发展的历史决定了其自由放任的产业文化，政府与企业保持距离，可以避免干涉私人经济、破坏经济增长的内在动力。

19世纪30年代，英国率先完成工业革命，这也使英国人确信，非干预主义的传统对经济发展是有益的。19世纪末，英国产业政策的重点是抑制兼并、支持企业自主。“一战”期间，议会为了鼓励企业增加供应，给企业尤其是军需企业最大限度的自主权。20世纪20年代经济不景气期间，产业政策的重点是鼓励垄断和补助困难企业。“二战”时期，政府采取了与一战时期类似的鼓励私人企业的采购合同政策和企业自由政策。“二战”后，为了避免公司在竞争中倒闭和免受政府不合理干预，英国普遍开展了对困难企业的财政援助。

不同时期英国产业政策重点略有不同，但其政策核心都是为了维护公司自主权。经济学家们也认为，过多的补助、生产配给、对企业的保护、价格相对固定等与市场竞争不一致的做法，是英国在与美国竞争中落败的根本原因。

二、美国产业政策经历了从干预产业发展到促进市场竞争的剧烈转变

美国政治秩序的基础是社区自治，联邦政府中立，而州政府居于自治的地方政府与中立的联邦政府之间。这种政治秩序深深地影响了美国的经济和产业政策。

美国革命后的几十年中，为了推动本地经济发展，州和地方政府毫无阻碍地干预经济和产业发展，各州直接投资银行、铁路、公路和运河；要求公有银行向企业提供资本、贷款、担保发行债券、购买股票，直接拨款，为大企业安排融资；对诸如玻璃厂、棉纺厂、酿酒厂和盐、糖业进行税收减免；影响铁路等基础设施规划，并对私人业主的铁路建设提供土地和资金。

1887年，美国首个联邦监管经济的机构——州际商业委员会（ICC）成立，隶属于国会。该委员会的主要职能是促进市场竞争、消除价格限制和费率歧视、保护铁路和铁路员工的经济自由。此后，发挥市场功能、捍卫经济自由的精神由《谢尔曼反垄断法案》覆盖到整个经济领域。

美国公众认为集权化的政府权威是社会秩序和民主的最大威胁，不必要的政府干预往往与暴政紧密相联，为了避免政府对社会秩序和民主的不当干预，

联邦宪法对联邦的政治、经济权力进行了限制。州和地方政府也效仿联邦政府，将州和联邦政府的经济职能主要限定在反垄断、建立竞争规则、充当市场竞争中的裁判角色上，最大限度地捍卫公民的经济自由。经济的最终权威是市场选择机制，产业政策的目的不是干预产业发展，而是通过制定基本法规来促进市场竞争。

英美政策都避免政府直接干预产业发展，经济上都实行自由放任。但美国以培育和保护市场机制来促进竞争、体现个人的理性力量；英国则强调企业家的自主，重视对企业家的保护，通过保护私人企业的活力和独立来促进经济发展。例如在对待垄断企业问题上，美国通过法令禁止垄断，为自由竞争提供保护，英国则认为市场在价格上的激烈竞争会不利于小企业的生存，而小企业的活力对经济增长是极其重要的。

三、法国通过中央政府的指导性计划直接干预产业发展

与英国不同，早期的法国需要通过专制政权在不稳定的边界内建立统一王国，通过王室的官僚制度控制地主精英。这决定了法国政治秩序的目的是为君主服务，通过政治权力向中央政府集中来实现社会秩序和集体意志，促进国家团结。这种国家协调私人活动的逻辑也表现在其产业政策中。

与英国政府相比，法国政府在经济中更为积极，其中一个重要的原因是法国中央政府需要通过较重的税负来筹集军费。此外，政府通过公共支出建设运河和道路，既可提高私人投资的效率，也可在战时将这些设施用于军事。18世纪，政府通过财政支出建设收费公路、运河等主要基础设施，同时对烟草等重要部门国有化，在特定重要产业发展中为私人资本提供担保。“二战”后为了恢复和发展经济，法国实施了一系列旨在鼓励某些行业和领域发展的经济计划，在一段时期内效果明显。但政府长期主导经济和产业发展，使企业缺乏活力和竞争力，随后就出现了20多年的经济衰退。

第三节

我国产业政策目标应转向政府促进竞争、产业由市场选择

一般意义上讲，产业政策的直接目的在于鼓励正外部性较强但竞争力较弱的新兴产业，以及限制负外部性较强但具备一定竞争力的部分传统行业。大国经济增长的历史表明，政府过多地直接干预产业发展，经济长期增长的业绩不佳；政府促进市场竞争、发挥市场机制的产业择优功能，则有利于持续增强产业的市场竞争力。

一、发挥市场机制的择优功能是保持和增强产业持久竞争力的有效措施

英、法、美政府干预经济和产业发展的特点与经济长期增长绩效差异表明，政府产业政策的目标定位于促进市场竞争，产业发展依靠市场选择机制，能够取得较好的长期增长绩效，有利于经济在长期竞争中保持优势地位。

英国经济和产业政策重点放在维护公司的自主权上，保护公司发展，在产业已具备一定竞争优势且市场竞争不太剧烈时，对促进供给、保护具有不同竞争力的中小企业，有较明显作用。但在这种方式下成长起来的企业，在市场中的应变能力和灵活性上缺乏优势。

法国经济和产业政策的重点放在增进国家利益上，政府通过指导性计划直接干预产业，这虽然有利于保障中央政府的控制权和政治权威，但同时会使企业逢迎政府而不是主动适应市场，在市场竞争中调整缓慢、缺乏竞争优势。

美国经济和产业政策的重点放在维护市场机制、促进市场竞争上，某一产业发展如何，由市场竞争检验。这种干预方式有利于培育产业发展的持续竞争力，增强整个经济抗内外部冲击的能力，即使受到冲击，产业自我调整、重新恢复也较快，从而有利于保持产业的持续竞争力和经济优势地位。

二、完善市场选择机制可以提高中央政府经济政策的执行效果

将我国产业政策的重点放在促进市场竞争、产业市场选择上，可以缓解政治集中与经济分散之间的矛盾，以及由此引发的经济和产业政策的有效性较弱的问题。对我国这样一个经济尚不很发达的单一制大国而言，中央政府适度集中权力可以凝聚全国人民意志，是必要的。但各地情况千差万别、发展水平相差悬殊，中央政策必须结合当地实际贯彻落实，这也是实行经济分权、调动地方政府发展经济积极性的重要原因。

但这种集权与分权会不可避免地带来中央政府经济政策在地方的执行效果欠佳问题。如果中央政府更多地将政策重点放在促进市场竞争，产业发展更多地交由市场选择，以市场为调节对象的经济和产业政策必然会有更好的效果。

三、适度弱化地方政府经济职能

从一个经济体看，在生产要素、技术水平既定前提下，市场体制的健全程度大体决定了一国的总产出能力，与地方政府是否具备经济职能基本无关。赋予地方政府过多经济职能的优点是，地方政府更多地关注本地经济发展必然带来区域间竞争，这会使地方政府出于发展当地经济考虑，千方百计地为投资者和企业家提供相关条件与服务。在行政治理机制有待健全的情况下，这会有利于抑制地方政府部门在不具备经济职能时可能产生的行政不作为、乱作为行为，短期看能促进地方和全国经济发展。但赋予地方政府过多经济职能在避免上述行政不作为、乱作为行为效果的同时，也会带来地方政府对诸如违规占用耕地、放任企业的消耗与排放等不作为、乱作为行为，长期看，这些行为不仅妨碍中央政策的效力，使不合理产能过剩频繁出现，影响可持续发展，还会带来一系列社会问题。

附表 11-1　中国及欧洲人均 GDP 水平（1990 年美元）

	1	960	1300	1700
中国	450	450	600	600
欧洲	550	422	576	924

注：欧洲数据不包括土耳其和前苏联。转引自安格斯·麦迪森：《中国经济的长期表现-公元 960-2030 年》修订版第 19 页表 1.3，上海人民出版社 2011 年版。

附表 11-2　1700～1978 年 GDP 平均混合增长率

年代	1700～1820	1820～1952	1952～1978
中国	0.85	0.22	4.39
美国	2.72	3.76	3.61
欧洲	0.58	1.71	4.37
日本	0.25	1.74	7.86
苏联	0.69	2.05	4.50
全世界	0.52	1.64	4.59

注：欧洲包括 29 个西欧和 10 个东欧国家，不包括土耳其。从 1952 年开始印度不包括孟加拉国和巴基斯坦。美国数据包括土著居民。来源同上，第 37 页。

附表 11-3　GDP 年复合增长率

年代	1913～1952	1952～1978
中国	-0.2	1.4
英国	2.1	0.1
美国	3.7	1.6
法国	4.8	0.1
德国	2.6	0.1
日本	8.7	1.4
俄罗斯	5.6	0.4*

注：*根据疆域变化进行了调整，来源同上，第 59 页。

附表 11-4 1700～1978 年 GDP 和人均 GDP

年份	中国	日本	欧洲	美国	苏联	全世界
GDP（10 亿，1990 年“国际元”）						
1700	82.8	15.4	92.6	0.5	16.2	371.4
1820	228.6	20.7	184.8	12.5	37.7	694.5
1952	305.9	202	1730.7	1625.2	545.8	5912.8
1978	935.1	1446.2	5268.2	4089.5	1715.2	18969
人均 GDP（1990 年“国际元”）						
1700	600	570	923	527	610	615
1820	600	669	1090	1257	688	667
1952	538	2336	4342	10316	2937	2260
1978	978	12585	10972	18373	6559	4432

注：来源同上，第 37 页。

参考文献：

1. 樊亢等：《主要资本主义国家经济简史》，人民出版社 1873 年 12 月第 1 版。

2. 中国驻法经商参处：“法国经济概况”，转引自商务部网站，2007 年 1 月。

3. 中国社科院网站世界社会主义数据库：“苏联经济发展的成就与问题”。

4. 安格斯·麦迪森：《中国经济的长期表现：公元 960-2030 年》修订版第 35 页，上海人民出版社 2011 年版。

5. 弗兰克·道宾：《打造产业政策——铁路时代的美国、英国和法国》，上海人民出版社 2008 年版。